四訂

災害救助

竹内　吉平 著

警防実務研究会 監修

近代消防社

四訂にあたって

昭和23年３月７日に消防組織法が施行され、市町村消防を基本とする自治体消防制度が発足して75周年を迎えました。

この間、消防は様々な災害を経験する中で目覚ましい発展を遂げ、地域の消防・防災の担い手として地域の発展に大きく貢献してきました。

しかし、未曾有の被害を被った東日本大震災をはじめ地震災害、大雨に伴う土砂災害、火山噴火災害等全国各地で頻発する様々な災害や新たな脅威であるテロ災害への対応等、消防が対峙しなければならない災害は益々複雑多様化し、更なる消防活動能力の向上が期待されている中で、消防隊が実施する災害救助活動においても技術の高度化や装備資機材の充実が求められています。

本改訂は、平成30年の前回改訂以降の消防を取り巻く諸情勢の変化やこの間に発生した災害の教訓を踏まえ、救助通論及び救助各論についてそれぞれ見直しを行いました。本書が救助業務を志す隊員及び指導者の参考として研修、教育に活かされ、安全・確実・迅速な災害救助活動に資することができれば幸甚であります。

令和６年３月

警防実務研究会

はじめに

災害救助は、災害や事故によって人の生命・身体に危険が及び、助けを求めている人を救い出して、安全を確保してやることであり、防災活動の中で最も重要な業務であるが、災害時等には防除活動の一つとして位置づけられてきた。

しかし、昭和62年（1987年）の消防法の改正によって市町村の消防機関の救助に専念する部隊として制度化され、最近漸く全国的な体制が整ってきた。

海外の大地震等大規模特異災害時には、「国際緊急援助隊の派遣に関する法律」（昭和62年）に基づき「国際消防援助隊」として既に多くの国に派遣され世界各地から高い評価を得ている。

また、国内の大規模災害時には市町村の区域を越え、一丸となって対応し得る「緊急消防援助隊」（平成７年６月30日創設）の体制も整備され、大規模火災をはじめ土石流災害等に活躍している。

一方、社会的には、阪神・淡路大震災によって一度に6,434人という多くの犠牲者があったこともあって、災害時における救助活動の重要性が叫ばれ、大学、専門学校、ボランティア支援団体等では、新たに講座を設けて教育・訓練を実施しており、事業所や町会では、救助用の機材を整備して訓練を実施するようになってきている。

このようなことから救助隊は、救助服の色調からオレンジ部隊として親しまれ、災害時には、最も勇敢で頼れる部隊として脚光を浴びて実績を重ねてきており、新任の消防隊員の憧れの的になっている。

このように社会的な評価を得ながら、教育・訓練用として救助活動を総合的に扱った図書は、極めて少ない状況にある。

本書は、このような実態をふまえて、第一章の救助通論では、災害や事故に共通する性格や特性、教育・訓練等に際しての基本となる事項について述べ、また第二章の救助各論では、災害及び事故種別の特徴をとらえ救助手法の要点を平易にまとめたものである。

最後に本書の刊行に際し、資料の収集や救助技術面のアドバイスを戴いた、元消防大学校救助担当助教授で、元東京消防庁立川消防署警防課長の魚地茂生様並びに写真等の提供、編集等に御支援を戴いた㈱近代消防社の月刊誌「近代消防」編集局の皆様に深甚なる謝意を表する次第である。

平成14年７月

竹　内　吉　平

目　　次

四訂にあたって
はじめに

第一章　救助通論

第一節　災害救助の概念………………………… 11

第１　災害とは………………………………… 11
第２　災害の発生構造………………………… 11
第３　災害防止対策…………………………… 12
第４　災害救助………………………………… 13
第５　救助部隊………………………………… 14

第二節　救 助 法 規……………………………… 25

第１　行政作用法……………………………… 25
第２　行政強制と救助活動…………………… 25
第３　救助関係法令の概要…………………… 26
第４　救助活動とその責任…………………… 34

第三節　災害時の行動科学……………………… 37

第１　緊急時の行動特性……………………… 37
第２　災害時の２つの鉄則…………………… 40
第３　緊急時の避難習性……………………… 40
第４　屋外への避難誘導……………………… 42
第５　避難の行動科学………………………… 42
第６　流言とパニック………………………… 42
第７　衝動的援助……………………………… 44
第８　被災者の心のケア……………………… 44

第四節　現場活動………………………………… 46

第１　災害の特性……………………………… 46
第２　救助装備………………………………… 47
第３　救助活動指揮…………………………… 49
第４　救助活動の実施………………………… 52

第五節　教育と訓練……………………………… 56

第１　教育の意義……………………………… 56
第２　救助活動に必要な知識………………… 57
第３　指揮者の資質…………………………… 57
第４　基本を守る意識づけ…………………… 58
第５　救助訓練の進め方……………………… 58
第６　訓練指導の諸原則……………………… 60
第７　訓練時における事故防止……………… 60
第８　訓練に伴う地方公共団体の
　　　安全配慮義務…………………………… 61

第六節　安 全 管 理……………………………… 62

第１　安全管理の基本………………………… 62
第２　事故とヒューマン・ファクター……… 63
第３　活動現場における安全管理…………… 65
第４　ＫＹＴによる訓練……………………… 67
第５　その他の手法…………………………… 68
第６　危険評価………………………………… 69

第二章　救助各論

第一節　火 災 救 助……………………………　73

第１　火災の現状……………………………　73
第２　火災と燃焼……………………………　73
第３　消火理論………………………………　75
第４　煙の毒性と防護………………………　76
第５　木造建物火災の救助…………………　78
第６　ビル火災の救助………………………　84
第７　航空機火災の救助……………………　89

第二節　震 災 救 助……………………………　99

第１　地震の予知対応と警戒………………　99
第２　突発地震の様相………………………103
第３　震災の特性……………………………103
第４　震災対処業務と震災継続時間………104
第５　大火の性状……………………………109
第６　震災時における避難…………………110
第７　震災救助………………………………115

第三節　水 災 救 助……………………………124

第１　防災気象情報…………………………124
第２　水　　災………………………………125
第３　水防活動………………………………129
第４　水災救助………………………………130
第５　津　　波………………………………134

第四節　土砂災害の救助………………………140

第１　土砂災害の種別………………………140
第２　土砂災害の兆候………………………145
第３　土砂災害時における避難……………148
第４　土石流災害現場の捜索………………148
第５　崖崩れ現場の救助……………………150

第五節　テロ災害の救助………………………152

第１　テロ災害の種別と特性………………152
第２　テロ災害対応準備……………………155
第３　テロ災害の初期対応…………………156
第４　テロ災害時の消防警戒区域…………158
第５　テロ災害時の救助・救急活動………159

第六節　多数傷病者発生時の
　　　　救助・救急活動………………………162

第１　救助・救急活動………………………162
第２　事故事例（電車の衝突事故）………164
第３　群衆雪崩の警戒と救護活動…………169

第七節　各種事故現場の救助……………………174

第１　交通事故の救助…………………………174
第２　労働災害事故の救助……………………177
第３　ガス事故に伴う救助……………………179
第４　感電事故の救助…………………………180
第５　エレベーター等の事故の救助………180

参考文献…………………………………………183

索　　引…………………………………………184
災害索引…………………………………………189

阪神・淡路大震災

発生年月日	平成７年（1995年）１月17日㈫５時46分
地　震　名	平成７年（1995年）兵庫県南部地震
震央地名	淡路島（北緯34度36分、東経135度02分）
震源の深さ	16km
規　　模	マグニチュード（M）7.3
津　　波	なし

※震度7の地域

神戸市須磨区鷹取・長田区大橋・兵庫区大開・中央区三宮・灘区六甲道・東灘区住吉、芦屋市芦屋駅付近、西宮市夙川等、宝塚市の一部、淡路島北部の北淡町・一宮町・津名町（現・淡路市）の一部（震度６：神戸市、洲本市）

※人的被害の状況

死　者	うち火災による死者	行方不明者	計（人）	負傷者		計（人）
				重　傷	軽　傷	
6,434	559	3	6,437	10,683	33,109	43,792

※住家被害の状況

全　壊		半　壊		全半壊計	
棟	世　帯	棟	世　帯	棟	世　帯
104,906	186,175	144,274	274,182	249,180	460,357

【一部破損】390,506棟

※火災の発生状況

出火件数				焼損床面積
建物火災	車両火災	その他の火災	合　計	
269件	９件	15件	293件	835,858㎡

平成18年５月19日確定報（消防庁）

◀住宅地の惨状

▶神戸市内における東京消防庁と川崎市消防局の救助活動

東日本大震災

発生年月日	平成23年（2011年）３月11日㈮14時46分
地　震　名	平成23年（2011年）東北地方太平洋沖地震
震 央 地 名	三陸沖（北緯38.1度、東経142.9度）
震源の深さ	24km
規　　　模	モーメントマグニチュード（M）9.0
津　　　波	巨大津波（津波高５ｍ～15ｍ）

※震度7の地域	宮城県栗原市
※震度6の区域	岩手県（三陸沿岸）、宮城県、福島県（浜通り、中通り）、茨城県全域、栃木県（宇都宮市、大田原市ほか）、群馬県桐生市、埼玉県宮代町、千葉県成田市・印西市

◎地震に伴い津波が発生し、北海道太平洋沿岸から高知県にかけて大津波が襲来、三陸沖から千葉県九十九里では高さ５ｍ～15ｍの巨大津波に襲われ、リアス式海岸では遡上高30ｍ以上となり甚大な被害となった。

※被害の状況

都道府県名	人的被害					住家被害			火災
	死者	行方不明者	負傷者			全壊	半壊・一部損壊	浸水	
			重傷	軽傷	程度不明				
	人	人	人	人	人	棟	棟	棟	件
岩手県	5,145	1,110	4	50	159	19,508	25,637	6	33
宮城県	10,570	1,215	502	3,618	28	83,005	379,332	7,796	137
福島県	3,935	224	20	163	0	15,469	224,380	351	38
茨城県	66	1	34	680	0	2,637	215,552	643	31
千葉県	22	2	31	237	0	807	67,818	516	18
その他の県	27	1	110	606	0	613	120,999	1,963	73
合　計	19,765	2,553	701	5,354	187	122,039	1,033,718	11,275	330

令和５年３月９日現在（消防庁）

◀津波より浸水した塩釜市街

▶津波により被害を受けた七ヶ浜町花渕浜

熊本地震

	前　　震	本　　震
発生年月日	平成28年（2016年）４月14日㈭21時26分	平成28年（2016年）４月16日㈯01時25分
震央地名	熊本県熊本地方（北緯32度44.5分、東経130度48.5分）	熊本県熊本地方（北緯32度45.2分、東経130度45.7分）
震源の深さ	11km	12km
規　　模	マグニチュード（M）6.5	マグニチュード（M）7.3
津　　波	なし	なし
※震度７の地域	益城町	益城町、西原村
※震度６強の区域		南阿蘇村、菊池市、宇土市、大津町、嘉島町、宇城市、合志市、熊本市中央区・東区・西区
※震度６弱の区域	熊本市東区・西区・南区、玉名市、宇城市、西原村、嘉島町	阿蘇市、八代市、玉名市、菊陽町、御船町、美里町、山都町、氷川町、和水町、熊本市南区・北区、上天草市、天草市

◎震度７を28時間以内に２回観測したのは観測史上初めて。また、震度１以上を観測する地震が1,879回発生（震度７：２回、震度６強：２回、震度６弱：３回、震度５強：４回、震度５弱：８回、震度４：93回、震度３：283回、震度２：633回、震度１：851回）（平成28年７月12日現在）。1995年の兵庫県南部地震（阪神・淡路大震災）以降に起きた内陸や沿岸部を震源とする地震と比べると最大のペースとなっている。

※被害の状況

	人的被害（人）			住家被害（棟）				火　災（件）
		負傷者						
都道府県名	死　者	重　傷	軽　傷	全　壊	半　壊	一部損壊	浸水	
山口県						3		
福岡県		1	16		4	251		
佐賀県		4	9			1		
長崎県						1		
熊本県	270	1,184	1,553	8,657	34,491	155,095	270	15
大分県	3	11	23	10	222	8,110		
宮崎県		3	5		2	39		
合　計	273	1,203	1,606	8,667	34,719	163,500	270	15

平成31年４月12日現在（消防庁）

◀被災した宇土市役所庁舎

▶益城町内の被災状況

第一章

救助通論

◆第一節　災害救助の概念
◆第二節　救　助　法　規
◆第三節　災害時の行動科学
◆第四節　現　場　活　動
◆第五節　教　育　と　訓　練
◆第六節　安　全　管　理

第一節　災害救助の概念

第１　災 害 と は

災害とは、「個人や社会の対応能力を超えた不可抗力的な出来事で、少なくとも一時的には社会機能の重大な崩壊状態をもたらすもの」と定義することができる。

人間社会が予想できなかった原因によって、本来の市民生活や生産活動への回復が困難な損害を受けることである。

したがって、人の居住や人工的な営みに対して損害を及ぼさない場合には、災害にはならず自然の営みにすぎない。

もともと災害という言葉は、地震や津波、高潮、集中豪雨等の自然災害によって大規模な被害が発生するものを指していたが、今ではこのような天災ばかりではなく、火災や放射性物質等による人為的で大規模な被害が発生するものも災害と呼ばれるようになっている。

災　害
- 自然災害　地震、台風、津波等
- 人為的災害　大火災、爆発事故等

地震等の自然災害は不可抗力と受け取られ、あきらめ感が働きやすいが、人為的な災害は怒りや不信を生みやすいために心理的に克服しにくいという相違点がある。

我が国の災害対策の基本法とされる「災害対策基本法」（昭和36年法律第223号）では、災害とは、「暴風、竜巻、豪雨、豪雪、洪水、崖崩れ、土石流、高潮、地震、津波、噴火、地滑り、その他の異常な自然現象又は大規模な火事若しくは爆発その他その及ぼす被害の程度においてこれらに類する政令で定める原因により生ずる被害をいう。」と定義している。

このうち「その他の異常な自然現象」としては、「火山、爆発、冷害、干害、雪害、霜害、旋風、地滑り、山崩れ、崖崩れ、土地隆起、土地の沈降等」を含むものとされている。

また、「政令で定める原因」として「放射性物質の大量放出、多数の者の遭難を伴う船舶の沈没」を掲げ、その他の大規模な事故として「旅客列車の衝突、転覆、航空機の墜落、極端な雑踏等」が想定されている。

一方、災害救助法では、災害対策基本法に定める自然災害のほかに火災、船舶の衝突、炭鉱の爆発等の人為的な事故も適用対象としている。

災害は、このように多くの定義がなされ種別も多種多様であるが、本書では、主として災害や事故発生時の人命救助活動を概説することから、代表的な次の災害を対象として述べることとする。

災　害
- 火　災
- 地　震
- 風水害（洪水、高潮、津波）
- 土砂災害（地すべり、崖崩れ、土石流、火砕流）
- 事　故（交通事故、産業災害等）
- テロリズム（ＮＢＣ、爆発、放火災害等）

第２　災害の発生構造

災害が発生する構造は、共通して次の要因の存在が条件になり、これを関係づける因子の組み合わせによって起こる。

災　害
- 要　因
- 対　象
- 条　件

１　「要因」災害の発生要因となる異常事象（事件）の存在

平穏な状態にある社会に起こる異常事象を指し、地震、台風の襲来等による豪風雨、津波、人の過失や犯罪等である。

ただ、災害をある断面でみると、最初の異常事象が要因になって次の段階で新たな災害へと展開することもある。

例えば、地震によって家屋が倒壊して火災が発生し、それが拡大すること等がある。

２　「対象」前１の外力（要因）を受けて被害となる対象の存在

都市施設、構造物、財産や人命等がその異常事象によって被害を受け、定量的に把握され評価できるもの。

地震、台風等が、人が生活しない海洋上、山間部で発生又は襲来し、土砂崩れ、洪水等が発生しても、生活上の或いは経済活動上の被害が発生していない場合は災害とは言わない。

３　「条件」発生要因と対象を関係させ、災害とさせる条件

群集や建物の密集度、地域特性等によって人的、物的被害の量を異にする。

以上３つの要因が関連し合って災害となるが、その判断は被害額によって認識されたり、影響範囲によって認識される場合がある。

第３　災害防止対策

災害の基本的な防止対策には、次のような種別がある。

災害防止対策─┬─災害予防対策
　　　　　　　├─災害応急対策
　　　　　　　└─災害復旧対策

１　災害予防対策

⑴　災害による被害を出さないようにするための事前の除去対策

災害の発生要因となる異常事象等があっても、被害を受けるおそれのある対象物を除去しておけば災害は起こらない。（防災空地の確保等）

⑵　対象を強くする対策

異常事象があっても、それに耐え得る構造等としておけば災害は起こらない。（木造建物の耐震補強のために筋交いを入れる等）

⑶　状況を改善し、要因と対象を関係させない対策

地震に対して危険物施設の二重構造化、火気器具周辺の可燃物の除去、交通災害防止として交差点の立体交差化等。

災害予防対策は、このような対策が基本となっているが、これらの対策は主として異常事象の発生前に行う対策であり、このような予防対策だけでは災害を完全に防止することはできない。

このため、災害予防対策のほかに災害発生時に被害を最小限に止めるための対策として、災害応急対策が考えられている。

また、異常事象によって起こった被害を速やかに復旧して、間接的な被害を少なくするための災害復旧対策が考えられている。

この対策を総称して「防災」と呼んでいる。

２　災害応急対策

災害が発生した時、その災害による被害を最小限度に止めるために応急的に行う防災活動等で、災害の種別によって異なるが、次のような業務を上げることができる。

①　情報活動…情報の収集、伝達、広報等
②　防災活動…消火、救助、救急、津波防災活動等
③　警　　備…防犯、パニック防止、交通規制等
④　避　　難…勧告、指示、誘導、避難生活支援
⑤　緊急輸送…道路啓開、車両の指定、物資の輸送等
⑥　広域応援…防災活動、輸送、警備等の補完業務

３　災害復旧対策

災害により被害を受けた施設や設備を修復して、一刻も早く復旧することがトータル被害を軽減することになる。

災害復旧は、災害の種別によってその業務を異にするが、概ね次のような業務が行われる。これらの業務は、後述の災害救助法によって救済される業務である。

①　ごみ、瓦礫の処理と復旧

② 罹災施設、設備の応急復旧
③ 被災者の生活支援、被災者収容施設の提供
④ 帰宅困難者に対する対応等

第4　災害救助

災害時の人命救助活動は、江戸時代から町火消の最も重要な任務として他に優先して実施されてきた。

明治維新後、町火消から改称・改組された消防組は、司法省が所管し、明治６年（1873年）に制定された「司法省規則第43条」（失火の心得）には、「失火の際は、第一にその人を救出し、次に書類、金貨を持ち出すべし」と規定し、火災の際は人命救助を他に優先して実施すべきことと規定し、火災以外の災害の際も人命救助が最も優先すべき業務として実施されてきた。

昭和７年（1932年）12月16日㈮の女性店員等14人が逃げ遅れて死亡した東京・日本橋の白木屋百貨店火災や同年12月23日㈮の23人が焼死した東京・深川の大富アパートの火災が契機となって、東京・神田地区の有志が救助活動に必要な装備を警視庁に寄贈し、昭和８年６月に、神田消防署（当時の警視庁神田消防署）に専任救助隊が設置された。

その後、消防機関による救助は、消防活動の一部として数多くの実績を挙げ、他機関の追従を許さない高度な技術力と活動体制に強化され現在に至っている。

ここで言う救助とは、「災害により生命又は身体に危険が及んでおり、かつ、自らその危険を排除することができない者について、その危険を排除し、又は安全な状態に救出すること」（「救助活動に関する基準」昭和62年９月21日　消防庁告示第３号）である。

消防機関が実施している火災等の事故及び災害に伴う救助活動は、毎年増加の一途をたどり令和４年中の全国の救助活動件数は６万8,123件、救助人員は６万2,679人にも達している。

事故種別ごとの救助比率は、表１－１のとおりである。

一方、これらの救助事象と事故種別の関係は、表１－２のように５つに大別される。

表１－１　事故種別救助比率表（令和４年中）

	火災	交通事故	水難救助	自然災害	機械事故	建物の事故	ガス・酸欠	その他	計
救助比率	5.3%	18.1%	4.2%	0.4%	1.4%	50.3%	0.7%	19.5%	100%
救助者の比率	2.3%	24.3%	5.0%	1.4%	1.7%	46.2%	0.6%	18.6%	100%

表１－２　救助事象と事故種別関係表

(1) 閉じ込め事故	①火災、自然災害（震災、土砂災害） ②自動車、電車、列車等 ③建物内（部屋、トイレ、浴室等） ④タンク（地下槽、船倉、廃水処理槽等） ⑤炭鉱（地下洞道、坑内、トンネル） ⑥その他（古井戸、下水管、冷蔵庫等） ⑦ガス、酸欠
(2) 挟まれ事故	①交通事故（車両内、車両外） ②機械事故（動力機械、ベルトコンベアー） ③建物（倒壊家屋、ドア、シャッター、棚等）
(3) 下敷き事故	①自然災害（震災、土砂災害） ②交通事故（自動車、列車、電車） ③機械事故（建設機械、工作機械、工具類） ④建物事故（倒壊家屋、付帯事故） ⑤爆発事故（容器、倒壊建物）
(4) 生き埋め事故	①自然災害（土砂、泥流、雪崩） ②その他（サイロ、セメント、砂置場、生コンクリート）
(5) 孤立状態	①自然災害（川の中州、橋脚、岩礁、山中） ②交通事故（単車の深穴等への転落、車両の谷底転落事故） ③鉄塔、煙突（降りられない、その他） ④建物の隙間に転落（動けない） ⑤その他（低地への転落、鉄筋が刺さった）

災害や事故に伴う救助事象は、このように大別されるが、これらの事象が震災のような広域的に同時多発している災害か、単独の事故か、また、単独事故であっても重量物や特殊な機械に挟まれていたり、火災や毒性ガスが関係する事故なのかによって対応を異にし、各々専門的な知識・技術を要する。

さらに被災者が重篤状態にあり、医師の医療行為と併せて迅速な救助が迫られる場面も多く、その災害や事故の特性によって機敏に判断し対処することが求められる業務である。

第5　救助部隊

1　消防機関の救助隊

日常の火災の消火活動に従事する消防隊は、消防組織法（昭和22年法律第226号）に位置づけられ市町村条例を根拠に設置されているが、救助隊が消防隊の一つとして法令に明確に位置づけられたのは、昭和61年（1986年）のことで消防法（昭和23年法律第186号）第36条の２に次のような条項が追加され制度化されたものである。

「市町村は、人口その他の条件を考慮して総務省令で定める基準に従い、この法律の規定による人命の救助を行うため必要な特別の救助器具を装備した消防隊を配置するものとする。」

火災等の事故及び災害時の救助活動は、消防機関の最も基本的で重要な業務として実施されてきたが、救助隊は消火活動に当たる消防隊とは異なりその基準も不明確で市町村間に格差が生じていた。

しかし、ひとたび災害が発生するとその被害は計り知れないものとなることから、早急に、市町村における救助体制の充実強化を図るため、総務省令で定める基準に従い整備することとされたものである。

「救助隊の編成、装備及び配置の基準を定める省令」（昭和61年10月自治省令第22号）では、次のように規定されている。

① 救助隊は、人命の救助に関する専門的な教育を受けた隊員５人以上で編成するよう努める。
② 救助活動に使用する救助器具は、省令の基準に従って整備する。
③ 前①の隊員及び②の救助器具を積載することのできる救助工作車、その他の車両１台を備える。

前記の基準によって整備される救助隊は、消防本部及び消防署を置く市町村は原則として消防署の数と同数の救助隊を置くものとされている。

このほか総務省令では、救助活動の基本とすべき事項及び救助隊の教育訓練についても規定しており、節を改めて述べることとする。

また、大規模な災害等が多発している状況を踏まえ、人口及び地域の特性に応じた装備を備えた特別救助隊、高度救助隊及び特別高度救助隊が設けられている。

2　ハイパーレスキュー隊（東京消防庁消防救助機動部隊）

平成16年（2004年）10月23日㈯に発生した新潟県中越地震では、長岡市妙見町で傾斜崖地を走行中に地震動による崖崩れに乗用車ごと巻き込まれ岩石の下敷きになった家族３人を救助するため自らの身の危険をも顧みず活動し、２歳の男児を地震発生から92時間後に救助し、国内外から高く評価されたのは消防救助機動部隊（通称、ハイパーレスキュー隊）であった。

ここでハイパーレスキュー隊の運用及び装備等の概要を紹介することとする。

⑴　部隊の創設

ハイパーレスキュー隊は、平成８年に東京消防庁が創設した部隊で「消防救助機動部隊」の呼称である。

平成７年に発生した阪神・淡路大震災の際は、耐火建物の座屈倒壊等があり消防隊が重機等の特殊車両や資器材等を装備していなかったため救助活動が困難を極めたことや市街地大火に遭遇して消火用水がなく初期のうちに消火できなかったこと等の教訓をふまえて創設されたものである。

⑵　部隊の配置及び運用等

ハイパーレスキュー隊は、第二、第三、第六、第八及び第九消防方面本部に配置され、都内で起こる災害の種別や規模によって選択運用されている。

※　第三及び第九方面ハイパーはＮＢＣ災害対応も任務としている。

平成28年には、航空隊に航空消防救助機動部隊（エアハイパーレスキュー隊）が発隊した。

⑶　主な車両と装備品の概要

（標準的な装備及び第三、第九方面ハイパーのＮＢＣ装備は省略する。）

①　救助用重機

救助用重機は、搬送車（25トン級）パワーショベルの大及び小から構成され、パワーショベル大は、バスケットのほか、自動回転式グラップル、ブレーカー、破砕機等を装備している。

②　道路啓開用重機

搬送車、ブルドーザー、クレーン車から構成され、搬送車は25トン級のトラックシャシにブルドーザーを積載している。

ブルドーザーは、バスケットのほかマルチパーパスバスケット、フォークを装備している。クレーン車は、揚程30ｍの20トンクレーン車に油圧式破砕機を装備している。

③　大型化学車

大規模油脂火災に対処するための化学車で10トン級トラックシャシに、Ａ１級ポンプを搭載し、容量1,500ℓの水タンク、容量1,800ℓの二槽式薬液混合装置を装備している。

④　無人走行放水車（ドラゴン（旧レインボー５））

主として石油コンビナート、航空機、タンクローリー等の油脂火災、強い放射熱を発生する大規模火災及び爆発火災等、消防隊が接近困難な災害に対処し、エンジン駆動式ゴムローラーを装着しているほか、毎分５トンの水又は毎分３トンの泡を放射できる。

⑤　排煙、高発泡車

排煙、高発泡装置を装備し、消防隊が進入困難な現場で遠隔操作により火点に接近し消火活動を行う遠隔操作式消火装置（ジェットファイター）を装備している。

⑥　屈折放水塔車

最大地上高16.5ｍの２節ブーム屈折放水塔を装備し、高所火災、化学火災現場で高所から有効に

表１－３　ハイパーレスキュー隊編成

	配置車両
機動救助隊	救助車（Ⅱ型）、救助車（Ⅲ型）、救助車（Ⅳ型）
機動特科隊	パワーショベル・大型化学車、クレーン車・特殊化学車、ブルドーザー・排煙高発泡車、屈折放水塔車・大型送風装備
機動救急救援隊	10トン水槽車、遠距離大量送水装備、特殊救急車、資材搬送車

※　災害種別に応じて配置車両を選択運用する。

注水又は泡放射を行う。

⑦　10トン水槽車

10トン級のトラックシャシに約10トンの水槽動力ポンプを装備したもので消火活動のほか被災者の飲料水の供給にも使用する。

⑧　遠距離大量送水装備（スーパーポンパー）

送水車、ホース延長車の２台で構成される。

○　送水車は、高落差対応型の油圧駆動式水中ポンプ装置、クレーン装置、ウインチ装置、油圧供給装置を装備し、約3,500ℓ/minの水を２kmまで送ることができる。

○　150mmのホース２km分を積んでホースの延長、回収を行うほか積載装置及び油圧供給装置を装備している。

また、油圧機器を積載し救助事象にも対応可能である。

⑨　資材搬送車

大量の消防活動用器材を必要とする時、一般救助用、林野火災用として、各種器材を集載したコンテナを装備している。

なお、一般救助用コンテナには高層建物の火災及び救助事象に対し、建物外壁面に活動拠点を設置し、消火活動や救助活動及び避難誘導活動を行う救助用ゴンドラを積載している。

⑩　特殊救急車（スーパーアンビュランス）

大規模災害等で多数傷病者が発生した場合、現場で応急救護所としてあるいは多数傷病者の搬送等に活用する車両である。２台のうち１台は救護室を拡張することにより、最大床面積40㎡（最大ベット数８）の現場救護所として活用できる。

⑪　大型送風装備（ブロアー車）

大型送風装置を装備した車両で有毒ガス等の除去やトンネル・地下街等での火災における排煙に活用する。

３　緊急消防援助隊

緊急消防援助隊は、国内における地震・台風・水火災等の大規模な災害又は特殊災害（その災害が発生した市町村の属する都道府県内の消防力をもっては、対応しきれないもの。以下同じ。）が発生し、被災地の消防の応援のために消防庁長官（以下「長官」という。）の指示又は求めに応じて被災地に赴き、人命救助等の消防活動を行う部隊であり、平成７年１月17日㈫発生の阪神・淡路大震災を教訓として同年６月に創設された。これまで表１－４に掲げる災害等44件に出動している。応援派遣される部隊は、原則として都道府県単位で編成され、応援を受ける市町村長等の指揮下で消防活動を行う。

緊急消防援助隊の運用は、通常の災害対応とは異なるので、その要点を「緊急消防援助隊の編成及び施設の整備等に係る基本的な事項に関する計画」（平成16年消防震第９号、以下「基本計画」という。）、「緊急消防援助隊の運用に関する要綱」（平成16年消防震第19号、以下「要綱」という。）及び「緊急消防援助隊の応援等の要請等に関する要綱」（平成27年消防広第74号、以下「要請要綱」という。）によって説明する。

この基本計画と要綱は、東海地震等の大規模災害や毒性物質の発散等による特殊災害への対応能力の充実強化を図るため、平成15年６月の消防組織法改正に伴い策定されたものであり、翌年４月より施行された。

⑴　部隊の編成と任務

緊急消防援助隊の基本的な構成単位は、都道府県大隊、中隊、小隊とし、各隊にそれぞれ都道府県大隊長、中隊長、小隊長が置かれている。

また、緊急消防援助隊の活動を迅速かつ円滑に行うため、特別の任務を行う部隊として、指揮支援部隊、統合機動部隊及びエネルギー・産業基盤災害即応部隊（ドラゴンハイパー・コマンドユニット）を編成することとしている。

表１－４　緊急消防援助隊の主な災害出動事例（平成８年～令和６年）

	（平成７年６月緊急消防援助隊創設以降）
1	蒲原沢土石流災害（平成８年12月６日）
2	岩手県内陸北部を震源とする地震（平成10年９月３日）震度６弱
3	有珠山噴火災害（平成12年３月31日）
4	平成12年（2000年）鳥取県西部地震（平成12年10月６日）震度６強
5	平成13年（2001年）芸予地震（平成13年３月24日）震度６弱
6	宮城県北部を震源とする地震（平成15年７月26日）震度６強
7	三重県ごみ固形燃料発電所火災（平成15年８月14日）
8	栃木県黒磯市ブリヂストン栃木工場火災（平成15年９月８日）
9	平成15年（2003年）十勝沖地震（平成15年９月26日）震度６弱
10	出光興産北海道製油所原油貯蔵タンク火災（平成15年９月28日）
	（平成16年４月１日法制化以降）
11	平成16年７月新潟・福島豪雨（平成16年７月13日）
12	平成16年７月福井豪雨（平成16年７月18日）
13	平成16年台風第23号兵庫県豊岡市水害（平成16年10月21日）
14	平成16年（2004年）新潟県中越地震（平成16年10月23日）震度７
15	福岡県西方沖を震源とする地震（平成17年３月20日）震度６弱
16	平成17年ＪＲ西日本福知山線列車事故（平成17年４月25日）
17	奈良県吉野郡上北山村土砂崩れ車両埋没事故（平成19年１月30日）
18	平成19年（2007年）能登半島地震（平成19年３月25日）震度６強
19	三重県中部を震源とする地震（平成19年４月15日）震度５強
20	平成19年（2007年）新潟県中越沖地震（平成19年７月16日）震度６強
21	平成20年（2008年）岩手・宮城内陸地震（平成20年６月14日）震度６強
22	岩手県沿岸北部を震源とする地震（平成20年７月24日）震度６弱
23	駿河湾を震源とする地震（平成21年８月11日）震度６弱
24	平成23年（2011年）東北地方太平洋沖地震（東日本大震災）（平成23年３月11日）震度７
25	平成25年台風第26号による伊豆大島の災害（平成25年10月16日）
26	平成26年８月豪雨による広島市土砂災害（平成26年８月20日）
27	御嶽山噴火災害（平成26年９月27日）
28	長野県北部地震（平成26年11月23日）震度６弱
29	口永良部島噴火災害（平成27年５月29日）
30	平成27年９月関東・東北豪雨（平成27年９月10日）
31	平成28年熊本地震（平成28年４月14日）震度７
32	平成28年台風第10号による災害（平成28年８月31日）
33	栃木県那須町雪崩事故（平成29年３月27日）
34	平成29年７月九州北部豪雨（平成29年７月５日）

35	大分県中津市土砂災害（平成30年４月11日）
36	大阪府北部を震源とする地震（平成30年６月18日）震度６弱
37	平成30年７月豪雨（平成30年７月６日）
38	平成30年北海道胆振東部地震（平成30年９月６日）震度７
39	令和元年８月の前線に伴う大雨による災害（令和元年８月28日）
40	令和元年東日本台風による災害（令和元年10月13日）
41	令和２年７月豪雨（令和２年７月４日）
42	栃木県足利市林野火災（令和３年２月25日）
43	静岡県熱海市土石流災害（令和３年７月３日）
44	令和６年能登半島地震（令和６年１月１日）震度7

ア　**都道府県大隊の編成と任務**（要綱、基本計画）

①　都道府県大隊指揮隊

都道府県大隊長の任務を遂行するために、都道府県大隊指揮隊を編成する。

原則として、代表消防機関の指揮隊をもって編成する。

・都道府県隊隊長の任務

都道府県大隊を統括して被災地に赴くとともに、指揮支援隊長の管理を受け、被災地における当該道府県大隊の活動を管理する。

②　消火中隊

主として被災地における消火活動を行い、中隊を構成する消火小隊は、隊員５人以上で編成し、消防ポンプ自動車、水槽付消防ポンプ自動車又は化学消防ポンプ自動車を備え、口径65mmのホースを積載する。

③　救助中隊

主として被災地における要救助者の検索、救助活動を行い、中隊を構成する救助小隊は、救助活動に関する基準第６条に規定する救助隊員の資格を有する隊員５人以上で編成し、ウインチ、クレーン、発電照明灯を有する四輪駆動の救助工作車を備え、救助器具並びに要救助者を検索するための高度救助用資機材を備える。

③　救急中隊

主として被災地における救急活動を行い、中隊を構成する救急小隊は、救急救命士の資格を有する隊員又は救急隊員の行う応急処置等の基準（観察等）に規定する隊員３人以上で編成し、四輪駆動の高規格救急自動車を備え、高度救命処置用資機材を備える。

④　後方支援中隊

主として被災地における緊急消防援助隊の活動に関して必要な輸送・補給活動等を行い、中隊を構成する後方支援小隊は、隊員２人以上で編成し、被災地において、消火中隊、救助中隊及び救急中隊等が発災直後から長期間活動することを可能とするために必要な輸送・補給活動等を行うための設備等及び車両を備える。

⑤　通信支援中隊

主として被災地における緊急消防援助隊の活動に関して通信の確保等に関する支援活動を行い、中隊を構成する通信支援小隊は、隊員２人以上で編成し、被災地において通信が途絶した場合に、緊急消防援助隊の通信確保を可能とするために必要な設備、資機材及び車両を備える。

⑥　航空中隊

主として被災地における航空機を用いた消防活動及び航空機の運用調整を行い、中隊を構成する航空小隊は、任務等に応じて必要とされる操縦士及び救助隊員等で編成し、航空機及び救助用資機材、救急用資機材、消火用タンク、ヘリコプターテレビ電送システム等のうちその任務に応じて必要なものを備える。

⑦　水上中隊

主として被災地における消防艇を用いた消防活動を行い、中隊を構成する水上小隊は、船舶の種類に応じて必要とされる船長、機関長及び２人以上の隊員で編成し、消火その他の消防活動に必要な設備を有する消防艇を備える。

⑧　特殊災害中隊

主として被災地における毒劇物災害等の特殊災害に対応するための消防活動を行い、特殊災害小隊は毒劇物等対応小隊（毒性物質の発散等による特殊災害への対応隊を含む。）、大規模危険物火災等対応小隊及び密閉空間火災等対応小隊で構成する。

○毒劇物等対応小隊は、表１－５に掲げる資機材を備える。

表１－５　毒劇物等対応小隊の資機材

区分	資機材
一般の毒劇物災害対応	呼吸保護用器具、防毒マスク化学、防護服（又は陽圧式化学防護服）
C災害・B災害対応	陽圧式化学防護服、化学防護服、携帯型生物剤検知装置、有毒ガス検知管、化学剤検知紙、携帯型化学剤検知機、除染シャワー、除染剤散布器、防毒マスク
N災害対応	簡易型防護服、呼吸保護具、個人警報線量計、空間線量計、表面汚染計、除染設備、中性子線測定器及び放射線防護服又は陽圧式化学防護服

○大規模危険物火災等対応小隊

石油コンビナート施設等の大規模危険物施設での火災等に対応することのできる隊員２人以上で編成し、大型化学車、大型高所放水車、泡原液搬送車、屈折放水塔車又は耐熱装甲型救助活動車を備え、耐熱防護服を備える。

○密閉空間火災等対応小隊

地下街等の密閉空間で発生した消火困難な火災等に対応することのできる隊員２人以上で編成し、高発泡車を備え、呼吸保護用器具及び排煙用資機材を備える。

⑨　特殊装備中隊

主として被災地における特別な装備を用いた消防活動を行い、遠距離大量送水小隊、消防活動二輪小隊、震災対応特殊車両小隊、水難救助小隊及びその他の特殊な装備を用いた消防活動を行う小隊で構成する。

○水難救助小隊

潜水業務を行うことのできる隊員等５人以上で編成し、潜水器具一式、水中投光器、その他水難救助活動に必要な資機材を安全に積載することのできる構造の車両又は船舶を備える。

○遠距離大量送水小隊

遠距離大量送水システム及びそれを搬送可能な車両並びに必要な隊員で構成し、自然水利を利用して、１km以上離れた場所に毎分3,000ℓ以上の水又は海水を送水することのできる装置を備える。

○消防活動二輪小隊

オフロード走行が可能な自動二輪車及び隊員で構成し、消火器及び可搬式消火器具、簡易救助器具又は応急手当資機材のいずれかを携行する。

○震災対応特殊車両隊

震災工作車及び必要な隊員で構成される。

イ　指揮支援部隊等の編成と任務

①　指揮支援部隊・指揮支援部隊長

基本計画に基づき全国を８ブロックに分けた災害発生地域別に東京消防庁及び20政令指

表１－６　指揮支援隊及び指揮支援部隊長

災害発生都道府県	部隊長の所属する消防本部	指揮支援隊の所属する消防本部
北海道	札幌市消防局	札幌市消防局、仙台市消防局、東京消防庁、横浜市消防局、千葉市消防局、新潟市消防局
青森、岩手、宮城、秋田、山形、福島、新潟	仙台市消防局	仙台市消防局、札幌市消防局、東京消防庁、横浜市消防局、川崎市消防局、新潟市消防局、相模原市消防局
茨城、栃木、群馬、埼玉、千葉、東京、神奈川、山梨、長野、静岡	東京消防庁	東京消防庁、横浜市消防局、川崎市消防局、千葉市消防局、さいたま市消防局、名古屋市消防局、大阪市消防局、静岡市消防局、浜松市消防局、相模原市消防局
岐阜、愛知、三重	名古屋市消防局	名古屋市消防局、京都市消防局、大阪市消防局、神戸市消防局、東京消防庁、静岡市消防局、浜松市消防局
富山、石川、福井、滋賀、京都、奈良	京都市消防局	京都市消防局、大阪市消防局、神戸市消防局、名古屋市消防局、東京消防庁、堺市消防局
大阪、兵庫、和歌山	大阪市消防局	大阪市消防局、神戸市消防局、京都市消防局、名古屋市消防局、東京消防庁、堺市消防局
鳥取、島根、岡山、広島、山口、徳島、香川、愛媛、高知	広島市消防局	広島市消防局、北九州市消防局、福岡市消防局、大阪市消防局、神戸市消防局、東京消防庁、岡山消防局、熊本市消防局
福岡、佐賀、長崎、熊本、大分、宮崎、鹿児島、沖縄	福岡市消防局	福岡市消防局、北九州市消防局、広島市消防局、大阪市消防局、神戸市消防局、東京消防庁、岡山消防局、熊本市消防局

定都市の消防本部に編成され（表１－６）、大規模災害又は特殊災害の発生に際し、ヘリコプター等で緊急に被災地に赴き、災害に関する情報を収集し、長官及び関係のある都道府県知事等に伝達するとともに、被災地における緊急消防援助隊に係る指揮が円滑に行われるよう支援活動を行う。

指揮支援部隊長は、被災地都道府県知事を補佐し、災害情報の収集、関係機関との連絡調整、緊急消防援助隊の部隊配備の調整等を行う。

指揮支援部隊を構成する指揮支援隊は、指揮及び情報の収集伝達・通信等を担当する隊員４人以上で編成し、所要の設備等及び車両を備える。

②　統合機動部隊

大規模災害又は特殊災害の発生後、都道府県大隊長の指示を受けて、迅速に先遣出動し、後続する都道府県大隊の円滑な活動に資する情報の収集及び提供を行うとともに、被災地において消防活動を緊急に行い、長官が別に定めるところにより、都道府県ごとに編成し、統合機動部隊長の任務を遂行するため、統合機動部隊指揮隊を編成する。

③　エネルギー・産業基盤災害即応部隊（ドラゴンハイパー・コマンドユニット）

石油コンビナート、化学プラント等エネルギー・産業基盤の立地する地域における特殊災害に対し、高度かつ専門的な消防活動を迅速かつ的確に行い、エネルギー・産業基盤災害即応部隊長の任務を遂行するため、エネルギー・産業基盤災害即応部隊指揮隊を編成する。

ウ　基本的な出動計画等

①　第一次出動都道府県大隊

大規模災害又は特殊災害が発生した場合に、第一次的に応援出動する都道府県大隊を第一次出動都道府県大隊とし、災害が発生した都道府県ごとに出動隊を指定している。

前記の部隊は、必要な情報を入手し、速やかに応援出動準備を行った後、長官の定めるところにより参集する。

②　出動準備都道府県大隊

第一次応援体制に加え、大規模災害又は特殊災害が発生したとの情報を得た場合に速やかに応援出動の準備を行う都道府県大隊を出動準備都道府県大隊とし災害が発生した都道府県ごとに出動準備都道府県大隊を指定している。

③　アクションプランによる出動

その他、南海トラフ地震、首都直下地震等では著しい地震災害が想定され前①、②の応援体制だけでは十分な対応がとれないと考えられることから、長官が別に当該地震ごとにアクションプランを定めるところにより出動することとしている。

④　長官の出動の求め又は指示

長官は、災害の状況及び被災地の消防力等を考慮し、消防組織法第44条（非常事態における消防庁長官等の措置要求等）及び基本計画に基づき、都道府県大隊の出動を求め又は指示を行う。

この場合、原則として応援先市町村を指定して出動を求め又は指示を行うものとするが、被災地が複数に及び、応援先市町村を指定することが困難な場合は、応援先都道府県を指定し、消防応援活動調整本部と調整の上、応援先市町村を指定する。

エ　応援要請等

①　被災地の市町村長は、災害の状況、当該被災地の市町村及び都道府県の消防力を考慮して、大規模な消防の応援等が必要であると判断した場合は、直ちに都道府県知事に対して緊急消防援助隊の応援等が必要である旨を報告する。

この場合、都道府県知事と連絡がとれない場合には、直接長官に要請する。

②　被災地の都道府県知事は、災害の状況及び当該都道府県内の消防力を考慮して緊急消防援助隊の応援等が必要と判断した場合は、長官に対して、緊急消防援助隊の応援等を要請する。

③　長官は、災害の状況及び被災地の消防力等を考慮して、都道府県大隊の出動を求め又は指示を行う。

④　大規模災害又は特殊災害の発生後、都道府県大隊長の指示を受けて、統合機動部隊は迅速に先遣出動し、後続する都道府県大隊の円滑な活動に資する情報の収集及び提供を行う。

また必要に応じ災害情報の収集及び緊急消防援助隊の活動調整に当たらせるため、消防庁職員を現地に派遣する。

⑤　代表消防機関は、応援先市町村等に応じ、集結場所、集結時間を指定し、登録市町村の消防機関に連絡する。

⑥　大規模災害又は特殊災害発生の際の緊急消防援助隊の出動までの流れは、図１－１のようになっている。

オ　消防応援活動調整本部及び後方支援本部等の設置

①　受援都道府県知事は、被災地での緊急消防援助隊の迅速かつ的確な活動等に資するため、被災地が２以上ある場合において緊急消防援助隊が出動したときは、直ちに法第44条の２の規定に基づく消防応援活動調整本部（以下「調整本部」という。）を設置する。

なお、被災地が１の場合であっても、受援都道府県知事が必要と認めるときは、調整本部と同様の組織を設置することができる。（要請要綱第12条）

②　調整本部の基本的な構成員は、受援都道府県知事、当該都道府県消防防災主管課職員、航空消防隊員、都道府県内代表消防機関又は代表消防機関代行、被災地消防本部職員、指揮支援部隊長、消防庁派遣職員等で構成し、次の事務をつかさどる。

(ア)　被害情報の収集及び消防庁への情報提供に関すること。

(イ)　都道府県又は市町村災害対策本部に対する災害対策活動の支援に関すること。

(ウ)　緊急消防援助隊の増隊、部隊移動等、緊急消防援助隊の活動調整に係る消防庁との連絡調整に関すること。

(エ)　自衛隊、警察等関係機関との連絡調整に関すること。

(オ)　報道機関への対応に関すること。

③　都道府県隊を出動させた消防機関は、円滑な後方支援を実施するため、その都道府県の代表消防機関に後方支援本部を設置する。（要綱第９条）

図１－１　緊急消防援助隊出動までの流れ

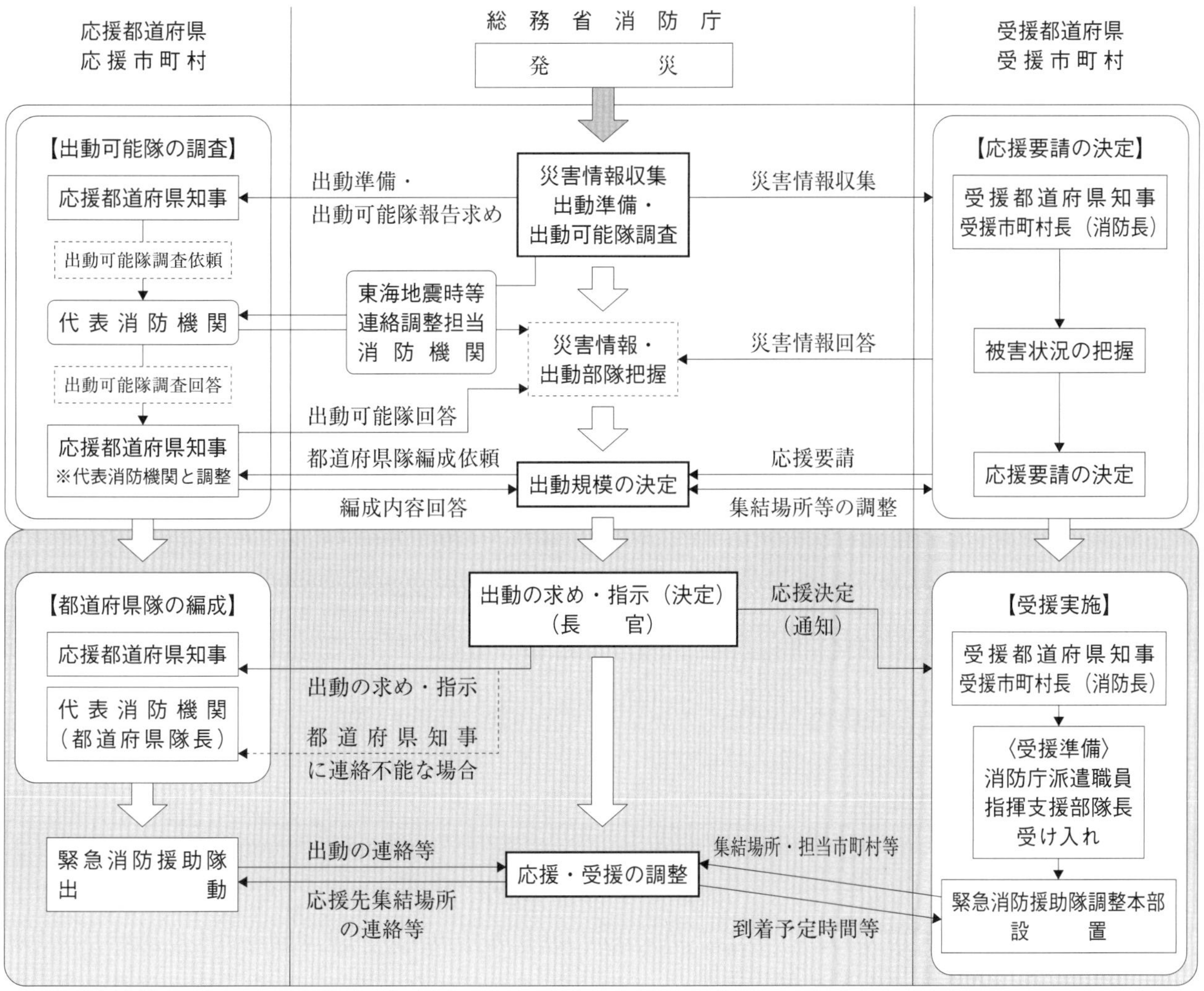

（緊急消防援助隊派遣体制検討等に係る参考資料より）

④　後方支援本部は、その都道府県内の登録市町村の消防機関との連絡調整を行うとともに、出動部隊の活動支援を行う。（同）

カ　集結場所等

①　集結場所の決定

代表消防機関は、応援等実施計画に定めるところにより、災害状況、応援先市町村又は応は援先都道府県に応じて集結場所及び集結時刻を決定し、登録市町村の消防本部に連絡する。

②　進出拠点の決定

消防庁は、災害及び道路状況を踏まえ、調整本部と調整の上、進出拠点を決定し、応援都道府県に連絡する。

③　出動ルートの決定

都道府県大隊長、統合機動部隊長及びエネルギー・産業基盤災害即応部隊長は、応援先都道府県又は進出拠点に応じて、出動ルートを決定し、消防庁、調整本部及び後方支援本部に対して報告する。

キ　応援等指揮活動

①　緊急消防援助隊の被災地における活動は、消防組織法第47条の規定により「応援を受けた市町村の長」（指揮者）の指揮の下に活動する。

②　統合機動部隊は、大規模災害又は特殊災害の発生後、都道府県大隊長の指示を受けて概ね１時間以内に被災地に迅速に先遣出動するとともに、後続する都道府県大隊の円滑な活動に資する情報の収集及び提供を行う。

③　指揮支援部隊長は、調整本部の本部員として、被災地における緊急消防援助隊の活動に関し、指揮支援部隊を統括し、当該被災地に係る都道府県災害対策本部長又は調整本部長を補佐し、

④　指揮支援隊長は、指揮支援本部長として、指揮者を補佐し、及びその指揮の下で、被災地における緊急消防援助隊の活動の管理を行うものとする。

⑤　都道府県大隊長は、指揮者の指揮の下又は指揮支援部隊長若しくは指揮支援本部長の管理の下で、当該都道府県大隊の活動の指揮を行うものとする。

中隊長は、都道府県大隊長の指揮の下で、小隊長以下の指揮を行う。

⑥　指揮支援部隊長は、被災地ごとに緊急消防援助隊指揮支援本部（以下「指揮支援本部」とする。）を設置して、指揮者の指揮の下、部隊配備された都道府県隊の活動管理及び関係機関との連絡調整等を行う。

⑦　都道府県大隊長は、必要に応じて、都道府県大隊本部を設置して都道府県大隊の活動管理及び後方支援業務を行う。この場合において、都道府県大隊長を本部長とする。

ク　部隊の登録

①　長官は、市町村長から部隊の登録の申請を受けた場合及び都道府県知事から航空部隊の登録の申請を受けた場合においては、基本計画に適合する限り必要と認める部隊の登録を行う。

②　登録する部隊の規模は、全国の消防機関の現有消防隊の数等を考慮し、施設の整備及び教育訓練を図ることにより、令和４年４月現在の6,606隊の登録となり、発足当初の約５倍まで増加した。

(9)　特別高度救助隊、高度救助隊の創設

大規模災害、テロ、有事等に対して全国的な見地から人命を救助する体制等を強化する必要があり、特に救助隊の充実強化が求められている。その背景としては、平成16年新潟県中越地震において発生した長岡市妙見堰の崖崩れ現場で東京消防庁消防救助機動部隊（ハイパーレスキュー隊）による発生から92時間後の男児の救出劇が世間の関心を集め、平成17年（2005年）４月25日㈪に発生したJR西日本福知山線列車脱線事故における救助隊の活躍等により高度な装備と技術を有する救助隊の必要性が認識されたことにある。

より高度な装備と技術を有する救助隊を全国的に配備するとともにそのための体制を構築するため、平成18年（2006年）「救助隊の編成、装備及

平成15年（2003年）十勝沖地震で発生した出光興産北海道製油所タンク火災に出動する緊急消防援助隊

平成23年（2011年）東日本大震災（東北地方太平洋沖地震）の津波浸水地域で捜索活動中の緊急消防援助隊

び配置の基準を定める省令（昭和61年自治省令第22号）」を一部改正し、第５条で「高度救助隊」を中核市と消防庁長官が指定するそれと同等規模もしくは中核市を有しない県の代表都市を管轄する消防本部等に、第６条で「特別高度救助隊」を東京都及び政令指定都市に整備するよう規定し、同年４月より全国的に救助隊の充実が進められ、全ての政令指定都市に特別高度救助隊が整備された。

高度救助隊は、現行の救助隊が有する資機材に加えて、画像探査機や熱画像直視装置等高度な探査資機材を有することとし、特別高度救助隊は、高度救助隊が装備するものの他、高度救助資機材と地域の実情に応じてウォーターカッターと大型ブロアー及び特殊災害に備えたNBC災害対応車両等を有する。

表１－７　全国の高度救助隊・特別高度救助隊の整備状況
（令和４年４月１日現在、総務省消防庁資料より）

高度救助隊	128隊
特別高度救助隊	27隊

４　国際緊急援助隊

⑴　発足に至った経過

国際緊急援助隊は、昭和60年（1985年）11月26

2004年（平成16年）２月24日㈫のモロッコ王国の地震に派遣された国際消防救助隊

我が国より携行した救助用資機材は被災国（モロッコ王国）に一部供与された

2004年（平成16年）12月26日㈰のスマトラ島沖大地震・インド洋津波災害に派遣された国際消防救助隊と消防防災ヘリコプター

2005年（平成17年）10月８日㈯のパキスタン地震での検索・救助活動

日㈫に南米・コロンビア共和国で発生した、ネバド・デル・ルイス火山の噴火泥流災害（死者24,740人、傷者5,485人）に際して、同国政府の要請があった場合、消防庁ではこれに積極的に協力することとして派遣準備を進めていたが、同国政府の意向で実現しなかった。

消防庁では、この時の経験を踏まえて、海外で大災害が発生した場合に市町村の消防機関の協力を得て、全国各地の消防救助隊員から編成される救助隊（消防機関ではこの隊を「国際消防救助隊　」（IRT-JF＝International Rescue Team of Japan Fire Service）　愛称：「IRT」“愛ある手”と称している。）を機を失せず、迅速に派遣する体制の整備に着手した。

平成29年４月現在、海外の被災地において救助活動を行うことのできる国際消防救助隊は、77消防本部、599人の隊員が派遣時の手続きを迅速に行うため消防庁に登録されている。

⑵　国際緊急援助隊の派遣に関する法律

政府は、前⑴の背景を踏まえて外務省を中心に開発途上にある海外の地域における大規模災害に対し、被災国政府等の要請に応じ、緊急援助活動を行う人員を派遣する体制の整備が進められ、援助を含む国際緊急援助体制の整備を図ることを目的とした「国際緊急援助隊の派遣に関する法律」（昭和62年法律第93号）が公布施行された。

この法律に基づいて派遣される国際緊急援助隊（JDR=Japan Disaster Relief Team）の任務は、

①　人命の救助活動

②　医療活動（防疫活動を含む）

③　災害応急活動及び災害復旧のための活動

とされている。

また、平成４年（1992年）には、災害の規模によってはさらに大規模な国際緊急援助隊を派遣する必要があることや被災地で自己完結的（被災国の世話にならずに野営等により独自の生活をしながら援助すること。）に活動を行い得る体制を充実すべきこと、輸送手段の改善を図る必要があること等の諸課題に対処するため、自衛隊の国際緊急援助隊への参加を可能とすること等を盛り込んだ法律の一部改正が行われた。

関係省庁、各地方公共団体及び独立行政法人国際協力機構は、この法律に基づき各々の役割分担に応じ、国際緊急援助活動を行うこととされており、国際消防救助隊は国際緊急援助活動の一部を構成するものとして救助活動の分野を担当する。

⑶　派遣手続

①　外務大臣は、被災国政府等から国際緊急援助隊の救助活動等消防に係る派遣要請があり、その派遣が適当と認めるときは消防庁長官と協議を行う。

②　消防庁長官は、前①の協議に基づき市町村に対し、その消防機関の職員に国際緊急援助活動を行わせるよう要請する。

③　消防庁長官の要請を受けた市町村は、地方自治法第２条第２項の事務としてその消防機関の職員に国際緊急援助活動を行わせることができる。

※地方自治法第２条第２項普通地方公共団体は、地域における事務及びその他の事務で法律又はこれに基づく政令により処理することとされるものを処理する。

④　一方、外務大臣は、国際協力機構に対し、総務省消防庁の職員及び市町村の消防職員に係る出張依頼、渡航手続、輸送の手配等の事務を行わせる。

⑤　国際協力機構（JICA）は、総務省消防庁職員及び市町村の消防職員に係る出張依頼、渡航手続、輸送の手配等の事務を行う。

以上のような手続により海外に派遣された国際緊急援助隊（救助チーム）は、令和５年11月現在22回19カ国、404人に達している。

第二節　救　助　法　規

第１　行政作用法

行政機関は、国家の目的である公共の福祉の実現やその保障のための活動により、国民の権利や利益に影響を及ぼすことがあるが、このような国民に影響を及ぼす行政主体（機関）の行為を「行政作用」といい、この行政作用には、国民に一定の義務を課す命令、禁止などの行政処分等の「行政行為」の他に「行政立法」、「行政計画」、「行政契約」、「行政指導」という行政活動がある。

しかし、我が国は、法治国家であり、憲法第３章の諸条項によって、国民の権利及び自由が保障されている。したがって、行政機関といえども無制限に国民に命令し、強制し、その自由を制限し、財産権の処分、制限等を行うことはできない。この国民生活の権利や利益を侵害しないための行政活動に関するルールが「行政作用法」と呼ばれる法であり、個別の法律で規定されている。

また、行政の実効性を確保するための強制手段に、行政目的実現のために、私人の財産・身体に強制力を加える「行政強制」と私人の行政上の義務違反に課す制裁である「行政罰」があり、更に、「行政強制」には、行政上の「強制執行」と行政上の「即時強制」がある。

行政強制
- 強制執行（国民の行政上の義務が履行されない場合に行政自身が履行された状態をつくり出す作用（代執行、執行罰、直接強制、強制徴収））
- 即時強制（国民の義務履行を強制するためではなく、目前急迫の障害を除く必要上、義務を命ずる暇のない場合、またはその性質上義務を命ずることによってその目的を達し難い場合に、直接に私人の身体や財産に実力を加えて行政目的を達する作用（破壊消防、救助活動等））

第２　行政強制（即時強制）と救助活動

火災の消火活動に際して、他人の土地や建物を利用し、処分する緊急の必要がある場合、その所有者等の承諾を得て行うのでは、消火や人命救助に間に合わないことになり、消防の使命が達成できない。

そのために消防機関には一定の条件のもとで関係者に無断で実力を行使することが認められている。これが即時強制の制度である。

救助活動は、放置することにより国民の生命、身体に直接危害が及ぶことを未然に防ぐために法律に基づき正当な行為として実施することが許された行政強制（即時強制）である。

この即時強制は、国民の身体、財産に対する実力を行使する行政作用であることから法律上の根拠を必要とし、国民に加えるべき自由の制限は、公共の安全秩序の維持のために必要な最小限度にとどめられなければならないこと（警察比例の原則）が条件とされている。

消防活動上の即時強制

> 消防法における即時強制の性格を有するものとして、第23条の２（火災警戒区域の設定）、第26条（消防車の優先通行権）、第27条（消防隊の緊急通行権）、第29条（消火活動中の緊急措置）及び第30条（緊急水利の使用）等の規定がある。

第３　救助関係法令の概要

１　災害対策基本法の概要

災害に関する法律の数は150を超え、これらの法律はその都度必要性があって制定されたものであり、他の法律との関係を充分に考慮したものとは言い難く、広域的な防災行政に国として充分な効果をあげることが困難な状況にあった。

このような中、昭和34年（1959年）９月26日に我が国を襲った伊勢湾台風は、死者だけでも4,697人という大被害をもたらした。

この伊勢湾台風の教訓から災害対策に関する基本的な法律制定の機運が高まり、「災害対策基本法」（昭和36年法律第223号）が制定された。

(1)　災害対策基本法の主な内容

①　防災責任の明確化

国、都道府県、市町村、事業者及び住民に至るまでその責任を明確に規定し、防災活動を、災害予防対策、災害応急対策及び災害復旧対策に分け、各々の責任を明らかにし、地域の特性を踏まえて事業者や地域住民を災害から直接保護する立場にある市町村長の権限が強化されている。

②　総合的防災行政の推進

防災活動の組織化、計画化を図るため、総合調整機関として国においては内閣総理大臣を会長とする中央防災会議が設置され、地方公共団体には、都道府県知事及び市町村長を会長とする防災会議が設置され、図１－２のような防災組織体制により防災対策が進められている。

③　計画的防災行政の推進

中央防災会議は、我が国の防災行政の基本となる防災基本計画を作成し、防災に関する総合的かつ長期的な計画を定めるとともに関係省庁が定める防災業務計画及び地方公共団体が定める地域防災計画で重点とすべき事項を明らかにしている。

④　災害緊急事態に対する措置

国の経済及び社会秩序の維持に重大な影響を及ぼす異常かつ激甚な災害が発生した場合には、内閣総理大臣は災害緊急事態の布告を発し、緊急災害対策本部を設置して対処することとされている。

図１－２　防災組織体制

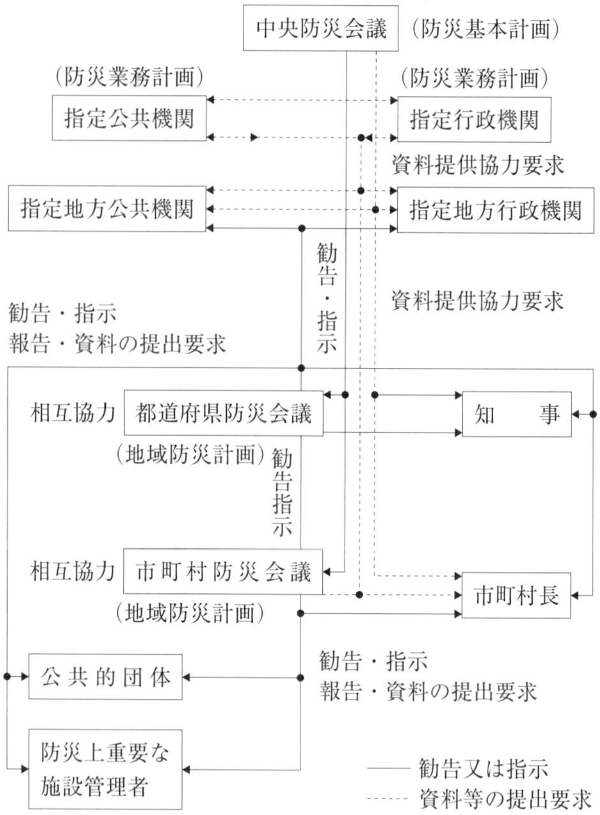

⑤　激甚災害に対する財政措置

防災に関する費用の負担等について定め、原則として実施責任者が負担するものとしているが、国の負担及び補助等の例外について、その都度、法令に定めるとともに災害復旧を行う地方公共団体に対する国の特別な財政援助及び被災者に対する助成等を行うこととしている。

(2)　国の防災計画

ア　防災基本計画

中央防災会議が作成する我が国の防災行政の基本となる計画である。

計画内容は、平成７年（1995年）に発生した阪神・淡路大震災や平成23年（2011年）に発生した東日本大震災などの近年の大規模災害の経験を基に、防災をめぐる社会構造の変化等を踏まえ、我が国の災害に対処する能力の増強を図ることを目的と、現実の災害に対する対応に即した構成として、第１編の総則、第２編において各災害に共通する事項を示し、以降、個別の災害に対する対策について、第３編地震災害対策編、第４編津波災害対策編、第５編風水害対策編、第６編火山災害対策編、第７編雪害対策編、第８編海上災害対策編、第９編航空災害対策編、第10編鉄道災害対策編、第11編道路災害対策編、第12編原子力災害対策編、第13編危険物等災害対策変、第14編大規模な火事災害対策編、第15編林野火災対策編とし、それぞれ災害に対する予防、応急、復旧・復興のそれぞれの段階における諸施策を具体的に定めている。

また、地震に伴う被害は、主に揺れによるものと津波によるものとがあるが、第３編「地震災害対策編」は、主として揺れによるもの、第４編「津波災害対策編」は、主として津波によるものを対象として、両者は重なるところもあるので、両編合わせて震災対策のために対策が定められている。しかし、これらの対策には限界があることから、

①　消防団、自主防災・防犯組織の育成
②　防災ボランティア活動の環境整備
③　企業防災の促進

を重点とし、国民の防災活動の環境整備を重点として計画し、推進を図るよう定めている。

国民の防災活動の基本は「自らの身の安全は自らが守るのが防災の基本であり、国民は、その自覚を持ち、食料、飲料水等の備蓄など、平常時より災害に対する備えを心がけるとともに、発災時には自らの身の安全を守るよう行動することが重要である。また、災害時には、初期消火を行う、近隣の負傷者及び避難行動要支援者を助ける、避難場所や避難所で自ら活動する、あるいは、国、公共機関、地方公共団体等が行っている防災活動に協力するなど防災への寄与に努めることが求められる。」（第２編第１章第３節）としている。

なお、応急対策の実施に関する役割分担については、住民に最も身近な行政主体として第一義的には市町村が当たる。また、地方公共団体の対応能力を超えるような大規模災害の場合には、国が積極的に応急対策を支援するものとされている。

イ　防災業務計画

防災基本計画に基づき指定行政機関（指定される国の各省庁）の長及び指定公共機関（日本銀行、ＮＨＫ、電気、ガス、水道等の公益的事業を営む法人）の長が所掌の業務について作成する防災に関する計画である。

防災業務計画は、地域防災計画の基準になるとともに、指定行政機関の長が他の法令の規定に基づき作成する各種の防災に関する計画の一つになるものであり、その作成に当たっては、他の行政機関の長が作成する防災業務計画と調整を図り、一体的かつ有機的に作成するよう規定されている。

⑶　地方公共団体の防災計画（地域防災計画）

我が国の地方行政組織は、都道府県と市町村の二重構造になっている。

地方自治法によれば、地方公共団体の事務は秩序を維持し、住民及び滞在者の安全、健康及び福祉を保持すること並びに防災を行うこと等とされ、このうち市町村は原則として住民に直結する基礎的な事務（住民の生命・身体・財産を災害から保護するため地域特性を踏まえた具体的な事務）を担当し、都道府県は市町村を包括する広域の団体として広域にわたる事務や統一的な処理を必要とする事務、市町村の連絡調整に関する事務及び一般の市町村が処理することが不適当と認められる程度の規模の事務を処理することとされている。

⑷　救助・救急活動計画等

災害時の具体的な防災活動計画は、地域防災計画に定められている。

災害時には消火、水防等の活動を行うとともに、被害者については災害直後から救助・救急及び医療活動を行うべきことについて地域防災計画に定めている。

①　住民及び自主防災組織の役割

住民及び自主防災組織は、自発的に被災者の救助・救急活動を行うとともに、救助・救急活動を行う各機関に協力するよう努める。

②　被災地地方公共団体による救助・救急活動

被災地地方公共団体は、その区域内における救助・救急活動を行うほか、被害状況の早急

な把握に努め、必要に応じ非常災害対策本部等、現地対策本部を設置し、国の各機関に報告するとともに、他の地方公共団体に応援を要請するものとする。

③　被災地以外の地方公共団体及び国の各機関による救助・救急活動

被災地以外の地方公共団体は、被災地地方公共団体からの要請又は相互応援協定等に基づき、救助・救急活動等の応援を迅速かつ円滑に実施するものとする。

救助・救急活動に必要な資器材は、原則として当該活動を実施する機関が携行するものとする。

④　地方公共団体等による消火活動

発災初期段階においては、住民及び自主防災組織等は自主的に初期消火活動を行うとともに消防機関に協力するものとする。

被災市町村では、速やかに管轄区域内における火災等の災害の全体状況を把握するとともに、迅速に重点的な部隊の配置を行うものとする。

特に大規模な災害の場合は、最重要防御地域等の優先順位を定め迅速に対応する。

被災地以外の市町村は、被災地地方公共団体からの要請又は相互応援協定に基づき消防機関による応援の迅速かつ円滑な実施に努める。

2　消防組織法の概要

災害に伴う防災活動業務を所管する行政機関として市町村消防機関が置かれ、消防の組織及び運営に関する事項は、消防組織法（昭和22年法律第226号）に基づき、各市町村条例で定められている。

⑴　消防の任務

消防組織法第１条には、「消防は、その施設及び人員を活用して、国民の生命、身体及び財産を火災から保護するとともに、水火災又は地震等の災害を防除し、及びこれらの災害による被害を軽減するほか、災害等による傷病者の搬送を適切に行うことを任務とする。」と規定されている。

なお、任務とは、一定の機関又は者が処理し、遂行すべき責任を有する事務をいう。

言い換えれば、

①　火災に対しては、これを予防し、警戒し、鎮圧し、救護すること等あらゆる方法により国民の生命、身体及び財産を守ることである。

この事務は、消防機関が専属的に担任する事務であり、他の行政機関と競合することがない。

②　火災以外の災害一般に対しては、事前に直接的な原因を除去すること。

③　火災以外の災害が発生した場合には、被害拡大の防止及び縮小を図ること。

を任務としている。

②、③の事務については、改めて災害の定義が問題とされ、明確にしておくことが必要である。既に述べたように災害対策基本法に規定する「災害」には、自然災害のほか人為的災害も含むとしているが小さな事故等は含まれていない。

しかし、消防組織法に規定する「災害」は、消防機関は唯一の第一線実働部隊として災害に対応してきた歴史的沿革や社会、経済の進展に伴う消防機関に対する住民の期待の変化等から判断して、流動的に解釈すべきとされ、災害対策基本法より広く解釈して、生命・身体及び財産に危険を発生させる可能性のある小規模な事故を含むと解釈されている。

したがって、消防機関が現在行っている救助活動業務や救急業務には、火災は勿論、交通事故や水難事故、各種の労働災害、転落、挟まれ、感電事故、高温、濃煙、有毒ガス、酸素欠乏による事故等も対象としている。

⑵　国の消防組織

消防組織法第２条では「総務省の外局として消防庁を置く。」と規定している。

外局とは、府、省に置かれる委員会及び庁をいい、庁は所掌の事務がその省の内部部局の事務に比べて膨大で、かつ、機能的まとまりと独立的性格を有する場合に設けられる機関である。

消防庁の所掌事務は、消防組織法第４条に基づき、消防に関する制度の企画・立案及び消防に関して広域的に対応する必要のある28項目を処理している。

消防庁の長は消防庁長官であり、その下に所掌事務を処理するための部門及び全国の消防職・団員約102万人の教育・訓練機関として消防大学校が置かれている。

(3)　自治体の機関

自治体とは、普通地方公共団体である都道府県及び市町村のことをいうが、消防本部、消防署等の組織は消防組織法により市町村に置かれることとされている。

ア　市町村の消防責任と消防組織

市町村は、その区域内における消防を十分に果たすべき責任を有する（同法第６条）ものとされ、市町村の条例によって市町村長が管理し、(同法第７条) その費用は、市町村の負担とする (同法第８条) こととされている。

市町村の消防事務を処理するために設けられる機関は、

①　消防本部

②　消防署

③　消防団

とし、その機関の全部又は一部を設けなければならない（同法第９条）としている。

また、消防本部及び消防署の設置、位置、名称並びに消防署の管轄区域は条例で定め、消防本部の組織は市町村の規則で定め（同法第10条)、消防職員の定員等は、市町村の条例で定めること（同法第11条）とされている。

同じく、消防団についても基本となる事項について消防本部及び消防署と同様に規定している。(同法第18条、第19条)

イ　特別区の消防責任

特別区の存する区域においては、特別区が連合して、その区域内における消防を十分に果たすべき責任を有する。(消防組織法第26条)

特別区は、特別地方公共団体の一種であり東京都の23区をいう。

特別地方公共団体（特別区、組合、財産区等）は、普通地方公共団体に対し、地方自治法上、その構成組織及び権限について都との関係で特別の扱いを受けている。

これは、その区域が旧東京市のあった地域で社会的にも一体をなしているので行政について一体性を確保する必要性が強いため23区が連合して消防責任を果たすこととされているものである。

ウ　都道府県の消防事務

都道府県は、市町村の消防が十分に行われるよう消防に関するその都道府県と市町村との連絡及び市町村相互間の連絡協調を図るほか、消防職・団員の教育、訓練、救助、救急業務、消防施設の強化拡充に関する事務等13項目及び航空消防隊の事務を所掌することとされている。(消防組織法第29条、第30条)

３　消防法の概要

消防事務に関する法令には、前記の消防組織法と消防作用（消防に関して、国民の権利義務等に影響する事項）に関する基本的な事項を定めた消防法（昭和23年法律第186号）がある。

消防法の消防活動に関する部分は、戦前から消防機関が事実行為として実施してきた事項について法的な裏づけがなされたものが多く、火災の予防、危険物、消防用設備等、消防用機械器具の検定、火災の警戒、消火の活動、火災の調査、救急業務、救助隊の基準など、火災又は地震等の災害による被害の軽減等について規定されている。

本書では、このうち火災時及び災害時の救助活動に直接関係する緊急時の措置権等を中心に述べることとする。

(1)　消防法の目的

行政一般に共通する基本的な行政目的とされる「安寧秩序を保持し、社会公共の福祉の増進に資すること」で、それは「火災を予防し、警戒し及び鎮圧し、国民の生命、身体及び財産を火災から保護すること」と「火災又は地震等の災害による被害を軽減するほか、災害等による傷病者の搬送を適切に行うこと」により冒頭の最終的な目的を実現することとしている。(消防法第１条)

(2)　具体的な規定事項

消防活動に関する規定事項として次のアからキまで規定しているが、イからキまでの規定は火災のみを対象とするものではなく、水災を除く他の災害や事故にも準用される。

ア　火災警戒区域の設定（消防法第23条の２）

ガス、火薬又は危険物の漏洩、流出等の事故が発生した場合に、その事故により火災発生のおそれが著しく大きく、火災が発生すれば爆発等の危険があり、人命又は財産に著しい被害を与えるおそれがあると認められる時は、消防長等は、火災が発生する以前の段階において火災警戒区域を設定して、その区域内における火気の使用を禁止し、その区域内への出入りを禁止し、若しくは制限し、又は退去を命ずることができると規定している。

※「火災警戒区域の設定」とは、火災の発生を防止し、人命又は財産に対する危険を未然に排除するため、火気の使用を禁止し又は一定の者以外の退去、出入りの禁止等を行う必要のある区域で、この区域等をロープ等によって明示することをいう。

イ　火災発見の通報（消防法第24条）

「火災を発見した者は、遅滞なくこれを消防署又は市町村長の指定した場所に通報しなければならない。」（消防法第24条第１項）

「すべての人は、前項の通報が最も迅速に到達するように協力しなければならない。」
（消防法第24条第２項）

火災を発見した者の消防機関等への通報義務及びこれに対するすべての人の協力義務を規定したもので、市町村長の指定した場所には消防本部、消防署及び消防団本部等が指定されるのが一般的で、通報番号は加入電話局番なしの１１９番による。

ウ　応急消火義務等（消防法第25条）

①　応急消火義務者（消防法第25条第１項）

「火災が発生したときは、当該消防対象物の関係者その他総務省令で定める者は、消防隊が火災の現場に到着するまで消火若しくは延焼の防止又は人命の救助を行わなければならない。」

火災発生時における現場に在る関係者等の消火、延焼の防止及び人命の救助義務を規定したもので、消防隊が到着した時は、必要な情報を提供して、その活動を阻害することなく必要な協力を行うべきことを義務づけている。

当該消防対象物の関係者（所有者、管理者、占有者）の他、総務省令（消防法施行規則第46条）で定める者は、

㈠　火災を発生させた者

㈡　火災の発生に直接関係がある者

㈢　火災が発生した消防対象物の居住者又は勤務者

で、これらの者を応急消火義務者という。

②　応急消火協力義務者（消防法第25条第２項）

「前項の場合においては、火災の現場附近に在る者は、前項に掲げる者の行う消火若しくは延焼の防止又は人命の救助に協力しなければならない。」

※「火災の現場附近に在る者」とは、火災発生の際、現場附近にいる者で応急消火義務者以外の者をいい、消防隊が現場に到着するまで応急消火義務者の行う活動に協力しなければならない。

この協力義務者が消火活動等に協力した結果、死亡し、負傷し、若しくは疾病にかかり又は障害の状態となった場合には、本人又は遺族は、損失補償を受けることができる。

③　消防吏員等への情報の提供（消防法第25条第３項）

「火災の現場においては、消防吏員又は消防団員は、応急消火義務者等に対し、その対象物の構造、救助を要する者の存否その他消火若しくは延焼の防止又は人命の救助のため必要な事項につき情報の提供を求めることができる。」

火災の現場に到着した消防隊員は、火災の態様の変化に対応して円滑な消防活動を行うために必要な情報を速やかに入手し、迅速な消防活動を展開するため応急消火義務者等に消火、延焼の防止及び人命の救助等のために必要な情報の提供を求めることができる。

エ　消防車の優先通行等及び消防隊の緊急通行権

①　消防車の優先通行等（消防法第26条）

消防車が火災の現場に赴くときは、車馬及び歩行者は、これに道路を譲らなければならないこと。

消防車は、火災の現場に出動する時及び一般に公告した時に限り、サイレンを用いることができること。また、消防署等に引き返す途中、その他の場合は、一般交通規則に従わなければならないことを規定している。

②　消防隊の緊急通行権（消防法第27条）

消防隊は、火災の現場に到着するために緊急の必要があるときは、一般交通の用に供しない通路若しくは公共の用に供しない空地及び水面を通行することができる。

消防活動は、一刻の遅速が人命又は財産の安否を左右する。消防活動の緊急性から必要な時は、私有地等をその承諾を得ることなく通行できるとすることの根拠規定である。

なお、消防隊とは、消防器具を装備した消防吏員又は消防団員の一隊をいう。

オ　消防警戒区域の設定（消防法第28条）

前アで述べた火災警戒区域は、火災等の災害が発生する前に、ガス、火薬及び危険物等の漏洩、流出等の事故が発生した場合又は発生するおそれが著しく大きい場合の警戒区域の設定等に関する根拠規定であるのに対して、消防警戒区域は「火災の際に消防活動を遺憾なく行い、生命又は身体に対する危険を防止し、火災の調査を円滑に行うために一定の者以外の者の立ち入りを禁止し、制限を行う区域」をいい、その設定は消防吏員又は消防団員が行う。

また、消防吏員又は消防団員が現場にいない時又は消防吏員等から要求があった時は、警察官がその職権を行うことができる。

警戒区域の設定は、不特定多数の者に対して一定の時間、立ち入ることを禁止する旨客観的に明示する行為であり、警戒区域の設定には、ロープ等によりその範囲を明示することが必要である。

消防警戒区域内に立ち入ることのできる一定の者は、その区域内の居住者、勤務者、火災等の対象物の関係者及び消火、救助等の業務に従事する者のみである。

カ　消火活動中の緊急措置等（消防法第29条）

火災の際における国民の応急公用負担（緊急事態の際、急を要するため正規の手続きによらずに国民に課せられる負担）について規定している。

この項の諸権限は、消防機関の持つ権限のうちでも最も重要であり、かつ、国民の財産権等に与える影響の大きい規定である。

火災の際、消防長等は、消防対象物及びこれらのもののある土地の使用権等及び人的労役の要求の権利を取得し、消防対象物の関係者及び火災現場附近にある者は、消防長等のこれらの権利の行使を受忍し、命令等に従う義務を負うべきことを規定している。

①　火災が発生せんとし又は発生した消防対象物等に対する使用権等（消防法第29条第１項）

消防吏員又は消防団員は、消火若しくは延焼の防止又は人命の救助のために必要があるときは、火災が発生せんとし[※1]、又は発生した消防対象物及びこれらのものの在る土地を使用[※2]し、処分[※3]し又はその使用を制限することができる。

※１「火災が発生せんとし」とは、まだ火災になっていないが火災の発生が迫っていて放置すると火災になる状態をいう。

※２「使用」とは、財産権の変更を加えずに一時これを用いることをいう。

※３「処分」とは、財産の現状、性質等に破壊その他の事実上の変更を加えることを含むものである。

これらによる損害については、損失補償の対象とはならない。

②　延焼のおそれのある消防対象物等に対する使用権等（消防法第29条第２項）

消防長若しくは消防署長又は消防本部を置かない市町村においては消防団の長は、火勢、気象の状況その他周囲の事情から合理的に判断[※]して延焼防止のためやむを得ないと認めるときは、延焼の虞のある消防対象物及びこれらのものの在る土地を使用し、処分し又はその使用の制限をすることができる。

前記①は、火災が発生せんとし又は発生した消防対象物についての使用、処分権等であったが、本②の項では、火災地周辺で延焼のおそれのある消防対象物の使用処分権等について規定している。

※「合理的な判断」には、客体となる火勢の延焼経路、地形、地域特性及び消防力等あらゆる事情が考えられ、これらを総合して判断するものである。

これらによる損害についても第１項と同様に損失補償の対象とはならない。

③　前記①及び②以外の消防対象物等に対する使用権等（消防法第29条第３項）

消防長若しくは消防署長又は消防本部を置かない市町村においては消防団の長は、消火若しくは延焼の防止又は人命の救助のために緊急の必要[※1]があるときは、前２項に規定する消防対象物及び土地以外の消防対象物及び土地を使用し、処分し又はその使用を制限することができる。この場合においては、そのために損害を受けた者からその損失の補償の要求があるときは、時価により、その損失を補償[※2]するものとする。

※１「緊急の必要」とは、事態が差し迫って即刻、臨機の措置をとるべき必要のある状態であり、消火、人命救助のためには、その権限を行使すること以外に方法がなく、しかも即刻とらなければ重大な結果を招く状態にあることをいう。

※２「損失を補償」とは、公権力の主体が公法上の適法行為により、特定の人の財産権等に与えた偶然かつ特別の損失を公平負担の観点から償うことをいう。

④　労役の要求（消防法第29条第５項）

消防吏員又は消防団員は緊急の必要があるときは、火災の現場附近に在る者を消火若しくは延焼の防止又は人命の救助その他の消防作業に従事させることができる。

この規定に基づき消防作業に従事（協力）して、死亡又は負傷等をした時は、「非常勤消防団員等に係る損害補償の基準を定める政令」により市町村から補償される。

キ　水災以外の災害への準用（消防法第36条第８項）

消防組織法第１条に規定する任務の項で述べたように消防の任務は、火災の予防、警戒、鎮圧に関する事項だけではなく、地震や地すべり、崖崩れ等の災害や交通事故、産業災害等も対象としている。

したがって、消防信号、火災の警報及び消火の活動の応急公用負担に関する規定は、火災のみを対象とするのではなく水災を除く他の災害や事故の際も対象とすることが必要であり、これらの災害にも準用される。

洪水や高潮等の水災については、別に水防法で規定されていることから除外されている。

●他の災害に準用される条項
（消防法）
第18条第２項：（消防信号又はこれに類似する信号の使用禁止）
第22条：（火災の警報）火災予防上危険な気象状況の通報及びその場合の火災警報の発令並びに火災警報発令下における火の使用の制限についての規定である。
第24条から第29条：本項⑵のイからカまでの事項

４　災害救助法の概要

本来、救助という言葉は、「救い助ける」ということであり、生命・身体が危機に瀕している人を助け出すことだけではなく、災害によって被災して困っている人達に物品や金銭的な支援をすることを含めるものである。

災害救助法（昭和22年法律第118号）では、その第１条で「この法律は、災害に際して、国が地方公共団体、日本赤十字社その他の団体及び国民の協力の下に、応急的に、必要な救助を行い、被災者の保護と社会の秩序の保全を図ることを目的とする。」と規定している。

この法律に基づく救助業務は、災害救助法施行令により、被災都道府県の人口と被災市町村の人口に対する被災世帯数の割合に応じて定められる算定基準による数以上が滅失した場合に都道府県知事及び内閣総理大臣が指定した政令市[※]市長が実施することとされている。

表１－８　災害救助法に基づく救助の概要

救助の種類	対象	費用の限度	期間
避難所の設置	災害により現に被害を受け、又は受けるおそれのある者を収容する。	避難所設置費 １人　１日当たり320円以内	災害発生の日から７日以内
被災者の救助	１　生命、身体が危険な状態にある者 ２　生死不明な状態にある者	当該地域における通常の実費	発災の日から３日以内（以降「死体の捜索」として取り扱う）
炊き出しその他による食品の給与	避難所に２避難している者又は住家に被害を受け、若しくは災害により炊事のできない者	１人１日当たり　1,130円	発災の日から７日以内
飲料水の供給	飲料水を得ることができない者	当該地域における通常の実費	発災の日から７日以内
被服、寝具その他の生活必需品の給与または貸与	生活必需品が損失、又は毀損し、直ちに日常生活を営むひとが困難な者	全壊等で、冬季で１人世帯30,400円から５人世帯80,800円６人以上は１人増す毎に加算	発災の日から10日以内
医　　療	医療の途を失った者	１　救護班…使用した薬等の実費 ２　病院・診療所…診療報酬額以内 ３　施術者…協定料金の額以内	発災の日から14日以内
助　　産	発災の日以前又は以後７日以内に分娩した者であって災害のため助産の途を失った者	１　救護班等による場合…使用した衛生材料等の実費 ２　助産師…慣行料金の100分の80以内の額	分娩した日から７日以内
学用品の給与	学用品を喪失又は毀損し、就学上支障のある小・中・高等生徒	１　教科書・教材の実費 ２　文具等 小学校児童　4,400円 中学校生徒　4,700円 高等学校等生徒　5,100円	発災の日から （教科書）１か月以内 （文房具及び通学用品） 15日以内
応急仮設住宅の供与	全壊、全焼又は流出し、居住する住家がないものであって、自らの資金力で住宅を得ることができない者	応急仮設住宅 １戸あたり小家族用（９坪） 大家族用（12坪）	発災の日から20日以内に着工
被災した住宅の応急修理	半壊（焼）し、自らの資力により応急修理することができない者	居室、炊事場及び便所等日常生活に必要な最小限どの部分１世帯当たり574,000円以内	発災の日から１か月以内
障害物の除去	居室、炊事場、玄関等に障害物が運びこまれているため居住できない状況で、自力で除去することができない者	１世帯当たり　135,100円以内	発災の日から10日以内

注１　この表は、平成29年現在のものである。
　２　このほか、埋葬、死体の捜索、死体の処理、輸送費及び人件費等があるが省略した。
　３　被服、寝具その他生活必需品の給・貸与は、家族構成、家屋の全半壊（焼）別によって支給額を異にする。
　４　都道府県知事の従事命令によって救助業務に従事した者には、その技能と資格によって日当、時間外勤務手当、旅費等が実費弁償される。

この法律に基づく救助は、被災者が現に応急的救助を必要とする場合に行われるもので次のような種類がある。

①　避難所及び応急仮設住宅の供与
②　炊き出しその他による食品の給与及び飲料水の供給
③　被服、寝具その他生活必需品の給与又は貸与
④　医療及び助産
⑤　被災者の救出
⑥　被災した住宅の応急修理
⑦　生業に必要な資金、器具又は資料の給与又は貸与
⑧　学用品の給与
⑨　埋葬
⑩　前各号に規定するもののほか、政令で定めるもの（政令により、(ア)死体の捜索及び処理　(イ)災害によって住居又はその周辺に運ばれた土石、竹木等で、日常生活に著しい支障を及ぼしているものの除去　が規定されている。）

災害に際し、市区町村の被害状況等が適用基準（災害救助法施行令）のいずれかに該当し、又は該当する見込みがある時は、市区町村長は都道府県知事に報告しなければならない。都道府県知事は、報告に基づき、適用すべきか否かの判断をし、必要があると認めたときは、市町村に適用の通知をし、救助を行うと共に国に報告する。

救助は、現物により行うのが原則であるが、都道府県知事が必要と認めた場合は救助を必要とする者に対し、金銭を給付することができる。

災害救助法に基づく応急救助の実施に要する費用は、都道府県がその財源に充てるため災害救助基金を積み立てている。

また、給付に際しては、各救援項目について都道府県の所管部局が実態調査の上、給付することとなっている。

なお、平成30年６月８日の災害救助法の改正により、災害救助の円滑かつ迅速な実施を図るため、救助実施市※が自らの事務として被災者の救助を行うことを可能にする制度が創設され、都道府県は救助実施市以外の市町村において救助に注力できるようになった。（平成31年４月１日施行）

※救助実施市は、政令指定都市の中から市の申請に基づき、内閣総理大臣が、防災体制や財政状況等を勘案し、指定する。

災害救助法に基づく救助の概要は、前頁の表１－８のようになっている。

第４　救助活動とその責任

災害現場等における救助活動は、生き埋め事故や工作物等の下敷きの人達を救出する業務であり、これらの人達は救出活動中に死亡したり、やむを得ず五体の一部を切断することが必要な場合もある。

業務で実施したこれらの行為が後刻損害賠償事案や刑事責任を問われるおそれもあることから、救助活動の法的責任について研究しておくことが必要である。

１　救助活動の正当性

刑法第35条では、「法令又は正当な業務による行為は、罰しない。」と規定している。「正当な業務による行為（正当業務行為）」とは、法令上形式的に権利又は義務とされる旨の規定がなくても、社会通念上正当と認められる行為と義務を行うこと（昭和25年４月東京地方裁判所）を指している。

したがって、危機に瀕している人達を救助する活動そのものは、法令に具体的な規定がなくても正当な業務行為と解釈できる。

２　過失責任

民法の不法行為責任では「故意又は過失によって他人の権利又は法律上保護される利益を侵害した者は、これによって生じた損害を賠償する責任を負う。」（709条）と規定され、過失があれば損害賠償責任を負い、逆に過失がなければ（無過失）その責任を負わない。

救助活動を実施するにあたり、①実施した救助方法が要救助者の状況と活動基準等に照らし適切であったかの予見可能性と、②その救助方法の実施に際し、予見された結果の発生を回避するための注意義務を十分に果たしたかという結果回避義務の履行状況が過失責任の有無を判断する基準となる。この場合の過失責任は、消防機関が属する地方公共団体に課せられることになるが、救助活動を実施した救助隊員に故意又は重大な過失が認められる場合は、地方公共団体は救助隊員に求償できる場合がある。

※「重大な過失」とは甚だしい不注意であり、わずかな注意さえすれば、たやすく違法有害な結果を予見することができるのに、漫然とこれを見逃したり、著しく注意が欠けている状態を意味し、過失の注意義務違反の程度が大きい状態をいう。

３　緊急避難

刑法第37条第１項では、「自己又は他人の生命、身体、自由又は財産に対する現在の危難を避けるため、やむを得ずにした行為は、これによって生じた害が避けようとした害の程度を超えなかった場合に限り、罰しない。ただし、その程度を超えた行為は、情状により、その刑を減軽し、又は免除することができる。」としている。

また、同条第２項では、「前項の規定は、業務上特別の義務がある者には、適用しない。」と規定している。

「業務上特別の義務がある者」とは、消防職員、警察官、医師、船員等の業務に従事する者で、その職務の性質上危難に赴くべき義務のある者は、一般人と同じ条件で避難することは許されない。

ただ、絶対に緊急避難が許されないかというと、そうではない。

これらの業務に従事する人達は、その性質上みだりに義務の遂行を怠ることを認めないということで、自己の危難を避けるために一定の条件下においては避難行為は許される。

例えば、安全な地域まで救助搬送距離が長いために、救出活動を継続することによって自己の生命に危険が及ぶような事態や、隊員が受傷しているため要救助者の搬出が不可能となり共に現場に留まることは双方の生命に危険が及ぶ場合に隊員のみが脱出した等、自己の生命に危険が及ぶ急迫性と危険に対する不可避性（避けることができない状況）が避難当時あったと認められる場合は、責任性がないものと解釈される。

4　災害救助関係判例

救助作業中の消防団員等が死亡した土砂崩れ災害事故について、消防学校の教育及び現場指揮者の義務懈怠等について裁判で争われた事例がある。

有名な「繁藤裁判」であり、この災害現象及び救助活動内容については土砂災害の項（145頁）で紹介することとして、ここでは消防学校の教育及び現場指揮者の義務懈怠に関する部分についてその要点を紹介することにする。

⑴　事件の概要

事件は、昭和47年（1972年）７月５日㈬午前６時頃、高知県香美郡土佐山田町（現香美市）繁藤地区で、前日来の未曾有の集中豪雨により同地区の通称追廻山南斜面で土砂崩れが発生（第一次崩壊）、親戚宅の土砂流入の防止作業に従事していた消防団員が生き埋めになった。

このため、土佐山田町では同町消防団の副団長Ｎが現場指揮に当たり、救出のため全消防団員の出動を要請し、消防職・団員、私設消防団員、付近住民等150人を超える人達が救出作業に従事協力していた。

また、崩壊危険があるため、第一次崩壊付近の住民に避難勧告を行い、かつ現場上方の崩壊に備え消防署員等を監視警戒に当たらせていた。

ところが同日午前10時頃、救出現場上方の追廻山中腹付近が幅員約170m、長さ約150m、高低差約90m、崩壊土量約10万㎥の規模で大崩壊し、救出作業に従事していた者及びこれを見守っていた者等が生き埋めになり、結果として60人の死者を出す大惨事となった。

⑵　原告の主張

この災害事故で死亡した私設消防団員及び付近住民の遺族が、①国及び県に対し、消防団員に支払われたと同様の賞じゅつ金ないし特別褒賞金の支払いを求めて、②県及び町に対し、それぞれ本件事故に関し措置すべき義務違反があったとして、国家賠償請求を求める訴えを提起した。

ここで「措置すべき義務違反があった」としているのは５項目であったが、このうち消防に関する部分は、

①　町は、救出現場の指揮に当たったN副団長らは、崩壊に至る前駆現象から大崩壊の危険性を認識し、十分な警戒体制をとり、いつでも避難できる体制を講じておく職務上の義務があるのにその履行を怠った。

②　県知事は、消防組織法等に基づき、消防職員等を消防学校で教育訓練すべき義務があり、消防学校長は県の規則等に基づき消防職員等に対し教育訓練を行う職務上の義務があるところ、高知県は山崩れの常襲地帯で、消防職員等に対し特別に山崩れに対する防災上の基礎的教育と訓練を徹底する必要があったのに、基礎的な教育訓練すら行わず職務上の義務の履行を怠った。

とするものである。

公務員の行政権限の不行使（不作為）が違法とされるのは、法令上明文をもって作為義務が規定されている場合のほか、災害発生の危険性、権限行使による危険回避の可能性、危険回避に係る期待可能性等の事案の具体的状況により、権限行使に関する裁量権の不行使が著しく合理性を欠くと認められる場合であるとするのが通説である。

⑶　高知地裁の判決

この事件について、昭和57年（1982年）10月の

高知地裁の判決は次のようなものであった。

① 消防組織法第１条に定める消防の任務に鑑み、救出現場で指揮に当たっていたＮ副団長らには、当時の降雨状況等からする崩壊の危険に対し、付近住民の生命、身体等を守るため、十分な警戒体制をしき、併せて周到な避難措置を講じておくべき義務がある。

また、Ｎ副団長らは、救出作業に従事する消防団員らの生命、身体の安全にも十分に配慮しなければならないのは当然であり、特に本件災害当日においては、Ｎ副団長らの求めに応じその指揮下に私設消防団員ら、およそ消防訓練を受けていない一般住民らが協力していたのであるから、これらの人々の生命等の安全について十二分に配慮すべきは当然であり、この意味においてもＮ副団長らは監視警戒体制、避難体制を講じておくべき義務があったのに義務の履行を怠った。

② 県消防学校長は、法令上消防職員及び消防団員等に対し、高知県が地すべり多発地帯である等の地域特性からして、地すべり等の防災教育訓練を実施すべき義務があったところ、本災害においてＮ副団長らが十分な監視警戒体制及び避難体制を講じなかったのは、教育が実施されなかったためであり、消防職員等に対する教育訓練義務を怠った。

以上の判決によるＮ副団長らの義務は、消防法等の関係法令上明文の義務規定があるものではなく、消防組織法第１条の消防の任務からして、条理上求められる義務と解されたものである。

⑷ 高松高裁の判断

このような第一審判決に対し、昭和63年（1988年）１月に判示された控訴審は結論として全く別のものであった。

① Ｎ副団長らの現場指揮に職務上の義務違反はない。

すなわち、公務員の権限の不行使が違法の問題を生ずるのは、原則として当該権限が法令により具体的に規定されている時に限られる。

そして、例外的に国民の生命等に差し迫った重大な危険が生じた時等は、法令上の根拠がないにもかかわらず、条理に基づいて公務員に一定の作為義務が生じると解する余地があるとしても、そのためには少なくとも具体的な事情のもとで当該公務員にそのような作為を容易に期待できる状況があることが前提となる。

しかし、本件においてＮ副団長らは本件崩壊地付近の地質的特性等を知らず、過去に人家が地すべり等で危険にさらされるということもなかったこと等から本件大崩壊を予見し、これを警戒することは困難であり、結果としてＮ副団長らに原告ら主張のような作為を容易に期待することはできず、同団長らが条理に基づきこのような作為義務を負っていたとは認められない。

② 消防職員等の教育訓練については、原告ら主張のごとく消防庁告示に基づき一定の基準が示されている。

しかし、これらは消防学校の各課程における教科目、時間数の基準を示すもので、各消防学校において具体的にいかなる内容の教育訓練を行うか等のことは、右基準に基づき各県の災害等の実情を考慮し、消防学校長が自由な裁量により決定すべき事柄と解される。また、消防団員のうち、誰を県消防学校の教育訓練に参加させるかは、各消防団員の任命権者の判断事項である。

さらに、消防職員等の教育訓練に関する消防組織法等の関係規定をみても、国又は公共団体が特定の個人に対し、教育訓練義務を負うことを定めたものはない。

したがって、高知県が地勢的な特性から地すべり災害が多いとしても、県消防学校長がＮ副団長らに対し、原告が主張するような具体的な教育訓練の実施義務を負っていたと解する法的根拠はない。

⑸ 以上のように控訴審は、原告らの主張をことごとく認めず、国家賠償請求を棄却した。

本事件は、原告らの上告により、最高裁で審理されたが、裁判が長期間に及んでいること等が考慮され、県、町、遺族らの間で、和解（平成３年（1991年）９月５日）が成立し終了した。

第三節　災害時の行動科学

第１　緊急時の行動特性

１　一瞬の呆然自失

人間は自らが経験しない災害や大きな事故に突然に見舞われると、

①　日常行動を停止して、全エネルギーの凍結が生じ、それが茫然自失と驚愕となって現れる。

　そして、炎が立ち上がるとか、走って逃げる人等を目にすると危険が我が身に迫るのを認め、一時ストップしていたエネルギーが恐怖感に変わり逃避行動に激発する。

②　そして、その危険から身を守るために反射的な行動を起こし、隠れたり、家から飛び出すといった類の行動に移る。

　ただ、この行動は人によって個人差が大きく、腰を抜かして動けなくなる者、ウロウロする者もある。

③　リーダーは、このような逃避行動に激発するエネルギーをうまく利用して、動揺を抑え、整然とした避難行動や防災活動に振り向ける

　この瞬間をとらえて「座れ！」「動くな！」等の声をかけ、いち早く我に返らせることが最初にやるべき活動である。

恐怖の追突事故、総武線船橋駅（昭和47年３月28日㈫）

筆者は、追突事故にあった電車に乗っていたことがある。

その事故は昭和47年（1972年）のことである。

３月28日㈫午前７時22分頃、国鉄（現在のＪＲ東日本）総武線船橋駅の上りホームに停車中の電車に後続の電車が衝突して、満員電車の乗客のうち758人が重軽傷を負い、船橋市とその周辺市及び東京都内の病院にまで負傷者が搬送された大事故になったものである。

当時、船橋市内に居住し、追突された電車に乗って間もなくのことであった。大音響とともに電車は激しく揺れ、窓ガラスはほとんど割れて飛び散り、座席が外れたり、金属の支柱が折れ曲がり、乗客は悲鳴とともに倒れ、一瞬地球が破裂したのかと思ったものであった。そして、次の瞬間、乗客は一斉にホームに飛び出し、我先に階段を駆け降りようと走り出した。その時であった。車内に

残っていた老紳士が大声で「慌てるな！　事故はもう終わったじゃないか！」と怒鳴ったのである。

この一声で、乗客は追突事故であったことに気づき、我に返って駆け降りるのが止まり平静に戻ったのであった。

あの時老紳士の一声がなかったら、階段での将棋倒し等によって大きな二次災害が起こるところであった。

災害等による緊急事態には、リーダーの一声が運命を左右することがある。

リーダーは、事故や災害の実態をいち早く正しく知らせ、防災対応に仕向けることであり、被災者等には安心情報を提供することである。

２　緊急時の情報処理能力

緊急時の恐怖と適応行動の関係については、恐怖や不安が適度の時には適応行動（その状況にふさわしい行動）をとりやすいが、これが度を越すとかえってふさわしい行動が取れなくなり、不適応行動が生じやすい。

恐怖や不安で慌てている状況の中では、それが目の前に見えなければ何もないのと同じ結果になる。

また、人間は緊急事態の時、最も思い出しやすいものを思い出すという特性を持っている。つまり、人間は頭の中に入っていること（経験する等して、知識として身についていること）については、すぐに実行に移すことが得意だが、頭に浮かばないことは非常に不得意である。

人間の頭脳は、非常に慌てた時には、次のような特性がある。

① 情報処理範囲が狭小化する。

視野が狭くなる。日常短期記憶（その場に臨んで主として視覚による記憶）のマジカルナンバーは７±２といわれるが、緊張して興奮するとこれが４±２になったり３±２になったりする。

このように狭まった記憶の中で、人は何に注目するかというと、出来事の中心的部分に注目する。

例えば、火災なら燃えている物やその周辺というように。

② 緊急事態になった時に人間がまずとる行動は、自分が今までやってきたことをそのまま戻すということで、直前の行動しか思い浮かばなくなる。(帰巣性)

ただ、人の緊急時の情報処理は、全く理性を失って行われるものではなく、合理性の限界として考えられ、これを「制約された合理性」と呼んでいる。

③ このような状況になると事態の協同的解決が念頭に無くなる。

例えば、他人と協同して避難したり、消火活動をするということがなくなり、各々が勝手な行動をとるようになり、狭い記憶の中に協同してやるということが入ってこなくなる。

④ 災害時等緊急事態の際に、このような状況を克服して、冷静に視野を狭めずに行動するためには、相当の訓練を積んでおくことが大切で、災害対応訓練の必要性はここにあるのである。

緊急事態に際し、恐怖や不安でドキドキし、怖いと思っていては何もできない。

この時は怖いということに注意を向けずに、事態の中で自分は何ができるかということ、具体的な対応業務に注意を向けることである。怖いということに気を取られると視野が狭くなっている中で、さらに視野を狭くしてしまう。

防災訓練は、頭の中で認知する段階から声を出して唱えてみる、次に体を動かしてみるという段階に至るほど強力になり、それだけ実際の場面で実行の可能性が高くなる。

訓練では、災害が起きた時、視野が狭くなった中でも何をなすべきか最初に思い浮かぶようにしておくことが大切である。(例えば、「落ち着いて身の安全を確保する」「あわてず冷静に火災を防ぐ」等)

また、このような時やるべき仕事を持っていることである。

昭和39年（1964年）６月16日㈫に発生した新潟地震では、非番で自宅に休んでいた警察官が激しい揺れによって地震に気づき、倒壊しそうな建物からはいずりながら部屋の出口に来た時、壁にかけてあった制服を見て我に返り、その制服に着替えて外に出て避難誘導や交通整理に当たったという。

大災害時には、自分が為すべき役割を持ち、それが日常反射的に出るように身についている人ほど早く仕事に取り組み、そこに恐怖や慌てるということがなくなるものである。

家庭や職場、学校、サークル活動等でも、日常の役割の他に緊急時の役割を全員に割り当て、訓練や演習を重ねて身につけておくことが大切である。

写真１

写真２

写真３

火煙に追われて飛び付く要救助者

３　究極の行動

① 「溺れる者は藁をもつかむ」という諺があるが、溺水者を救助しようとして不用意に正面から近づくと溺水者に抱きつかれて身動きがとれなくなり、救助者と溺水者がともに死亡するという事態になることがある。このため、水難救助員の資格取得講習では、溺水者には正面から接近せずに、背後から接近して髪の毛を持って引いてくるヘアーキャリー法や潜水泳法により接近して溺水者の足を取って浅瀬に引いてくる方法等の訓練が行われる。

ビル火災等で高所に取り残されて救助を待つ人達も、溺水者とほとんど同じ心理状態になるようで梯子等を架梯して要救助者に接近すると危険な高所にいることを忘れて、消防隊員に飛び付いてきて思わぬ二次災害に見舞われることがある。

写真１、２、３は、かつて都内のペンシルビルの火災の際４階で救助を求めていた２人のうち右側の男性が梯子を登ってきた消防隊員に飛び付いた状況の組写真である。

消防隊員は、これを確保しきれず路上に墜落する結果になり、一命はとりとめたものの要救助者は両足骨折等の重傷を負った事例である。

このような事故の防止は、足場の悪い高所での活動であり、要救助者の挙動を確認しながらメガホン等を使って、接近して行く消防隊員の指示に従い、冷静な行動をするよう指導して実施することが大切である。

② 一方、多くの死者が発生する雑居ビル等の火災では、高層階からの飛び降りによる死者が相当数発生する。

昭和47年（1972年）５月13日㈯に発生した大阪千日デパートビル火災では、死者118人中22人が７階からの飛び降りによる死者であった。また、昭和57年（1982年）２月８日㈯の東京のホテル・ニュージャパン火災では、33人の死者のうち14人が９階の窓からの飛び

延焼中のホテル・ニュージャパン（昭和57年２月８日㈪）

降りによって死亡している。

平成13年（2001年）９月１日㈯に発生した新宿歌舞伎町雑居ビル明星56ビル火災では、44人の死者が発生したが、外に３人が３階の窓から飛び降りている。幸いなことに低層階であったために軽傷で済んでいる。

人は、火災等によって突発的に環境が急変して閉鎖空間に閉じ込められると恐怖感に襲われ、そこから逃避しようとする。

また、災害等の緊急事態の際は、現実の苦痛には耐えられても、将来予想される苦痛には耐えがたい、といわれる。

避難の時機を失し、辛うじて窓際までたどり着いたものの、建物構造や避難経路が不案内で避難の方向が分からず戸惑っているうちに、喉を突き刺すような刺激臭の強い煙が押し寄せてくる。それが次第に熱い濃煙に変わってくる状況の中では、たとえわずかでも生存の可能性が残されていれば飛び降りを選択して、そこから開放されたいと考えるのも無理からぬことであろう。

「災害心理学序説」（安倍北夫著）では、次の例が紹介されている。

昭和48年（1973年）６月17日㈰の根室半島沖地震の翌暁、釧路市内のオリエンタルホテルで火災があり、このホテルに宿泊していた劇団一座が高層階（５階）に取り残された。その時、座長が消防隊のはしご車による助けを待って、何度も窓から下を見ているうちに地面がせり上がり、ついには飛び降りたら何とかなるのではないかと思い、その気持ちを抑えるのが苦しかったと述べている。このような心境になって飛び降りる人もあるのではないかと考えられる。

このようなことから雑居ビル等の火災では、車載拡声機のボリュームを上げて飛び降り防止や濃煙内での対処法、待つこと等を広報しながら活動することが大切である。

第２　災害時の２つの鉄則

既に述べたように災害発生時、一般的に人は、強い恐怖に襲われ慌てている状態では、知的行動レベルは大幅に低下し変容する。

したがって、災害時の行動は知的レベルが大幅に低下した状態でも、確実な防災活動ができるようにしておかなければならない。

災害直後の活動に備えて、次の２つの対策を進めておくことが大切である。

１　フール・プルーフ

イザという時、人の頭脳の働きは低下し、あたかもフール（愚か者）のようになる。それを予め計算に入れた対策をフール・プルーフという。

耐震自動消火装置付石油ストーブ等は、地震時の揺れによって自動的に消火したり、燃料の供給を停止して消火するシステムになっている。

２　フェイル・セーフ

人は恐怖に襲われている時は、慌てるために失敗しがちである。このような時に失敗しても大丈夫なように次の手を打っておくことがフェイル・セーフの対策である。

例えば、火災の時の初期消火用として作られている三角バケツは、１回目の消火に失敗しても、次々と５～６回は繰り返して水をかけることができるように工夫されている。

第３　緊急時の避難習性

地震や火災等によって突然環境が変化し、閉鎖空間に閉じ込められると恐怖感に襲われ、そこから逃避しようとする。

このような時の行動習性（特性）を把握しておくことは、災害時現場で行方不明となっている人達の検索活動（探し出すこと）や避難者を誘導する上で有効なヒントになる。

１　生活導線の志向

災害等によって人が窮地に追い込まれると、恐怖心等から日常使い慣れた道路や設備を利用して避難しようとする傾向がある。

ビルの高層階の居住者や勤務者は、生活導線としてエレベーターを利用している。

このエレベーターの横には避難階段があってもそれを使わず、火災の際には使ってはならないエレベーターを使うという特性がある。

２　リーダーの指示の方向に進む

人は上司からの命令に従うことよりはむしろ、状況からの要請として命令を理解し、実行するのが普通である。

しかし、危機的状況に直面した時は、己の行動の決定に迷うことが多い。そして、そこにいる能力者や専門家から明確な指示があればその指示に素直に従うものであり、地理不案内の人達はこうしたリーダーの指示する方向に進む。

この時リーダーは「皆さん、私について来て下さい」等と自信を持って明確に指示することが大切である。

３　明るい方向に進む（走光性）

人は日常明るい所で生活している。暗い所は、何が起こるか分からないという不安がある。

突然、火や煙に襲われたり、照明が消えて暗くなると明るい方向に向かっていく傾向がある。

昭和47年（1972年）５月13日㈯の千日デパートの火災では、避難群衆流に乗り損ねた人達が向こうに見えるネオンの灯りで明るくなっている空が見えた。多くの人達は、この灯りを頼りに窓際にたどり着き、必死に窓から身を乗り出して息を吸い、はしご車による救出を待ったといわれている。

また、昭和55年（1980年）11月20日㈭の川治プリンスホテル火災では、煙に閉じ込められた人が明るい窓際に寄ったところ、隣の部屋との境に太い雨どいを見つけ、その雨どいを伝って脱出に成功している。

４　入ってきた経路を逆に戻る（帰巣性）

その建物に初めて来た人や建物構造をよく熟知していない人等は、緊急時に冷静な判断ができなくなり、自分が今入ってきたよ経路を逆に戻ろうとする傾向がある。

劇場等で観劇中、地震等に遭遇すると入ってきた出入口に殺到して将棋倒しになる例などがこれである。

５　煙に追われて逃げる（危険回避性）

人は炎や煙等があるとその反対の方向に逃避する傾向がある。

避難は、目前の危険性のみに着目した単純な行動となりがちである。

また、人は窮地に追い込まれて必死にならないと煙の出ている方向に避難することはないものである。したがって、煙が押し寄せてくれば、それに追われて逃げるのが普通である。

避難経路も誤って行き止まりとなる地点で死亡している例を見かけるが、これが火煙に追われて死亡する例である。

６　人の行く方に行く（追従性）

多くの人達が窮地に追い込まれた時、自らは積極的に方向を決めたり、先導したりしないで、大勢の人達の後について避難するタイプをいう。混乱して将棋倒しになった時、下敷きになるおそれはないがタイミングを失すると災害要因（火煙、津波、土石流等）に襲われるおそれがある。

また、先頭が行き先を誤って引き返してくるような事態になると、突き倒されたり、逆流に押し流されるおそれがある。

７　閉じこもり

災害時に窮地に立たされて、なすすべもなく自宅やトイレ、物置等に閉じこもったり、狭い隅に逃げ込むタイプである。

このほかに部屋に入る時に、廊下の突き当たり等にある「非常出口」の緑のサイン（避難口誘導灯）を確認しておいて緊急時にスムースに避難をするタイプもある。

人には以上のような避難習性（特性）があるが、この何れの行動特性を示すかは、置かれた物理的な環境や情報の内容、緊迫性等によって異なるものである。

第４　屋外への避難誘導

建物内で火災が発生すると毒性の煙、火炎、熱気が大量に発生する。初期消火が困難と判断される時は、家財等に執着せずに早めに避難を開始することが必要である。

屋外への避難に際し基本となる事項は、次のとおりである。

①　公衆集合施設や事務所等での避難に際しては、努めて誘導員を出入口、コーナー等に配置して混乱せずに避難できるように「話をするな」「走るな」「押すな」「戻るな」を合言葉に避難させ、避難先では避難者数を確認し、移動しないように「座らせる」ことを原則とする。

②　煙の中を避難する際は、姿勢を低く、濡れタオルで鼻や口をおさえて避難させる。

③　地上避難が困難な時は、一時屋上への誘導を検討する。

④　避難は、出火階とその直上階を最優先して行い、一時的には出火階の下階に避難させ、最終的に地上への避難を考える。

⑤　エレベーターは使用せず、屋内外の階段利用による避難を基本とし、救助袋、緩降機等による避難は、他に手段がない場合に行う。

⑥　多くの人達が避難する時は、年配者や上席者がリーダーになって炎や煙、熱気等から避難の時機を失しないよう早めに決断して明確な指示を行い、パニックの防止に努める。

⑦　最終の避難者は、室内に逃げ遅れた人のいないことを確認して、出入口の扉を閉鎖して避難する。

第５　避難の行動科学

昭和39年（1964年）の新潟地震の時、高潮で水没する地域に避難命令が出された。水位は次第に上昇して状況によっては地域全体が水没する危険性も想定されたことから危険地域に警戒線を設けて、地域住民に対して繰り返し懸命に避難を呼びかけたが、大部分の人達は家財に執着するなどして避難が適切に行われなかったと報告されている。

災害時は、確実に被災する見通しがない限り避難することは少ない。

広域的な非常災害の時、避難命令によって避難するのは30％以下といわれてきた。

家族と一緒に避難するケースでは、一般に早めに避難が開始され、１人で避難するケースは遅めである。

それは前記のような理由のほか、被害が目前に迫っていないためにその危険性を信じようとしないこと、その後の大災害への予想ができずにここだけは大丈夫であろうと考えることからなかなか動こうとしないのである。

したがって、避難の指示は単に「避難して下さい」だけではなく「なぜ」「避難を急ぐ必要があるのか」「それからどうして」「どこへ、どのような方法で」避難しなければならないかを具体的に指示して行うことが大切である。

広域災害時には、前記のような理由からギリギリにならないと立ち上がらない傾向があるが、本当に差し迫ってくると一斉に逃げ出すため、道路や避難施設が混雑してパニックになるおそれがある。

また、「沈黙のパニック」を起こすことがある。避難の際、危険が本当に差し迫って避難する時は、皆声を出さずに避難し、安全な地点にたどり着いたとき初めて声が出る。このことを「沈黙のパニック」と呼んでいる。

第６　流言とパニック

１　流　　言

流言とは、人から人へ伝えられる虚偽の情報あるいは、誇張された情報をいう。

流言の条件は、

① 人から人へと複数の個人の間を流れていく情報である。

② 情報が虚偽あるいは誇張を含んでいること。

である。

流言は、集団の中で自然発生的に生じた情報が、これに関心を持つ人々の間に広がっていく現象である。

類似語に「デマ」（デマゴギー（Demagogie）：民衆煽動）がある。

デマは、「煽動政治」を意味し、政治的に敵等を中傷する目的で流される情報を指し、流言と区別して使われる。

震災のような大災害時には、激甚地域で無傷で生き残った人は何か満ち足りた気持ちになる。しかし、生き残れてホッとした直後に、その反動としてこれからの生活等に対する不安等が一気に持ち上がり、この不安や恐怖から流言が起こる。そして、この不安が不満に転化してやり場のない怒りが集団で爆発して人を攻撃したり、物を破壊したり、略奪するという傾向がある。

ラジオやテレビ等の普及している現代では、流言等は起きないと考えられがちであるが、流言は被災者の不安の度合いが強ければ強いほど、また、情報が不足すれば不足するほど早く大量に出回る傾向がある。

流言等は、多くの場合、通行人から聞いたり、日頃、顔見知りでない人から聞いた話がデマや流言になっているケースが大部分である。

流言等は、どのような言葉で伝わるかというと「全滅」「全壊」「全焼」というように頭に「全」の字が付くことが多い。この字の付いた話は流言とみてよい。ラジオやテレビでは、地域全般のものや代表あるいは、特異な場所の事例は紹介されるが、広域災害時には市町村の細部にわたる情報は流しきれない。これをラジオ、テレビの「効用限界説」といわれている。

不審な情報を入手した時は、市町村の災害対策本部に照会して確認しておくことが大切である。

また、市町村の同報無線を通じて流される情報をもとに対応することが大切である。

2　パニック

(1)　パニックの要因

緊急時の情報処理能力の項では、人は緊急事態であってもかなりの度合いで合理的に振る舞うことができると述べてきたが、ここでは、災害時に起こるパニックについて述べる。

パニックは、不特定多数の人が集まる施設で起こることが多い。

予期しない災害等に突然襲われて、恐慌状態に陥ることをいうが、災害の際のパニックが起こるのは次のような状況の時である。

① 差し迫った危険が存在すると信じていたこと。（生存可能性に対する脅威の存在）

② そこからの脱出に制約があり、逃げられないかもしれないという認識があること。（時間の切迫性）

③ 危機的な場面からの脱出が困難であると信じること。（資源の希少性）

④ 正常なコミュニケーションが欠落して協同的な活動ができないこと。

この４つの条件が揃った時にパニックが起こる。

(2)　パニックの防止方策

このようにして起こるパニックを防止するためには、

① 事態の切迫性を過度にわたらないように注意する。

② そこにいる人達に正しい情報把握を可能にするための情報を提供する。

③ 避難や脱出の指示をタイムリーに出す。

④ そこにいる人達がある瞬間、突然に事態の異常さに気づくという事態を避ける。

ホテルや劇場、デパート等では従業員への緊急事態の連絡を暗号によることとしている施設が多くなっているが、パニックを防止するためには、顧客に定期的に安心情報を提供し、従業員同士は暗号により連絡し合うことが大切である。

このようなことに留意して、よく訓練された従業員が顧客等に必要な情報を与えて、正しく脱出できるよう誘導しなければならない。

第7　衝動的援助

災害現場等で、目前に助けを求めている人がいる時、自らの危険を顧みずその人達を助けるために何らかのアクションを起こすことを衝動的援助という。

例えば、地震で倒壊したブロック塀の下敷きになっている人を救助するために、現場の危険も顧みずに飛び込んで、自らも怪我をしてしまう事態のようなことをいう。

普通の人は、人を助ける時、その場にいるのが自分だけなら助けに行くが、周囲に多くの人がいる時は自ら進んで助けには行かないものである。それは、周りに人がいる時は、責任の分散が生じ、自分が助けなければならないという責任感が薄れ、誰かが助ければよいと考えてしまうためである。ただ、周りに人がいても何も考える余裕がなければ、この責任の分散は起きないものである。衝動的援助が起きる条件は、

① 明らかに助けを求めていることが分かること。

② 以前にその人と接触したことがあること。

③ 出来事の現実感。

の３つと言われている。

しかし、災害時には、相手が倒れているということだけを考え「誰かが助けてくれるのではないか」と考える余裕がないために、責任の分散は起こらず素早く援助行動が始められると考えられる。

災害時に消防機関が実施する救助や消火活動は、衝動的援助ではなく、冷静沈着な判断と高度な技術力を生かした安全、確実、迅速なプロフェッショナルとしての活動が求められる。

第8　被災者の心のケア

地震等の大規模な災害によって被災した人達は、その時受けた精神的な打撃や、その後様々な精神的障害によって苦しむ人がいる。

この精神的障害には、発災直後から発症する急性ストレス障害（ASD）と、その後時間の経過とともにその様相を変える心的外傷後ストレス障害（PTSD）がある。

特に、心的外傷後ストレス障害は、阪神・淡路大震災以降広く知られるようになったもので、初期の段階での軽快、寛解（統合失調症や白血病等の長期間治療を継続している病気に用いられる用語で治癒とは異なるが、一時的に症状が落ち着き安定している状態をいう。）を図ることをねらいとしたメンタルケアが必要になる。

大震災時にはこのような精神的障害は昔から起こっていたようで、関東大震災でも報告されている。

このような精神的障害は、精神病として扱われ、東京大学助教授であった杉田直樹氏は、都内の13の精神病院に震災後２カ月間に新たに入院してきた患者544人を調査して「今回の大震災と精神病」と題して報告している。

この調査の結果は、544人中55％に当たる300人が大震災を直接原因とする何らかの精神障害者であったとし、年齢は31歳から50歳の人々が高率で罹患しており、「家庭経済の中心であるべき年齢につき打撃も大きかったのであろう」と記されている。

災害時には、この種の傷病者が今後一層多くなるものと考えられる。

精神的な障害を引き起こす一般的プロセスは、次のように考えられている。

①精神的苦痛→②精神的肉体的苦痛→③新しい生活条件への不適応→④生活の悪化→⑤精神的荒廃→⑥精神的障害（災害症候群）

急性ストレス障害（ASD）も心的外傷後ストレス障害（PTSD）も時間の経過とともに症状が薄れていくのが普通で、そのために適切なケアが大切である。

被災者のメンタルケアには、薬の使用や入院処置等を必要とする精神医学的処置とカウンセリングを中心とする心理的処置がある。

一方、被災者だけでなく、被災者の救出、救助に当たる防災関係者（消防職員、警察官、自衛隊員、医療関係者等）も、衝撃的な災害現場のあまりの悲惨さや責任を果たせなかった挫折感等によって受ける外傷性ストレス反応を受けることが明らかにされ、これらを「惨事ストレス」（CIS）

と呼ぶ。

消防職員の惨事ストレス対策については、国、都道府県、消防本部等においても検討が進められ、デフュージング、デブリーフィング等のグループミーティングや専門家による面談等の体制整備が進められている。

平成17年に国において惨事ストレス対策について検討された際のチェックリストを参考に示す。

（消防職員の現場活動に係るストレス対策研究会（平成18年３月　消防庁））

表１－９

惨事ストレスによるＰＴＳＤ予防チェックリスト

このチェックリストは消防職員が悲惨な災害現場活動等に従事したことに伴う心理的影響を考える目安となるものです。

災害現場活動終了後、１週間以内に実施するものとします。

あなたが災害現場活動で自覚した症状に該当するものをチェックしてみてください。

□	1．	胃がつかえたような感じがした
□	2．	吐き気をもよおした
□	3．	強い動悸がした どうき
□	4．	身震いや痙攣を起こした
□	5．	活動中、一時的に頭痛がした
□	6．	隊長や同僚の指示が聞こえづらくなったり、音がよく聞こえなくなった
□	7．	寒い日なのにおびただしい汗をかいた
□	8．	自分や同僚の身にとても危険を感じ、その恐怖に耐えられるか心配になった
□	9．	活動中、見た情景が現実のものと思えなかった
□	10.	とてもイライラしたり、ちょっとしたことでも気にさわった
□	11.	わけもなく怒りがこみあげてきた
□	12.	現場が混乱し、圧倒されるような威圧感を受けた
□	13.	活動する上で、重要なものとそれほどでないものとの判断が難しくなった
□	14.	資機材をどこに置いたか全く忘れてしまい、思い出せなかった
□	15.	活動中に受けた衝撃が、数時間しても目の前から消えなかった
□	16.	活動が実を結ばない結果に終わり、絶望や落胆を味わった
□	17.	とても混乱したり、興奮していて合理的な判断ができなかった
□	18.	一時的に時間の感覚が麻痺した
□	19.	目の前の問題にしか、考えを集中することができなかった

◇アドバイス◇

自覚した症状が３つ以下であった場合／心理的影響は少ないと思われます。

自覚した症状が４つ以上であった場合／その後の経過に配慮することが望まれます。

自覚した症状が８つ以上であった場合／心理的影響が強く、何らかの対応が必要です。

（作成：消防職員の現場活動に係るストレス対策研究会）

第四節　現　場　活　動

救助活動は、災害等の覚知（消防機関が救助事象の通報を確認すること。）に始まり、所要の救助部隊が現場に出動して迅速確実に一連の救出活動を行う。

迅速にして安全確実な活動を行うためには、予め次の第１に述べる災害の特性を踏まえて、次の手順により、救助技能を有する部隊により行うことが必要である。

① 災害等の現場環境と災害特性の把握
② 現場統率と活動指揮
③ 救助資機材の活用
④ 救助活動手法の選択

このうち具体的な活動技法や個別の災害特性に関する事項については後述することとして、ここでは共通する事項について述べることとする。

第１　災害の特性

１　災害の拡大危険性

災害救助は、災害の復旧等のような後始末ではなく、今発生し、拡大危険があり、放置すれば、ますます悪化する傷病者を災害の拡大を阻止しながら安全に救い出する作業である。

火災は、初期の段階なら消火器やバケツの水で消火することができるが、これを放置すると消防ポンプ車でも消火できなくなる。

また、地震や土砂災害による生き埋め事故も事故直後に救出すれば容易に蘇生できるし、重量物による圧迫によって途絶している血流も短時間なら座滅症候群※にはならない。

したがって、事故や災害時の救出活動は、時間との戦いであり、一刻も早く着手して決着をつけることが最も大切である。

つまり、次善策でも即座に実施できる方法が有効であり、機敏で柔軟な対応が求められ、時には行動しながら決断するという場面もある。

ただ、交通事故や労働災害事故等は、短時間では変化が少ないことが多いので、現場を冷静に観察し、要救助者の人数や不安全状態を確認して、装備、機材の適切な選択を行い、最も安全確実な方法により行うことが大切で、急ぎ過ぎて安全への配慮が疎かにならないように注意しなければならない。

※　座滅症候群（重量物で圧迫され血液の流れが停止した状態が長く続き、その後に救出されて急激な血流の再開があると、滞留した血液中のカリウムが体内を循環し、心停止を引き起こす症状。クラッシュ症候群、クラッシュ・シンドロームとも呼ばれる。）

２　活動環境の異常性

大地震や爆発火災、大規模な地すべり等は一瞬のうちに壊滅的な打撃を与え、周辺一帯を修羅場と化してしまう。

そこにいる人達も生涯を通じて初めての経験であり、災害の直後では放心状態になり正常な意識で対応できるものではない。

このような時は、既に述べたように早く我に返らせるキッカケを作ってやることが大切で、正常な意識に早く戻してやることに努めなければならない。

人は、危機的な場面に直面すると己の行動の決定に迷うもので、その場にいる能力者や経験者、専門家等の指示があれば、それに素直に従うものである。

上に立つ者は、その場に臨んで動揺せずに毅然とした態度で、冷静に自信に満ちた態度でリードしてやることが大切である。

人間は現実の苦痛には耐えられても、これから襲ってくることが予想される目前の危機には耐えられずに、パニックに陥ることもある。

事実関係をはっきり知らせ、その後の安心情報を提供してやることが大切である。

このような異状な心理状態の中で活動組織を支えるのは規律である。

規律の究極は、命令と服従の関係であり、日常の習練が重要である。

3　活動の危険性

救助活動は、各種の災害や事故現場で負傷している人達を危険領域から救出空間を設けるなどして、安全な場所に救い出す作業である。

そこには無数の危険要因が内在し、しかも異状な環境下での作業である。

そのため、注意力が散漫になり、隊員が重大事故に巻き込まれるおそれがある。

救出活動中は、隊員の安全確保に最大の注意を払い、冷静で周到な準備のもとに活動し、危険の兆候が察知されたら直ちに作業を停止し、安全を確認しながら進めることが大切である。

4　偶発性

集中豪雨に伴う洪水や高潮等の災害は、その発生時刻がある程度想定され、防除対策も進めることができるが地震や火災、土砂災害等は、何の予告も無く突然起こる。

特に火災等は、業務多忙な時間帯や人事異動等防災への関心が薄れる時に起こることが多い。防災機関が年末、年始や祭礼等の際に警戒を強めているのもこのためである。

防災に関わる人達は、いつ、いかなる時でも即応の体制にあることが必要である。

5　不定性

地震による人的被害は、いつ、どこで、どの程度の地震が起こるかがわかれば、その90％は軽減できるといわれているが、大地震の発生日時や日常起こる火災や交通事故等の発生場所は事前に特定できない。

したがって、消防隊員は、災害や事故がどこで起こってもスムーズな対応ができるよう防災知識の涵養と訓練を重ねておかなければならない。

第2　救助装備

1　救助器具の必要性

救助活動に際し、被災者に損傷を与えずにスムーズに救出するためには、救助装備の整備が条件である。

昭和23年（1948年）６月28日㈪に発生した福井地震では、救出機材がなかったため、救出することができずに多くの犠牲者を出す結果になった。福井地震から既に70年近く経過したがこの地震では、3,769人の死者と、21,750人の負傷者があった。

死者の特徴は、映画鑑賞中に映画館が地震により倒壊して多くの人達がその下敷きになり、その後襲ってきた火災で焼死したものである。

当時、救助活動に当たった消防隊の報告書には次のように記されている。

「２号水槽車（水タンクを積載したポンプ自動車）は、錦上町の火災を処理した後、佐佳坂中町付近で延焼中の火災を消火すべく、国際劇場付近に移動したが水利（消火用水）が無かった。この火災は、南風に煽られて合流拡大してきていました。同劇場と隣接の東宝劇場には数百人の観客が倒壊した建物の下敷きになっており、消防隊はこの人命救助に死力を尽くし奮闘していました。しかし、その後大和上町付近より出火した火災と前記の火災（佐佳坂中町の火災）の合流で遂に一面火の海と化し、ポンプ車と隊員の身の危険は一層増大したため風上にあたる本町方面に猛火をくぐってかろうじて脱出したものです。あの劇場で焼死した多くの観客を思う時、残念その極みでありました。」と報告している。

この結果、倒壊した映画館は焼失して、焼け跡から国際劇場400人、隣接する東宝劇場で100人近く、大衆館で100人、併せて600人の人達が犠牲になったものである。

この震災は、昭和23年という終戦直後のことであり、当時は消防の救助装備は貧弱で現場に人がいても救出用の機材が無く、救出作業が遅々としている間に火災に追われ、大惨事を招く結果になったものである。

福井地震50周年を記念して開催された「世界震災都市会議」（平成10年（1998年）６月）の冒頭

に行われた福井市長の記念講演の中で「あの時、何か助ける道具があれば…」と悔まれ、救出、救護用機材の整備と備蓄の必要性を説いていた。

福井地震による福井市内の被災状況

2 整備すべき救助器具

救助器具は「バール、ノコギリ、ジャッキ」が三種の神器とされている。震災等によってガレキの下に埋もれている人を素手で救助はできない。ノコギリで障害物を切断し、バールで口をこじ開けてジャッキを入れて救出空間を確保することによって救出が可能になる。

しかし、これは最低必要な器具で例えば、倒壊した木造モルタル塗りの建物内から救出するためには外壁モルタルを切断するためのペンチやハンマー、エンジンカッターが、ガレキを除去するためにはスコップ、ツルハシ等が必要になる。

また、より早く安全な救助活動を行うためには、機動力を有する新しい開発機材の導入が望まれる。

救助器具は、緊急性が求められる現場で使用するものであり、操作取扱いが簡便、容易であり、過酷な使用にも耐え得るものが求められる。

総務省消防庁が「救助隊の編成、装備及び配置の基準を定める省令」によって全国の救助隊が整備すべき標準装備、特殊装備として表１－10の器具を指定している。

表１－10

救助隊が装備すべき救助器具

		救助器具名	一般	特別	高度	特高
省令別表第一	一般救助用器具	かぎ付はしご	○	○	○	○
		三連はしご	○	○	○	○
		金属製折りたたみはしご等	○	○	○	○
		空気式救助マット	○	○	○	○
		救命索発射銃	○	○	○	○
		サバイバースリング等	○	○	○	○
		平担架	○	○	○	○
		ロープ	○	○	○	○
		カラビナ	○	○	○	○
		滑車	○	○	○	○
	重量物排除用器具	油圧ジャッキ	○	○	○	○
		油圧スプレッダー	○	○	○	○
		可搬ウィンチ	○	○	○	○
		ワイヤロープ	○	○	○	○
		マンホール救助器具	○	○	○	○
		救助用簡易起重機	※	※	※	※
	切断用器具	油圧切断機	○	○	○	○
		エンジンカッター	○	○	○	○
		ガス溶断機	○	○	○	○
		チェーンソー	○	○	○	○
		鉄線カッター	○	○	○	○
	破壊用器具	万能斧	○	○	○	○
		ハンマー	○	○	○	○
		携帯用コンクリート破壊器具	○	○	○	○
	検知・測定用器具	生物剤検知器	※	※	※	○
		可燃性ガス測定器	○	○	○	○
		有毒ガス測定器	※	○	○	○
		酸素濃度測定器	※	○	○	○
		放射線測定器	※	○	○	○
	呼吸保護用器具	空気呼吸器	○	○	○	○
		空気補充用ボンベ	※	※	※	※
	隊員保護用器具	革手袋	○	○	○	○
		耐電手袋	○	○	○	○
		安全帯	○	○	○	○
		防塵メガネ	○	○	○	○
		携帯警報器	○	○	○	○
		防毒マスク	○	○	○	○
		化学防護服	※	○	○	○
		陽圧式化学防護服	※	○	○	○
		耐熱服	※	○	○	○
		放射線防護服（個人用線量計含む）	※	○	○	○
	検索用器具	簡易画像探索装機(改正後)	※	○	○	○
	除染用器具	除染シャワー	※	○	○	○
		除染剤散布器	※	○	○	○
	水難救助用器具	潜水用器具一式	※	※	※	※
		流水救助器具一式	※	※	※	※
		救命胴衣	※	※	※	※
		水中投光器	※	※	※	※
		救命浮環	※	※	※	※
		浮環	※	※	※	※
		救命ボート	※	※	※	※
		船外機	※	※	※	※
		水中スクーター	※	※	※	※
		水中無線機	※	※	※	※
		水中時計	※	※	※	※
		水中テレビカメラ	※	※	※	※
	山岳救助用器具	登山器具一式	※	※	※	※
		バスケット担架	※	※	※	※

	その他の救助用器具	投光器一式	○	○	○	○
		携帯投光器	○	○	○	○
		携帯拡声器	○	○	○	○
		携帯無線機	○	○	○	○
		応急処置用セット	○	○	○	○
		車両移動器具	※	※	※	※
		その他の携帯救助器具	○	○	○	○

		救助器具名	一般	特別	高度	特高
省令別表第二	重量物排除用器具	マット型空気ジャッキ一式		○	○	○
		大型油圧スプレッダー		○	○	○
		救助用支柱器具		※	※	※
		チェーンブロック		※	※	※
	切断用器具	空気鋸		○	○	○
		大型油圧切断機		○	○	○
		空気切断機		○	○	○
		鉄筋等切断用チェーンソー		※	※	※
	破壊用器具	削岩機		○	○	○
		ハンマドリル		○	○	○
	呼吸保護用器具	酸素呼吸器		○	○	○
		簡易呼吸器		○	○	○
		防塵マスク		○	○	○
		送排風機		○	○	○
		エアラインマスク		※	※	※
	隊員保護用器具	耐電衣		○	○	○
		耐電ズボン		○	○	○
		耐電長靴		○	○	○
		特殊ヘルメット		※	※	※
	その他の救助用器具	緩降機		○	○	○
		ロープ登降機		○	○	○
		救助用降下機		※	※	※
		発電機		○	○	○

		救助器具名	一般	特別	高度	特高
省令別表第三	高度救助用器具	画像探索機			○	○
		地中音響探知機			○	○
		熱画像直視装置			○	○
		夜間用暗視装置			○	○
		地震警報器			○	○
		電磁波探査装置			※	○
		二酸化炭素探査装置			※	○
		水中探査装置			※	○

【凡例】　一般とは、省令第二条に定める救助隊
特別とは、省令第四条に定める特別救助隊
高度とは、省令第五条に定める高度救助隊
特高とは、省令第六条に定める特別高度救助隊
○　装備すべき救助器具
※　地域の実情に応じて装備する救助器具

第3　救助活動指揮

救助活動の多くは、危険が切迫し、被災者の容態が悪化している状況の中で実施され、その場に臨んで活動手法等種々なことをじっくりと検討している余裕はない。

活動後に行動を振り返ってみると、わずかな時間に少ない情報をもとに、次のような過程を経て決断し、実施しているものである。

ここでは、現場で救助活動を実施するまでの過程を段階的に整理しておくことにする。

①情報の収集→②状況判断→③決断→④命令→⑤実施→⑥作業の修正

1　情報の収集

一般的に情報とは、ある事柄についての知らせであり、人々がその知らせによって判断を下したり行動に移すために必要な知識と理解されている。

ここでは、救助活動についての意思決定の前提となる要素を意味する。

災害や事故によって生じた被害のうち、救助活動を行う際にまだ確認されていない人的被害について、直接あるいは間接にうかがわせる資料のことである。

人命救助や救援活動を行う上で必要な情報は、次のようなものである。

① 災害や事故原因の推定に関する情報
② 被災者の数やケガの程度、除去すべき物件等の情報
③ 救助体制（救助活動従事人員、装備資器材の現況）及び救助協力者等の動員の可否等の情報
④ 救助活動中の危険性（周辺の火災、ガス、漏水、土砂崩れ等）と二次災害危険情報
⑤ 医療機関の支援及び医薬品等の調達に関する情報

などである。

◎　百聞は一見にしかず

災害現場等は、見ることから始まる。人間の入力情報は感覚器官からのものが非常に多く、多様である。このうち、その大部分を占めるのが視覚と聴覚である。

これを比較すると、視覚からの情報量は、3×10^6/secビットにも達するが、聴覚からの情報は、3×10^4/secビット程度といわれ、視覚と聴覚の情報量は100対１の割合になる。

古来から防災活動に際し「指揮者は、現場を一

巡せよ」といわれてきた。これは、現場全体を俯瞰的にみるというねらいもあるが、活動手法等の決定に際し、視覚による情報収集の重要性を説いているものである。

全壊建物、地すべり現場の生き埋め者や行方不明者の捜索等の情報は、現場関係者からの聞き込みによらざるを得ないが、大部分の情報は視覚からのものであることを改めて認識し、意思決定に先立って、自らの目で確認しておくことを忘れてはならない。

◎　情報は冷静に見極めよ

無駄をなくし、効率的な活動をするためには、活動手法を頭において現場を冷静に見ることである。

冷静に見ることによって活動の糸口や突破口を見出すことができる。

危機的状況の中で冷静さを維持できるか否かは、防災の知識と経験の有無によるといわれるが、知識は防災に関する文献に親しみ、それを蓄積することである。

経験はできないが経験談を聞き、疑似体験や訓練を重ね、代理経験として身につけておくことであり、日頃から積極的に取り組む心構えが大切である。

◎　情報を読み取る力を持て

「情報は実体からの信号である」といわれる反面「情報を過信するな」ともいわれる。

防災活動に際し、災害の実像を正しく把握することは、活動要員の確保や資器材の調達上不可欠の要件である。災害の実像は情報によってもたらされるものであり、自ら積極的な収集に努めなければならない。

また、被災地周辺の状況から現場が防災活動上の危険性を訴えているのに、それを読み取れずに二次災害に遭遇して死傷者を出すようなケース（火災地周辺の危険物施設等の爆発や傾斜建物の余震による倒壊に伴う死傷事故等）、さらに要救助者の見落とし等があってはならない。

◎　重要情報は最前線にあり

災害現場では、活動の意思決定に先立って自らが災害状況及び被災実態の確認に努め、火災なら出火点及び延焼火勢とその周辺の状況、裸足でいる人や濡れねずみになっている人、現場で取り乱している人等、火災以外の事故等では、倒・破壊の程度と規模、位置関係、臭気、熱、音等から必要な情報を収集し、危険性の評価を行い、被災している人にダメージを与えないで効率的に救出する方法を見出さなければならない。

また、このような重要情報は、他に優先してその現場を統括するトップ（現場指揮本部長等）に報告しなければならない。

◎　伝聞情報は鵜呑みにするな

情報はその早さと確実性が生命であるが他人からの伝聞による情報は、不確実なものが多く、鵜呑みにしてはならない。人から人へと口伝えに伝播する過程で変質するものである。

伝聞情報は、情報提供者に問い返し、自ら確認しているものか否か、誰から聞いたものか（情報源）を確認し、伝わってきた経路等の追跡を忘れてはならない。確認の結果、人の噂を聞きつけた程度のものは信憑性に欠けるが、周辺の多くの人達が同じことをいっている時は、ある程度信頼できる。しかし角度を変えて確認し、対応することが大切である。

ただ、身内の人達から得た生き埋め情報等は、信頼できるものが大部分であり迅速に対応すべきである。また、人命に関する情報はたとえ曖昧なものでも見逃さずに、後刻確認しておくことが大切である。

2　状況判断

状況判断とは、情報を総合して決断の資料を提供することで、表面的な事柄からその本質を見抜き「今何をすべきかを分析して極めること」である。

救助活動は、現場で目や耳から入ってくる情報をもとに、その人が持っている過去の知識や経験（長期記憶）によって、臨機の対応を判断して意思決定（決断）をし、その意思決定の発動として命令し、実行されるものである。

人間が情報を得て、意思決定するまでの基本的な情報処理モデルには多くの提案があるが、次頁のモデルがその過程をよく説明している。

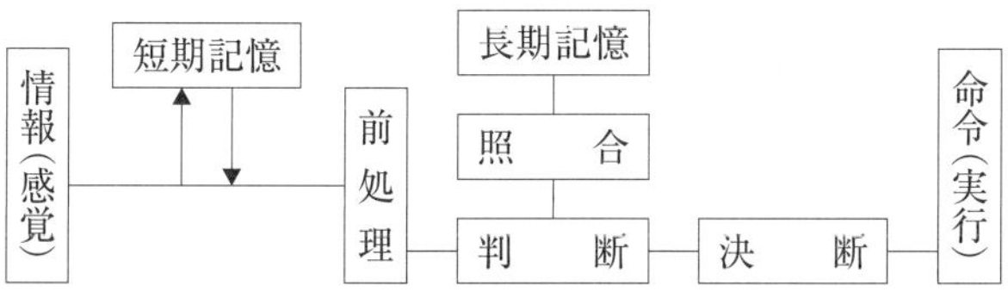

「ヒューマンファクターを探る」（黒田勲著）より

震災や大規模土砂災害のように、広域的で同時多発している現場で何を優先して着手すべきかが迷うものであるが、一般的には次のような考え方で臨むのが妥当である。

① アメリカ陸軍が戦場で友軍兵士の救出活動に当たる時、「要救助者が声のあるうちは救出活動を行うが、声が聞こえなくなったら救出活動を中止し、他の現場に移動する。」という。

② 災害時の医療救護マニュアルでは、トリアージが重要な業務とされているが、トリアージとは、大災害時に多数の傷病者が発生した場合に限られた医療スタッフや医薬品等の機能を最大限に活用して、効率的な医療救護活動を行うために傷病者の緊急度や程度に応じて選別して治療の優先順位を決めることであり、この順位によって医療処置が行われる。

つまり、いずれの場合も、限られた人員と機械によって活動を展開する時、より効果的な活動をするために、結果として成果の期待できない活動は、後回しにするか放置せざるを得ないということである。

同時多発している現場で、救出活動の選択に当たっては、前記の考え方から短時間に簡単に救出できる現場を他に優先して行うことである。

例えば、震災時に１階と２階で同時に救助を求めている時は、２階を先に、木造建物と耐火建物のときは、木造建物の救出を先に実施する等、安全で救出容易な人を優先すべきである。

なお、耐火建物からの救出は、破壊器具による開口部の設定等が前提になり、挫屈箇所等からの救出は、エンジンカッター、ドリル等で床や壁を破壊しての救出になり、長時間を要するので体制を整えて着手することが必要である。

３　決　　断

決断とは、状況判断によって本質を見抜いた上で、その対応手法を見出し、実行に移すことで指揮者が「私はこうする」「この現場は、この手法で進める」と心に決めることである。

現場での救助活動に際しては、次の点に留意して決断することが大切である。

① 決断は、特別な場合を除いて、最善策を望まず次善策で早く着手し、活動の過程でその後の情報を基に修正する。

② 救助活動に従事する人達の安全が完全に確保できる手法を選択して決断する。

③ 決断は、瞬発力が不可欠である。不決断は誤った決断より罪が重いといわれている。

④ 決断にはリスクが伴う。安全面の意識や技能を踏まえて、そのリスクを最小限にするよう決断することが大切である。

⑤ 決断力の敵は「私心」であるといわれている。自分の利益、自分の将来を考えないことである。また、小過、小疑ならば決断し強行すべきである。

４　命　　令

命令とは、決断に基づくリーダーの意思の発動である。

決断した活動手法や体制、方向等を部下に知らせて実施させることである。

ただ、リーダーは本当のトップではないので、トップの戦略的な意思や受命者の感情等を踏まえて命令することが大切である。

命令は、次の点に留意して行うことが必要である。

① 命令は意図を明らかにし、受命者の任務を明確に示すものである。また、受命者が活動内容を予測し得る命令を現場の状況に即して発することが大切である。

② 受命者にも感情がある。威圧的な態度を避け、部下を仕事の協力者と思って「やれ」の代わりに「やろう」という感じで命じ、細部まで拘束せずに、受命者に判断の余地を与えて実施する方が有効である。

③ 特定の人に個別の命令をする時は、能力や

性格を考え、適任者を選び、命令内容と併せて信任の意思表示を忘れないことである。

④　時間のかかる作業は、途中で確認しながら行い、受命者が困難に直面している時は、指導、支援してやることが大切である。

⑤　複雑な命令は、成果を見ながら命令する二段命令、三段命令を考える。また１人の人に多くの命令をすることは禁物である。

⑥　信任の意志表示を忘れない。

第４　救助活動の実施

１　救助活動の基本

⑴　総合的な被害の軽減

救助活動に当たっては、災害の規模、要救助者の容態及び事故内容を把握し、救出活動は過大な破壊等を行うことなく被害が最も少なく、かつ迅速な方法を選択して総合的な被害の軽減に努めなければならない。

特に要救助者の取扱いに際しては、「救命」を最大の使命とし、具体的には「身体の救出」「精神的・肉体的苦痛の軽減」「財産の保全」を図りながら行わなければならない。

⑵　応急措置及び医師の要請

救助活動は、要救助者の危険度を観察して危険が切迫していると判断される時は、応急措置を先行して行う。応急措置は、現場に救急隊が到着している時は、救急隊員が要救助者の安定、固定処置を行った後に救出活動に移る。また、要救助者の容態、救出所要時間等を検討して医師の現場派遣を要請する。

⑶　救助体制の確保

救助活動は、恣意的な単独行動を慎み、組織的な部隊活動に徹することが基本である。

活動に際しては救助車両に積載し、装備する資器材のほかに現場の地形、地物を最大限に活用するとともに、現場にある資機材の活用を図ることが有効である。

また、現場の関係者及び有識者等の知識及び技術を積極的に取り入れて行うことが大切である。

⑷　救助用スペースの確保

救助活動の障害を排除し、二次災害の防止を図るために救助活動に必要な範囲を確定し、ロープ等の表示をし、警戒区域を設定して、警戒員を配置して関係者以外の立ち入りを制限する。

また、救助活動時の障害とならないよう、資機材の搬入車両の進入スペース等有効な活動スペースを確保して活動を開始する。

⑸　行方不明者の検索

現場の関係者から災害前の行動について聞き込みを行い、第三節の第３（40～42頁）で述べた緊急時の避難習性を踏まえて検索活動を行う。

⑹　複合した障害のある場合の措置

救出活動に際しては、複合した障害を伴うことが少なくない。複合した障害のある時は、最も危険なものから排除又は処置する。要救助者に対する障害の状況、程度により、要救助者の救命措置と救出活動と併行して行わなければならないこともあり、この配慮に欠けると二次災害の発生、要救助者の傷病程度の悪化を招くおそれがある。

例えば、生き埋め事故現場で有毒ガス、浸水等の障害が複合している場合には、その危険度に応じて要救助者の呼吸確保処置、ガスの除去、排水等を優先して行うこともある。

⑺　プライバシーの保護

要救助者及びその家族の心理状態を考慮し、必要に応じて衆人の目から活動現場を遮蔽するか、関係者を遠ざける等の措置を講じプライバシーの保護に努めることが大切である。

⑻　弾力的な活動

自己隊の隊員や資器材による救出方法に固執することなく、事故の実態に応じ、活動原則及び優先事項を踏まえて、必要な変更や補正をして統制ある組織活動を行う。

２　救助活動パターン

救出活動の段階的なパターンを整理すると、概ね次のような流れになる。

⑴　状況の把握

①障害事象の発生→②障害事象の分析→③情報の収集（実態把握）→

⑵　意思決定

→④活動目標の設定→⑤方法、手段（医師要請等）の判断→⑥効果の比較検討→⑦決断→

⑧下命（実施）→

(3)　活動

→⑨救出作業→⑩統制→⑪救出（目標達成）

3　救出順位等の選択

救助活動の基本的な判断については、既に述べてきたが、着手優先順位及び隊相互の関係は、次による。

① 生命の危険が切迫していると認められる者のうち、大声で痛みを訴えている者より意識が無く、声の無い者の方が程度は重いと判断し、優先して救出する。

② 生命の危険の度合いが同じと認められる時は、救出が容易な者から、また、子供、老人、身障者等の弱者を優先して救出する。

③ 容態が生命の危機にあると判断される時は、救命処置と併行して最も迅速に救出できる手段を選択して救出する。また、傷病程度が比較的軽微と判断されるが、今後悪化することが予想される時は、救出作業を先行させ、その後に救急処置を行う。

④ 要救助者の取扱いのうち応急手当は、事故等の内容によって救出以前又は救出行動と併行して実施しなければならない。救急隊員が現場にいる場合、救急隊と救助隊が一体となって応急措置を行い、救急隊員がいない時は、救助隊員が実施する。

また、要救助者は自己が遭遇した災害の恐怖、苦痛等からショック状態に陥り、異常な心理状態にある。励ましの言葉をかける等の配慮が必要である。

⑤ 事故の内容、要救助者の状態等から救命手段として、又は安全管理上医師が必要と判断される次のような場合は、努めて現場に医師を要請する。

(ア) 長時間あるいは、困難な救出活動が予測される場合

(イ) 救出活動と併行して医療行為が必要と予測される場合

(ウ) 要救助者の状態から救出後の搬送に当たり、生命の危険があると予測される場合

(エ) その他、現場で救急処置中の救急隊長等が医師の要請が必要と認めた場合

⑥ 救出活動に際しては、自己隊の判断や救出方法に固執することなく必要に応じ、機械、電気、土木技術、ガス、毒劇物等の専門的知識を有する技術者等を現場に要請して、その意見を参考にして実施する。

⑦ 着手手段の決定に際しては、容態の緊急性と障害の特性にあった方法を選択し、絶対に失敗のない安全な方法により行い、二次災害のおそれや成算のない憶測等によって着手してはならない。

⑧ 隊員に個別の任務を指定して実施させる時は、経験豊富で機械の取扱いに熟達し、確実に任務の遂行ができると判断される者に信任の意思を表示して実施させる。

⑨ 救出時の搬送方法は、要救助者の置かれた状況等により、徒手、担架、ロープその他適切な方法を選定するが、いずれの場合でも負傷部位を拡大又は悪化させないようにするだけでなく、要救助者の心理状態を加味した方法を決定する。

⑩ 現場にいる肉親や職場の同僚及び管理者等には、事故時の心理を理解し、相手の立場に立った説明と事情聴取を次により行う。

(ア) 災害の概要と要救助者の被災経過

(イ) 救出活動に有効と思われる助言、技術、資機材等の援助

(ウ) 救出の際、資産価値の高い物の破壊等の事前了承

(エ) 可能な時は、救出所要時間、見通し等の説明

⑪ 救出活動が完了すると、緊張感からの開放と疲労などによって注意力が散漫になり、事故を起こすことがある。緊張感の持続と監視を忘れてはならない。

4　救助事象別の対応

災害や事故現場で被災している人達が、その災害によって最終的に生命の危険や身体に損傷を受ける状態を想定すると、次の５つに要約される。

①閉じ込め　②挟まれ　③生き埋め　④下敷き　⑤孤立

このような状態にある被災者の救出は、災害現場等の実態に応じて主体となる作業を前提に資機材を選定して対応することになるが、主体となる作業は、次のような種別になる。

①開放する　②除去する　③切断する　④掘り出す　⑤排煙、排熱する　⑥排水する　⑦持ち上げる　⑧吊り上げる　⑨引っ張る　⑩倒壊防止措置をする　⑪搬送する　⑫誘導する

また、資機材の選択は、極めて重要で、容態による緊急の度合い、障害の作用状態や機材の能力を判断し、適正な活用を図ることが大切である。

（本頁の表１－12から次頁表１－15参照）

ここでは、すべてを掲げると膨大になるので、表１－11のように分類して掲げてある。

表１－11　救出活動用装備品の分類表

カッター類	鋸、エンジンカッター、アークエアー、エアソー、溶断器等
ジャッキ類	ポートパワー、可搬ウインチ、油圧ジャッキ、万能斧、レスキューツール、マット型空気ジャッキ等
バール類	バール、金てこ、ポートパワー、万能斧、レスキューツール
梯子類	単梯子、二・三連梯子、金属製折りたたみ梯子、縄梯子、脚立
呼吸器類	空気呼吸器、酸素呼吸器、防煙マスク、エアラインマスク
担架類	平担架、バスケット担架、折りたたみ担架、布担架、舟型担架、ストレッチャー
個人装備品	防火衣、耐熱服、毒劇物防護衣、携帯警報器、活線接近警報器、警笛、小綱、とび口等

⑴　閉じ込められる（表１－12）

災害種別	被災場所	作業種別	救出用装備
火災（地震火災を含む）	建物、工作物内、濃煙熱気内	検索活動、援護注水、扉等の開放、排煙・排熱	個人装備品、投光器、注水用装備、呼吸保護器具、カッター類、梯子、検索用ロープ、万能斧、担架類
地震 土砂災害 雪崩等	建物、工作物内、山岳地帯、泥流地、積雪の中	除去する。掘り出す。切断する。持ち上げる。引っ張る。	ロープ、スコップ、投光器、ジャッキ類、カッター類、ブルドーザー、ショベルカー、個人装備品、担架類
風水害（高潮、洪水、津波等）	建物、工作物内、低地、沿岸地域	避難の勧告・指示、水位警戒・監視、避難伝達・誘導、捜索、救助	個人装備品、ボート、ロープ、救命索発射銃、排水ポンプ、トラメガ、投光器
交通事故 機械事故等	列車、電車、自動車内、ビル内、エレベーター・エスカレーター内	切断する。こじ開ける。引っ張る。吊り上げる。	個人装備品、トラメガ、カッター類、投光器、ジャッキ類、救助用縛帯、ロープ、担架類
一般事故 建物、工作物内（ガス、酸欠事故等を含む）	部屋、トイレ、工場、店舗内、浴室、タンク、船倉、地下槽等	切断する。こじ開ける。開放する。吸排気する。引っ張り出す。	個人装備品、投光器、カッター類、可燃性ガス測定器、送排風機、噴霧注水、梯子、ポートパワー、ロープ、担架類
爆発事故	倒壊建物、地下洞道等、車両内	除去する。開放する。吸排気する。掘り出す。	個人装備品、投光器、可燃性ガス測定器、送排風機、ロープ、カッター類、スコップ、ツルハシ
水難事故	転覆船内、水中	検索する。引き揚げる。	潜水器具、水中救出器具一式、クレーン、船艇、ヘリコプター

(2) 挟まれている（表１－13）

災害種別	被災場所	作業種別	救出用装備
地震 土砂災害 交通事故	建物、車両内、塀、壁体、自動販売機、家具什器類	こじ開ける。切断する。持ち上げる。引っ張る。	個人装備品、投光器、ウインチ、ジャッキ類、クレーン、バール類、ロープ、トラメガ、カッター類、スコップ、梯子、牽引車両
機械事故	工場、作業場内、ベルトコンベアー、エスカレーター、エレベーター、輪転機等	こじ開ける。分解する。切断する。持ち上げる。引っ張る。	ジャッキ類、万能斧、カッター類、専用ドライバー、ドライバー、バール類、投光器、個人装備品、ロープ
一般事故	倒壊家屋、工作物、シャッター、自動販売機、広告自動帳合機	こじ開ける。切断する。持ち上げる。引っ張る。	バール類、ジャッキ類、カッター類、梯子、ロープ、投光器

(3) 生き埋め（表１－14）

災害種別	被災場所	作業種別	救出用装備
地震 土砂災害 雪崩	建物、工作物内、傾斜地、高地の麓、積雪傾斜地	除去する。掘り出す。吊り上げる。持ち上げる。	ロープ、スコップ、ツルハシ、篭、桶、モッコ、クレーン、ベルトコンベアー、ショベルカー、ブルドーザー、高圧放水器具、梯子、個人装備品、投光器
その他	セメントサイロ、砂置場、生コン打流し現場	除去する。掘り出す。	スコップ、ベルトコンベアー、ブルドーザー、ロープ、篭、桶、モッコ、ショベルカー、ロープ

(4) 下敷き（表１－15）

災害種別	被災場所	作業種別	救出用装備
地震 土砂災害	建物、家具類、塀、自動販売機、崖地、傾斜地等	除去する。持ち上げる。掘り出す。吊り上げる。	ロープ、スコップ、ツルハシ、モッコ、ジャッキ類、くさび、カッター類、ウインチ、バール類、レッカー車、梯子
交通事故	列車、電車、自動車	引き離す。持ち上げる。切断する。	個人装備品、検電器、ジャッキ類、くさび、ウインチ、レッカー、クレーン、バール類、ロープ、カッター類、投光器
機械事故	工場、作業場内	持ち上げる。吊り上げる。引っ張る。切断する。	ジャッキ類、投光器、バール類、レッカー車、ロープ、カッター類

注　災害によって孤立している人の救出は山岳、海難事故等事故種別によって体制が異なるが特殊な対応になるので省略した。

第五節　教育と訓練

被災者が茫然自失の状態で苦しんでおり、現場関係者が極度に興奮して混乱している中で、現場の人達の協力を得て、被災者をより安全に効率的に救出するためには、火災等の災害現象を知り、変化を予測し得る機敏な対応力を身につけておかなければならない。

そこで重要なのが、事前の教育と訓練である。

第１　教育の意義

救助活動は部隊活動であり、救助部隊はリーダー（指揮者）の存在とその下で救助活動に従事する隊員で構成される。

混乱した災害現場では、指揮者の指揮により迅速に役割分担をし、共通の考え方と手法によって救助活動を進めなければならない。

中国兵法の実質的な創始者とされる孫武の兵法書「孫子」（前６世紀末）の謀改編では「上・下欲を同じくする者は勝つ」とされている。

つまり、指揮者と隊員が同じことを欲し、求めているならば、その戦いに勝つことができると説いている。

これが基本になっており、救助活動も同じことがいえる。

広域的な大規模災害等で多くの部隊を投入して進める救助活動も同様であり、掌握力や統率力の前提となる考え方である。

現場で活動中の隊員と隊長等が共通の認識と手法を持つために「教育をする」ことや「教育を受ける」ということが基本になり、智ということが出発点となって調査研究や訓練を通じて、技能を身につけ活動することが必要である。

「智」とは、一般的には、是非善悪を弁別する心の作用又は是非・正邪を弁別断定し、煩悩（まよい）を絶滅する精神作用（広辞苑）とされている。兵法書では、「智」とは「古典書を読むことなり」とされている。つまり、兵法書には戦術のノウハウが、過去の歴史記述の中にまとめられており、それを研究することによって教訓を学び取らなければならないとする。

救助活動手法のノウハウも先輩の血と汗の結晶として体系づけ、法則性を見出し、定められているものである。これを基本として無理のない運用をすべしというのである。

一方、将の智とは、「部下の智を引き出すことをもって最高とする」（呉子）とされる。

これは、自分の能力を抑えることが部下の能力を引き出すことになるならば、そうする方が良いとするもので、指揮者の「俺が、俺が」が募るほど、部下は責任逃れをし消極的になるといわれる。

ただし、現場活動に伴う判断業務は、部下に相談をして決定するという時間的な余裕がないことが多い。

また、「令、素より行わるれば、衆とあい得るなり。」（行軍編）といわれる。

教育や命令が日常行われていれば指揮官は、人の心をつかむことができ、一致して戦うことができるとしている。

日常の規律や教育が災害時にいかに重要であるかを示しているものともいえる。

さらに、最終的に「智」とは「先見力と臨機の才である」ともいわれる。

①　先見力とは洞察力、判断力であり、表面的な事柄からその本質を見抜くことであり、このことは、法則性を察知することである。

②　事柄の本質を見抜いた上で、これを利用する方法を発見することであり、

③　対処策、利用策を見出した上で、これを実行する決断が必要である。

上記①の法則性の察知は、実戦の経験、訓練を重ねることによって身につき、「智」が能力となって素早い行動ができるものである。

第2　救助活動に必要な知識

現場に臨んで即座に決断し、冷静な対応をするためには救助活動に自信がなくてはならない。

この自信は、知識と経験から生まれるものである。

救助活動に必要な知識には、次のような事項があり、この習得が大切である。

① 災害や事故の特性及び対応の基本を知ること。

② 既に述べた災害等の種別ごとの外力となる要因と被害となる対象物の存在及び外力と対象物を関係させた条件を知ること。

③ 救助活動の基本となる要救助者の安全、確実な救出手法及び応急救命法を知っていること。

④ 地域の活動条件を把握すること。（地質、地形、市街地状況、道路事情等）

⑤ 救助活動用装備、資機材の性能と有効な活用方法を把握していること。

⑥ 救助活動中の隊員の安全確保方策（変化の予測と変化に対応し得る機敏な反応）を知っていること。

⑦ 現場活動中の服務規律の確保方策を知ること。

以上に要約することができるが、特に重要なことは、救助活動能力と危険回避能力である。

知識は体系的に整理されたテキストやマニュアルによって得ることが有効であるが、これに限らず地域の防災に関する情報や災害の傾向、実災害での失敗や反省等の経験談も最良の教師となるものである。

◎救助隊員として必要な教育（資格）

総務省消防庁では、全国的に統一された一定レベルの救助体制を確保することを目的に、「消防学校の教育訓練の基準（平成15年消防庁告示第３号）」、「救助活動に関する基準（昭和62年消防庁告示第３号）」、「救助隊の編成、装備及び配置の基準を定める省令（昭和61年自治省令第22号）（以下、この項において「省令」という。）及び「高度救助隊及び特別高度救助隊員の教育について（平成19年消防庁通知）」等により救助隊員として必要な教育・訓練の基準を定めている。救助隊員に必要な教育（資格）は、以下のとおりとなっている。

○特別救助隊の隊員

救助隊員は、次の各号のいずれかに該当する消防職員をもって充てるようにしなければならない。

(1) 消防大学校における救助科又は消防学校の教育訓練の基準に規定する消防学校における救助科を修了した者

(2) 救助活動に関し、前号に掲げる者と同等以上の知識及び技術を有する者として消防長が認定した者

○高度救助隊及び特別高度救助隊の隊員

(1) 消防大学校の教育訓練

① 専科教育救助科

② 緊急消防援助隊教育科高度救助コース

③ 緊急消防援助隊教育科ＮＢＣ・特別高度救助コース

ただし①の教育訓練については、平成18年度以降に実施される教育訓練とする。

(2) 各都道府県等消防学校が実施する救助科

各都道府県等の消防学校で当該教育訓練を実施する場合は、各消防学校長の判断によることとし、救助科の教科目に省令別表第３に掲げる救助器具の取扱い訓練を追加する。

第3　指揮者の資質

救助隊の指揮者は、前第１で述べた「智」を得る努力をするほか、部隊を統率する資質の向上に努めることが必要である。

ここでいう統率とは、部隊の意思を組織目標に向かって一つにまとめ強力に牽引することで、被統率者が統率者と同じ考え方に立ち指揮されようとする気持ちを起こさせる心理作用で次のように区分される。

統率─┬─統御
　　　└─指揮

統率は、部下に対する人間愛が基本でなければならない。

また、統率は、その動的な面を指揮といい、静的な面を統御という。

統御とは、部下を教育し、育て、躾をすることを意味し、このことを通じて集団内の各個人が指揮されようとする気持ちを起こさせる心理作用をいう。

指揮者の資質の向上方策は、種々な提言や考え方もあるが、前第１で述べた孫子の兵法の五徳が有名である。

孫子の五徳は、第一に智、第二に信、第三に仁、第四に勇、第五に厳の五つの徳である。

⑴　智

前第１で述べた内容であり、言い換えると救助業務の運営に必要な諸知識に通暁している力や教育訓練の方法、技術力である。

なお、智に過ぎれば嘘をつくともいわれる。

⑵　信

信とは、自分のいった言葉に対して、しっかり責任を持つということである。

嘘をつかずに約束を守ることであり、上に立つ者ほど発言は慎重にしなければならない。

なお、信に過ぎれば損をするともいわれる。

⑶　仁

集団生活をするためには仁がなければならない。仁とは、愛情である。部下に対する愛情（思いやり）は、統率者にとって必須の要件である。

なお、仁に過ぎれば弱くなるともいわれる。

⑷　勇

指揮者に勇気がなければ、その集団の指揮は奮い立たない。困難な状況に直面した時部下は必ず統率者の顔を見る。この時、勇気を持って泰然としていれば、部下はそれで安心する。

指揮者は目標（任務）に向かって邁進せねばならない。途中に起こる様々な困難を克服するためにも勇気（決断力）がいる。

⑸　厳

厳は、部下に向けるものではなく、自分に向けるものである。

地位があり、責任が重くなればなるほど、自分に対して厳しく持さなければならない。

第４　基本を守る意識づけ

基本技術の指導の過程では、基本の動作や姿勢、操作等がなぜ重要なのかを常に明確に意識させることが大切である。

災害等の現場では、平常の作業現場以上に急迫した状況になるため「知っていて、できるがやらない」ということが起こりがちであり、面倒なので横着する、急ぐ、これぐらいは大丈夫とあなどる、前に大丈夫だったから、今度も大丈夫と憶測する等の心理的要因が「近道反応」や「省略行為」等に起因するヒューマン・エラーとなって重大な事故を引き起こすことが多い。ヒューマンエラーによる事故を防止する為には、なるべく実際に近いかたちで、事故事例に基づくシミュレーション訓練等をさせるなどして身をもって体験させ、省略行為等による事故の過程と結果の重大性を疑似体験させ理解させることが効果的である。

第５　救助訓練の進め方

１　訓練計画

救助訓練は、事故や災害等に伴う救助活動に必要な、安全、確実かつ迅速な技術を訓練し、体得するために行うものである。

災害が複雑化し、多岐にわたっているため多くの困難を伴い、隊員の行動の僅かな食い違いが救助活動をより複雑にしたり、要救助者により多くの負担をかけることになる。

また、隊員は使用する救助器具に自分の命を託すことになるものであり、器具を愛護して、その諸元性能等を熟知し、訓練を重ねて規律的な協同の精神を養うことが大切である。

災害や事故に伴う救助事象は、時間の経過とともに被災者の容態が悪化していく。そのため、現場活動に際しては最善策でなくとも早く実施しなければならない。現場に臨んで協議したり、機械や装備品の取扱要領等を見直す余裕は全くない。救助活動の基本となる技能は、事前の訓練を通じて身につけておかなければならない。

基本となる事項の習得に際しては、次のようなステップで計画的に実施することが必要である。

訓練計画の進め方

訓練計画の作成

○想定事項の計画（ポイントを網羅する）
○実施手順、方法等の明確化
○戦術書、活動マニュアル等との整合性の確認
○計画内容の総合調整
○計画書の作成配布（手引書になる）

訓練準備

○目　的…地域特性に応じた訓練種別の選定（何をどこまで修得させるか）
○場　所…目的に応じた訓練施設等の選定（どこでどんな施設を使うか）
○時　間…どの程度練度を高めるか（所要時間は）
○方　法…訓練の進め方
○対象者…誰を対象とするか
○装備、機材…テキスト、車両、機材の準備、服装の指定（何をどのように使ってやるか）
○訓練評価…活動基準等に沿った訓練評価基準の作成
○訓練予告…事前研究指導（隊員の事前準備）

予　　行

○訓練指導者、担当係員等によるチェックと現場確認
○特殊技能、特殊装備品による活動チェック
○地域特性、該当事例等との関連づけ
○騒音、煙等公害の関係のチェック、実施前の確認
○資機材、資料、教具等の準備状況
○リーダーのポイントとなる指導事項の確認
○地域住民等への協力依頼（広報等）

訓練実施

○周辺地域への広報
○係員の配置（現示等）
○訓練の実施

訓練に励む救助隊員

2　係員の配置

訓練の実施に際しては、訓練実施者のほかに訓練のスムースな進行と安全を確保するため、次の係員を配置して行う。

なお、係員は訓練の種別と規模によって増減されるが、安全管理要員は常置して実施することが望ましい。

①統　制　班…訓練の統轄及び進行
②現　示　班…訓練の想定、被災者、死傷の現示
③評　価　班…訓練の過程、結果の客観的評価
④安全管理係…訓練実施者の安全管理
⑤技術指導係…特殊技術、特殊器材等の使用指導
⑥記　録　係…訓練状況の記録

3　訓練指導の手順

個別の訓練指導に際しては、次の手順で実施することが有効である。

①導入→②展示→③実施→④評価→⑤追指導

(1)　導　　入

訓練はその目的を明確に示し、訓練の重要性や実施する価値を強調した上で、具体的な目標を付与する。特に訓練によって得られる成果は、隊員自身の身につき利益となることを強調する。

(2)　展　　示

簡単な訓練なら説明する前に見本を示す。展示は訓練内容を分解し、手順をよく示す。

また、一度に多く教えると混乱するので、隊員がついてこられるように一区切りずつ間を置いて教える。「この訓練のポイントはここだ」と要点

を強調することを忘れてはならない。

⑶　実　　施

その上で実施させてみる。そして誤りがあればそれを正し、また実施させてコツを確認させて、完全に実施できるまで反復してやらせる。実施は数量的、具体的に行う。

⑷　評　　価

教えた成果をその日のうちに確認、評価して示す。評価は厳正公平に行い、短所の改善と長所の助長を次の訓練に生かす。この結果を記録に残す。

⑸　追 指 導

確認後不備な点をフォローし、継続して指導する。

第6　訓練指導の諸原則

訓練指導に際しては、教わる者の立場に立って、伸ばしてやろうとする愛情を表現しながら、次により指導する。

1　動機の原則

教わる者が学ぼうと欲しなければ覚えないものである。

そのためには、実施する訓練の活用例を具体的に示して必要性を強調し、訓練の実施責任は隊員自身にあることの責任を感じさせる。

実施に際しては、初めに失敗するとスムースに進まない。逆に成功すると極めて順調に進む。成功を認め、評価してやることが大切で指導に際し、権力的、威圧的な態度は、好ましくない。

他人に勝とうとするのは、人間自然の欲求である。競争心の活用を図ることが向上につながる。

2　目的の原則

何のための訓練かを明確に示し、どのような技術をどの程度まで習得・向上させるかを具体的に示す。また、習得すべき技術の救助体系の中の位置づけを明確に示してやる。

（訓練目的の例(習得・向上させる技術・対象者)）
隊長の指揮技術　隊員の活動技術　隊のチームワーク　資器材の取り扱い　個別技能・基本技術・応用技術　総合的な活動技術　隊間連携等

3　実習の原則

活動基準、活動原則等の正しい活動を知識として理解した上で目的に合致した実習訓練を行うことで理解が深まり、学ぶことが多くなる。

4　現実性の原則

隊員の能力を超えた訓練（非現実的なものや不安全なもの等）であってはならない。

訓練内容の実践的な応用について例示し、強調する。「このやり方は、慣れたらこうすればよい」等が大切である。

5　経験の原則

知っていることから始める。過去の経験と関連させて新しい技術を習得・理解をさせる。

6　関連性の原則

直接的指導と併せて副次的に得られる成果も強調する。

第7　訓練時における事故防止

第四節「現場活動」で述べたとおり、災害現場は異常な環境にあり、多くの危険要因が潜在している。一方、訓練現場は、危険性や緊急性もなく安全が確保された状況下にあり、実施者が安心して各種技術の修得に専念できる環境の筈である。

この訓練の場においての事故は、絶対あってはならないものであり、以下、訓練時における事故防止の留意事項について述べる。

1　訓練計画の樹立

①　訓練の目的、項目、方法、重点等を明確に示す。
②　個人の能力に応じた質、量及び内容とし、段階的な実施計画とする。
③　実施要領は、綿密かつ具体性のあるものとする。

2　場所、施設等の選定

①　訓練場所は、実施内容に適応した広さがあり、落下物、飛来物、倒壊等のおそれがな

く、地盤が安定していること。

② 使用施設・設備等は、構造上の欠陥や老朽・損壊、腐食等のない十分な強度があることを確認する。

3 資機材の点検準備

① 資機材は、事前に点検・整備して正常に機能するものを使用する。

② 故障等がある場合は、直ちに修理、交換等を行い、機能保持に努める。

4 実施者の状態把握

精神的な不安定、悩み、不満等のある場合や体調不良な時は、集中力が欠如し、事故に繋がることがある。事前にこれらの事項をチェックし、体調不良者には見学あるいは休ませる等の状況に応じた処置をとる。

5 訓練中の留意事項

訓練中は、次の事項について確認する。

① 個人の服装・装備（訓練服、安全帽、安全靴、安全帯等）は、正しく着装しているか。

② 訓練場所・施設及び使用資器材に安全上障害となる状況変化はないか。

③ 安全装備品（安全ネット等）は、正しく配置し使用されているか。

④ 資器材は、性能に沿った適正な取り扱いをしているか。

⑤ 誤った操作や無理な行動をしている者、禁止事項を守らない者がいないか。

⑥ 実施者に集中力の低下や疲労がないか。

⑦ 酷暑、強風、雨天等の訓練環境・気候天候等に応じた安全対策、訓練実施体制となっているか。

⑧ その他全般的事故防止に関する事項。

第8 訓練に伴う地方公共団体の安全配慮義務

救助訓練中の死亡事故に際し、市の安全配慮義務違反による賠償責任が認められている。

昭和52年（1977年）５月17日㈫午前11時頃、宮崎県内のＫ消防署で同署の特別救助隊員Ｍ等５人は、消防救助技術九州地区指導会の障害突破競技に参加するため訓練を実施した。

訓練の際、Ｍは消防ホース乾燥塔を改良した高さ７ｍのＡ塔に上り、約９ｍ離れた場所のＢ塔にロープを投げたところ、バランスを失い、コンクリートの地上に転落して頭を強く打ち死亡した。

Ｍの遺族は、訓練に際し指導者の立会いもなく安全ネットの措置もなかったのは、安全配慮義務に違反するとして、市に対し損害賠償を求める訴えを提起したものである。

この一審判決は、昭和57年（1982年）５月に行われ、地方公共団体の消防職員に対する安全配慮義務を認めた判決が出された。

判決は、最高裁が自衛隊員の訓練中の死亡事故について、国に安全配慮義務を認めた判決（昭和50年）に基づき、地方公共団体の消防職員に対する安全配慮義務を判示したもので、その部分を抜粋すると次のような内容になっている。

「安全配慮義務の具体的内容は、公務員の職種、地位及び安全配慮義務が問題となる具体的状況によって異なるべきものである。特に消防隊員等のように業務の性質上危難に立ち向かい、これに身を曝さなければならない義務のある職員は業務上右義務の現実の履行が求められる火災現場の消火活動、人命救助など現在の危難に直面した場合において使用者である地方公共団体に自己の身を守るべき安全配慮義務を強く求めることはできない。これと異なり通常の火災予防業務、一般訓練、消防演習時などのような前示危難の現場から遠ざかれば遠ざかる程安全配慮義務が強く要請されるのである。要するに危難との距離と安全配慮義務の濃淡とが相関関係にあると考える。危難に立ち向かう職員が危難現場において臨機の行動をとりその職務を全うできるよう、その使用者は、十分な安全配慮をなした訓練を常日頃実施すべき義務がある。」

安全配慮義務について、このような判断から本判決は、訓練時における安全ネットの未措置等を安全配慮義務違反として、市に対し損害賠償責任を認めたものである。

第六節　安　全　管　理

我が国では、全国各地で地形や地理的、社会的な要因等によって多くの災害や事故が発生している。

消防白書によれば、平成28年中の火災等（救急業務除く。）への出動回数は113万回余で、消防職・団員、延べ795万人余が出動して防災活動に当たっている。こうした災害現場は、消防職・団員の活動の場ではあるが、そこは居住者や勤務者が急いで避難しなければならない場所であり、人の立ち入りや留まることを拒む環境であり、危険に満ちた状況下にある。

しかも、防災活動は時間との勝負であり、急いで対応することが求められるため、現場において深く、多角的に検討して対処する時間的余裕がない。

また、同じ災害は一つもないといわれるように対処方策もすべて異なり、この判断の困難性と災害の変化、現場にいる人達の異常な心理等が拍車をかけ「不測の事態」に至ることが多い。

そのため消防職・団員の受傷事故発生率も高く、殉職者も含めて毎年２千人以上の怪我人（公務災害）が出ている。

第１　安全管理の基本

各消防本部では、災害は毎年、必ず発生する。前述したとおり消防隊員が活動する災害現場には様々な危険が存在し、消防隊員には危険な環境の中で安全、確実、迅速な活動が求められている。

救助活動における安全管理とは、事故の絶無を期するため事故要因を合理的に除去する一連の安全対策である。

つまり、極端に安全な活動に着目したり、任務遂行か安全確保のいずれを選択するかではなく、その双方を満足しなければならず、事故発生の可能性を一つひとつ除去しながら進める活動が求められる。

１　隊員の基本的心得

安全管理は、隊員各々の自己管理にあることを認識し、平素から体力、気力、技術の練成に努めることである。

自らの安全は、自ら確保する気概を持ち、いかなる事象に直面しても適切に対応できる臨機の判断力と行動力を養っておくことが必要である。

また、隊員相互が安全に配慮し合って危害防止に努める。

指揮者は、「判断の誤り」「取扱ミス」等のいわゆる「不注意」による事故を防止するため精神的条件（注意力や集中力を散漫にさせる喜怒哀楽等）及び肉体的条件（病気や疲労等）について配慮し、その状況に応じて任務を分担させることが必要である。

２　墓標安全から予防安全へ

安全対策は、事故が起きてから対策を立てるのが一般的であった。

これは事故処理型の安全対策であり、犠牲者が出てはじめて墓前にぬかずいて、事故を反省し、類似の事故防止対策を誓うことに例えて「墓標安全」といわれる。

これも対策の一つではあるが、事故が起きてから対策を立てて進めるのではなく、事故が起きる前に日常の災害活動等の経験からヒヤリハット事例を分析・類型化し、災害や活動に潜むリスクを分析し、事故の可能性をあぶり出し、事故の予防対策を積み上げる予防型の安全対策「予防安全」が大切である。

「ヒヤリハット」とは、防災活動や訓練中に事故には至らなかったものの危うく怪我をしそうになって「ヒヤリ」としたり「ハット」したりする体験のことで「ニアミス」ともいわれるが、このヒヤリハットの背後にある危険要因について研究して整理し、大きな事故の芽を断ち切るノウハウの構築が大切である。

3　ヒヤリハットは重大事故の警告

前述したようにヒヤリハットの背後にある危険要因について研究し、大きな事故の芽を断ち切るノウハウの構築が大切である。事故やヒヤリハットの体験は、安全に関する教訓の宝庫である。

傷害を伴った災害を調べると、これに類似した災害が多数発見されることがよくある。

アメリカの産業災害研究者、ハインリッヒは、この点に着目して潜在的有傷災害の頻度に関するデータから、同じ人間の起こした同じ種類の災害330件のうち300件は無傷で29件は軽傷で１件は重い傷害を伴っていることを明らかにした。

さらに傷害を伴うにせよ、伴わないにせよ、すべての災害の下にはおそらく数千に達するだけの不安全行動と不安全状態が存在すると指摘した。これが「ハインリッヒの法則」である。ハインリッヒは、これらのことから、次の教訓を導き出している。

①　災害を防げば傷害はなくなる。

②　不安全行動と不安全状態をなくせば災害も傷害もなくなる。

ハインリッヒは、主として産業活動に伴う傷害の法則性を見出したものといえるが、火災現場は拡大危険があり不安全状態にある現場での緊急対応であり、常に初めての経験でもある。

改めて、潜在的有傷災害の頻度に関するデータを収集して、どの程度適合するかを精査しておくことが必要である。

その中から原因を洗い出し安全対策を進めることが大切である。

また、特に活動に先だって②の不安全行動と不安全状態の絶無を期するように努めることが重要である。

そして、各々様相の異なる事例を効果的な学習教材として学習者にわかりやすく提供してやることである。

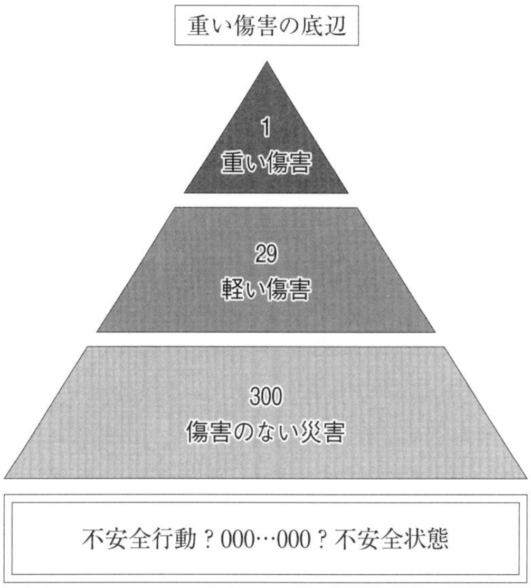

第２　事故とヒューマン・ファクター

一般的に事故は、人間(man)、機械(machine)、任務（mission)、管理（management）及び環境（media）という５つのＭの要素の不適合によって発生する。

また、防災活動の対象となる事故や災害は突発的に発生し、その態様は様々で、一つとして同一のものはない。しかし、事故や災害に対応するのは個人や集団としての人間である。

安全の要素５Ｍを見てみると機械は、人間が設計し、制作したものであり、環境も人間が作り出している。また、任務や組織も人間が作り出したものである。しかし、人間は無限の能力を持っているものではなく、時としてエラーを犯す。

すべての事故や災害は、人間に関連して発生していると考えることができる。

ヒューマン・ファクターとは「機械やシステムを安全にしかも有効に機能させるために必要とされる人間の能力や限界、特性等に関連する知識の集合体」と定義される。

ほとんどの事故や災害（二次災害）は、人間の意思の不可避的なエラーという形で関係する。

その悪影響は、すぐ顕在化し、安全性を脅かすため「即発的エラー」若しくは「当事者エラー」と呼ばれる。

さらに、複雑な組織やシステムの中で生きている人間は何らかの組織的な不備等による理由でエラーをすることがある。この理由は、「潜在的な原因」で起こり、これを「組織エラー」と呼んでいる。

1　ヒューマン・エラー

事故が発生した場合、よくヒューマン・エラーによって起こったといわれる。ヒューマン・エラーとは、「機械の故障や偶発的な事故などが原因ではなく、人間に責任（エラー）があって生じる事故」をいい「意図しない結果を生じさせる人間の行為」のことを言う。多くの場合、行うべき作業を適切に行わないことが発生原因とされる。

この中で重要なのは、意図せずに行った判断や意思決定過程と「逸脱することとなった」結果である。

ヒューマン・エラーは内因的な要素と外因的な要素のアンバランスな関連によって発生する。

内因的な要素とは、熟練度の不足、身体的な不健康状態、スタミナ不足、意識低下を引き起こす病気、睡眠不足、過労、精神的ストレスなどのことである。

外因的な要素とは、複雑な災害環境、不適切な装備、早急な防災活動等を要求されることに伴う時間的な切迫、不適切な安全管理や人間関係を指している。

エラーは、人間が活動することによって起こる。ミスをしないように注意して行動しても、意図しないエラーが起こる。

2　人間行動とエラーの特性

デンマークの認知学者ラスムッセンは、人間行動の特性とエラーを誘発する要因を、次の３段階に分けて説明している。

① 知識ベース（Knowledge）
② 規則ベース（Rule）
③ 熟練ベース（Skill）

これを「ＳＲＫモデル」という。

知識ベースの情報処理は、外界刺激の特徴を把握し、記憶と照合して目標を決めて意思決定をする。

さらに行動計画を立て、方法を検索して操作を行う「知識ベース」の行動は高い心理エネルギーを必要とし、時間的余裕が必要である。

繰り返しの多い日常的な行動では、知識ベースの処理から同一の行動パターンに従って情報処理を単純化、省略、短絡する「規則ベース」の行動へと移行する。

さらに行動が習慣化するにつれて、予測される行動パターンと人力情報の適合性を単純にチェックするだけで直ちに用意された行動がとられる。これが「熟練ベース」の行動である。熟練ベースの行動の一つは、人力刺激を行動発動のシグナルとして反射的に行動が行われるようになる。これはドライバーが交差点の赤信号で、反射的にブレーキを踏む状態のような行動のことで、「身体が覚えていた」といわれる行動であり、情報心理になるべくエネルギーを使わずに多チャンネル型の同時行動ができるようになることが大切である。

3　行動モデルとエラー

⑴　知識（Knowledge）ベースにおけるエラー

自分の知識不足又は知識の過信等を背景に、多くの選択肢の中から誤った意思決定をすることで、操作手順を誤り、目前のことに気を取られ全体的な状況認識を誤ること。

⑵　規則（Rule）ベースにおけるエラー

熟練途上で作業に多少の余裕が出てきた者が適切なルール適用を誤るもので、状況判断の誤りによるものである。

まったく初めての経験、外界からの刺激の意味を誤って判断する。緊急時の時間的な切迫と情報過信による誤りである。

⑶　熟練（Skill）ベースにおけるエラー

行動パターンが確立された熟練者は、反射的或いは自動的に行動を起こすために、行動の意識的チェックが行われない短所があり「不注意」や「ポカミス」といわれるエラーが出る。

4　人間の情緒特性とエラー

人間行動のエラーを誘発させやすい情緒的要因としては、次のようなものがある。

⑴　あせり

日本人の行動に最も大きな影響を与える要因であり、災害現場活動で最も多く起こるエラーである。現場へ急行するあせり、時間的切迫等の時間ストレスによる手順の省略、短絡、意思の乱れ等状況の読み違いを誘発する。

⑵　メンツ、忠実性、組織への高い帰属性

組織に高い帰属性を持ち、作業にのめり込みすぎると危険を冒してしまうことがある。

一般に「懸命ミス」といわれ、日本人の忠実さ、勤勉さがあだになりエラーを引き起こす。

⑶　おごり

熟練ベースのエラーで述べたように、行動パターンがしっかり作り上げられると作業者は自信過剰になる。その結果、大丈夫と納得して犯すエラー、慣れているから省略してもよい等「確信ミス」や「思い込み」「ポカミス」が生じる。

⑷　疲れ、単調、退屈

長時間の防災活動による疲労、同一作業の繰り返し、簡単な作業の持続によって生まれる。

単調と退屈、さらに生活形態や交替制勤務によるリズムの乱れや疲労は情報処理能力を全般的に低下させる。

⑸　怒　　り

職場の上司や部下、同僚との人間関係の悪化、家庭内でのもめごと、仕事の煩雑さやトラブル等は人間の情緒を乱し、怒りや攻撃的な感情を抱かせる。

この結果、人間の情報処理能力を突発的に狂わせてしまうことがある。

第3　活動現場における安全管理

1　不安全な行動をなくす

事故の原因は「不安全行動」と「不安全状態」の二つであり、それらを管理する「安全管理上の不備」が関わっている。

そして事故原因の7～9割は、不安全行動が関わっていると言われている。

救助活動にあたっては、その部隊の活動能力が高く、基本に忠実な安全行動をとっていても活動環境や装備の欠陥等による不安全状態をゼロにすることはできない。

しかし、環境や資器材の不安全状態は、隊長及び隊員の安全状態の確認や日常点検により認知できる場合が多く、確実な環境測定、状況分析、資器材点検及び隊員の安全行動により事故を防止することが可能である。

したがって、事故原因として不安全状態は、不安全行動に比して、より根本的な要因といえるが、不安全状態の是正とともに不安全行動の是正を徹底することにより多くの事故を回避することが期待できる。

2　不安全状態と不安全行動の要因

各災害別の具体的な解消方策については、後述することとして、ここでは救助活動に関わる一般的な要因を検討しておくこととする。

⑴　不安全状態

既に述べたように不安全状態は、不安全行動と比較して、より基本的であり、これを是正することによりある程度、事故を回避することは可能である。

不安全状態は、次のように一般的に災害に関わる施設や装備、資機材等物に関係するものと現場の環境に関係する部分に大別できる。

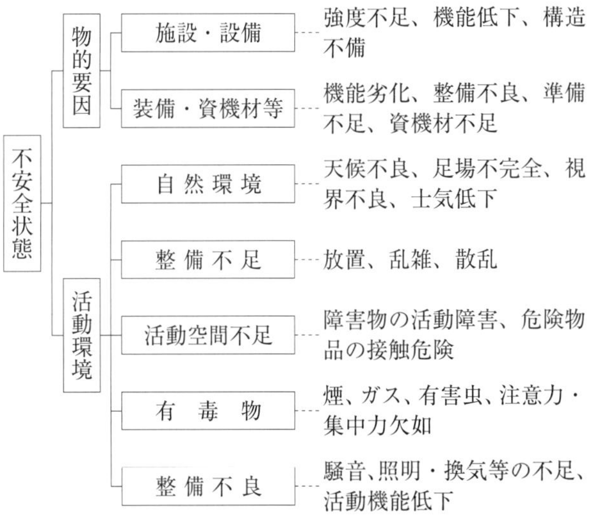

⑵　不安全行動

直接事故発生につながるおそれのある行動で、次のように大別することができる。

不安全行動	知らない	安全技術の知識不足	不注意、他人事として考える
		危険に対する感受性の不足	不安全な行動に気づかない、不安全と予測しない等
	やれない	能力が不十分	指導教育不足、知識経験不足、技術の未熟、作業量の過大
		能力はあるが十分発揮できない	精神状態の不安定、士気低下、活動組織の不足、装備資機材の不備
	やらない	知識、能力はあってもやらない	確認と事実のずれ、楽観的な判断、忘却、故意、指揮能力の不足
		規律のゆるみ	士気低下、指示、命令の軽視
		教育、指導の低調	理解と認識不足、感受性の低下、被指導者の意識が低い

隊員の安全管理を重視して行うほふく救出訓練のもよう

3　指揮者としての安全管理

救助活動現場は、修羅場であり被災者は茫然自失の状態で苦しんでいる。そのような現場で活動する救助隊員が自ら負傷したり、犠牲になってはならない。自らの安全が確保されて初めて人を救い、有効な消防活動ができる。そのためには、事故や災害事象に潜む活動危険を熟知し、機敏に変化を予測し得る対応力を身につけておかなければならない。

特に救助活動現場で指揮者が隊員の安全を確保するために実施すべき事項は、次のとおりである。

① 隊員の行動把握に努め、規律ある行動を行わせる。特に自己の目の届かない位置で活動中の隊員の掌握に努める。

② 常に現場の動静に注意し、局部的な活動にのめり込んで全体の安全を見失わないよう留意する。

③ 資機材は、性能限界を考慮して作業に当たるとともに、機材は予備を用意し、余裕を持って作業を進める。

④ 自らの判断の誤りや状況変化によって方針を変更する時は迅速に行う。

⑤ 個別に特殊な任務を命ずる時は、個人の性格を見て経験の豊富な隊員に信任の意志を示して下命する。

4　救助隊員としての安全管理

救助活動に当たっては、個人プレーは禁物である。部隊としての役割分担をし、隊長を中心に統制ある活動に努め、活動は流れ作業により進めることが効率的で有効な場合が多い。

活動に際しては、次の事項に留意して行うことが大切である。

① 現場関係者から個別に活動要請があっても単独行動は慎み、隊長に報告して行う。

② 火災建物内に進入する時は、援護筒先を準備するとともに急変に伴う退出障害を考慮し、２人１組で入り、退路を確保しながら検索・救助活動を行う。

③ 目先ばかりにとらわれることなく、常に全般の状況に留意して安全確実に行う。

④ 活動状況は、適宜隊長に報告するとともに作業中異常に気づいた時は、隊長に報告する。

⑤ 救助活動中は、常に要救助者に声をかけながら、その反応に注意するとともに生き埋め、下敷き者等については、その周辺の土砂や物件の除去や移動、切断等による影響により共に被災しないよう細心の注意を払いながら行う。

⑥ 状況や下命内容が不明確な時は、確認をして作業を継続し、無理な活動はしない。

5　活動は「ゆとり」を持って

第三節第１－３「究極の行動」の項（39頁）で述べたように災害現場で救いを求めている人達

は、救助隊員等が予想もしない行動によって大きな二次災害を起こすことがある。

通常実施される救助訓練は、限られた隊員と装備によって効率的で高度な訓練が行われるが、実際の救助活動に際しては冷静で余裕を持って不測の事態にも対処し得る体制で行うことが大切である。

次の図１－３は、建物火災の際、逃げ遅れた人を２階から三連梯子で地上に救助している状況の図であるが、装備、マンパワーを十二分に活用した、このような対応が望まれる。

図１－３　梯子による救助活動図

第４　ＫＹＴによる訓練

産業界で広く実施され、労働災害防止に大きな成果をあげているのが「ＫＹＴ」（K.Y.Tは危険kiken、予知yochi、訓練traningの頭文字である。）と呼ばれる手法である。

昭和51年（1976年）に（一般財団法人）日本鉄鋼連盟から公表されて注目を集めた手法で、東京消防庁でも昭和55年（1980年）に実習を試みた。その結果、消防における安全管理にも十分成果が期待できるとして、昭和58年（1983年）から全庁的に普及した方法である。

ＫＹＴは、訓練や災害現場活動時に、安全確実な作業を実施するため、訓練や現場活動の一場面を描いたイラストシートを使って、そこに潜む危険要因と対策を小人数のチームで話し合い、考え、理解し合って安全を先取りするための教育・訓練手法である。

具体的には、救助訓練や装備の点検等に先だって隊員が集合する機会を活用して短時間（15分～20分）で実施するもので「危険に対する感受性を鋭くし、適切な対応ができるようにすること」を目指している。

(1)　ＫＹＴ法の必要性

消防活動が行われる災害現場と一般の産業活動の職場との違いは「危険度」と「事故の多様性」にあるといえる。

特に救助活動現場は「危険であることが前提」ともいえ、現場の状況も災害等によってすべて異なっている。

そのため、事故のほとんどは「その人が初めて体験する状況の中で起こる」。

したがって、この事故を防ぐには現場経験のある、なしにかかわらず「作業現場のどこにどんな危険が潜んでいるかを瞬時に見抜く力」を日頃から養っておくことが必要である。

また、火災現場のように切迫し、混乱した状況下では、基本をはずれた近道や省略した活動をしがちであり、これらの行為が事故に結びつく可能性も高い、ＫＹＴはこうした事故を防止するため不可欠な「現場に潜む危険性を見抜く力」を養い、「基本を守る意識」を強く植えつける訓練として有効である。

◎　イラストシート作成の際の留意点

（図１－４参照）

① シートは構成員が馴染み深い状況の中から選定する方が理解しやすい。
② １枚のシートに様々な状況を入れ過ぎない。
③ あまり細かい部分まで描きすぎない。
④ あら探しや間違い探しではないので、故意に仕掛けの多いイラストにしない。
⑤ 暗い感じではなく、明るい感じに描かれたものがよい。
⑥ 自分達の手作りシートには、片隅に日付、隊名、作者の氏名等を入れ意識の向上を図

る。

⑦　イラストの状況が、広範な活動等に及んでいる場合は、その中の特定部分に限定して実施することも有効な方法である。

図１－４　ＫＹＴ用イラストシート

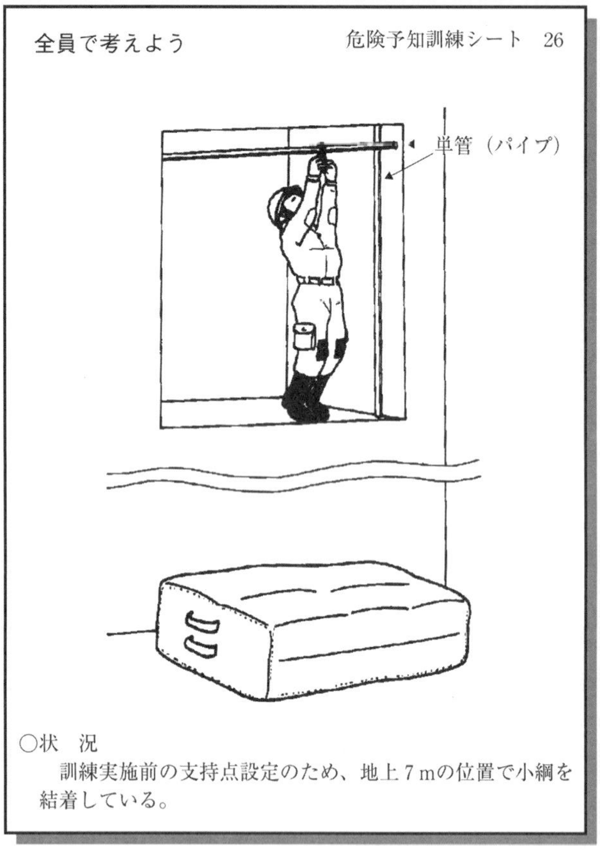

⑵　ＫＹＴの進め方

ＫＹＴは、小人数（５～６人）のチームによる話し合いという形をとり、作業の一場面を描いたイラストシートをテーマとして、次の４つの段階毎に進める。

第１段階　「現状把握」どんな危険が潜んでいるか…量を話し合う。

テーマの状況に潜む危険を互いに出し合い、その危険な状況を共有する。

第２段階　「本質追求」これが危険のポイント…質の高いものを絞り込む。

最も重要な危険（危険のポイント）を話し合い、参加者の合意で絞り込む。

第３段階　「対策の作成」あなたならどうする…量を出し合う。

危険のポイントに対する対策のアイデアを出し合う。

第４段階　「目標設定」私たちはこうする…質の高いものを絞り込む。

最優先で必ず実施すべき対策を話し合い、参加者の合意で絞り込む。

ＫＹＴのねらいは、この話し合いの過程で、

①　危険を危険として気づく感受性を鋭くする。

②　集中力を高める。

③　決めたことを実践する意欲を高めていく。

ということにあり、検討した対策や合意事項を継続して職場内に掲示したり、朝会等で職員に示すことによって職場内の共通認識として情報共有することで、危険を先取りして解決するという問題解決型の組織風土が形成されていく。

第５　その他の手法

１　ツールボックス・ミーティング（tool box meeting）（道具箱集会）

ＫＹＴ法に変わる簡便な教育手法として、ツールボックス・ミーティングがある。

これは、アメリカの建設業界で使われていた言葉で、同じ職場の小人数の作業者が作業開始前に職長や監督者を中心に作業現場近くで、その日の仕事の割り当てや、その手順、指示事項等について話し合うことである。

我が国でも産業界で広く行われている教育法で、通常の会議と異なり作業の前後に短時間に要領よく行う点に特徴があり、ミーティングの過程でリーダーシップが養われることも期待できる。救助訓練の前後に実施すれば効果的である。

２　ＶＴ法による事故の分析

防災活動中に重大な事故が発生すると必ず事故調査が実施され、その結果に基づいて再発防止対策が講じられる。

しかし、従来の事故調査は、その結果「責任追及」に重点がおかれる傾向が見受けられた。

本来は責任追及のための調査ではなく、最も大切な再発防止のために調査して、多くの関係者がこの情報を共有化して、個々の安全な活動に役立

てていくことが必要である。

対策志向型の事故分析方法としてはバリエーション・ツリー法（以下「ＶＴ法」という。）がある。

ＶＴ法は、J. Leplat によって提唱された事故、災害の分析方法である。

実際に起きた事故や災害について“なぜ発生したのか？”という因果関係に基づいて要因を整理し、どこに問題点が存在したのかを分析するものである。

時間の流れに沿って要因を抽出することによって、事故発生までの経緯をもれなく整理し、事故発生のメカニズムの全体像を把握できることが特色である。

ＶＴ法の基本的な考え方は、以下の５点である。

① 責任追及ではなく原因追求の観点から、有効な再発防止の方法を模索する。

② 直接的な原因だけでなく、背後要因（特にシステム、管理要因等）を抽出する。

③ 現場の作業員が事象をよく理解でき、現場に有効で現実的な対策が立案できる。

④ 様々な事例にＶＴ法を適用することで類似した事故の共通要因を抽出する。

⑤ 無事故現場との具体的な差異を抽出できる。

第6　危険評価

防災活動に潜む危険性を事前に見抜き、予め適切な措置を講ずることができれば、大部分の事故は防止できる。

現在、産業界では、労働安全衛生マネジメントシステムの新しい手法として、

① すべての作業を洗い出し、それから危険源を特定する。

② 各々について危険レベルの事前評価を行う。

③ とるべき対策の優先度を決定する。

この３つの手順を踏むことを中心とする手法が採用されている。

この考え方を参考として、防災活動の危険作業を整理、類型化し、抽出したリスクについて危険度のレベルを「発生頻度」「けがの程度」「周辺環境の危険性」の３つの評価項目によって点数化し、評価する方法がある。

その上で、危険レベルの高い作業から優先して事故対策を進めようとするものである。

（全国消防救助技術大会より）

第 二 章

救 助 各 論

◆第一節　火　災　救　助
◆第二節　震　災　救　助
◆第三節　水　災　救　助
◆第四節　土砂災害の救助
◆第五節　テロ災害の救助
◆第六節　多数傷病者発生時の救助・救急活動
◆第七節　各種事故現場の救助

第一節　火　災　救　助

火災の際に行われる救助活動は、延焼拡大する火災の中に進入して、そこで倒れていたり火煙によって閉じ込められている人を探し出して救出する作業である。

したがって、火災現場での救助活動は、間一髪という危険な領域の中で高度な判断と技術を駆使して行われる作業で、多くの災害救助活動の中でも最も困難な作業であり、他の災害や事故に伴う救助活動の基礎になっている作業である。この火災救助は、消火活動と並行して実施されるもので、火災の特性や消火活動の基本を熟知しておかなければならない。

また、火災の種類には、建物火災、林野火災、車両火災、船舶火災、航空機火災、その他の火災の種別があり、各々その対応を異にする。救助活動もこの種別によって対応を異にする。

本書では、このうち基本的な活動である建物火災（木造（防火造）建物火災及びビル火災）を中心に燃焼と消火の理論及び救助活動について述べる。

また、特殊な救助活動として、人的被害が他の火災とは比較にならないほど大きな危険を伴う航空機火災の救助について述べる。

第１　火災の現況

火災は全国で毎年３万５千件前後発生し、減少傾向の状況で推移している。

消防白書（令和５年版）で令和４年中の火災状況をみると、出火件数は３万6,314件で、10年前の平成24年の４万4,189件の82％まで減少し、火災種別ごとの出火件数の割合は建物火災55.5％、車両火災9.4％、その他の火災（ゴミ屑、芝生等の火災）31.4％、林野火災3.4％、船舶火災0.2％であり、放火を除くと、建物火災のうち住宅火災が半数以上を占めている。

火災による死者は、1,452人で、このうち放火関係自殺者を除くと1,114人で、逃げ遅れによる死者は46.7％を占め、圧倒的に多くなっている。

また、火災による死者（放火自殺者等を除く。）を年齢別にみると、65歳以上の高齢者が755人（67.8％）を占めている。

一方、火災による死者1,452人のうち、建物火災による死者1,195人、このうち住宅（共同住宅を含む）での死者は972人と81.3％を占めている。住宅火災による死者発生状況を時間帯別にみると、深夜０時から朝６時までの時間帯が多く、この時間帯の死者数の平均は69.6人で、全時間帯の平均58.1人の1.2倍となっている。

火災の活動は、煙との戦いといわれているが、建物火災による死因は、火傷501人（34.5％）と最も多く、次いで一酸化中毒・窒息が446人（30.7％）となっている。なお、火災による負傷者は全国で5,750人であった。

一方、火災現場の救助隊による救助活動は3,638件（救助人員1,411人）である。

火災の原因は、たばこ、たき火、こんろが上位を占めているものの、昭和60年（1985年）以降、放火（疑いを含む。）による火災が毎年第１位を占め、令和４年中は放火の疑いによる火災を含めると全火災の15.0％を占め、特に大都市では、火災原因の５分の２以上を占めるところもあり深刻な社会問題となっている。

第２　火災と燃焼

１　火災の定義

火災とは、「人の意図に反して発生し、若しくは拡大し、又は放火により発生した消火の必要がある燃焼現象であって、これを消火するために消火施設又はこれと同程度の効果のあるものの利用を必要とするもの、又は人の意図に反して発生し、若しくは拡大した爆発現象」と定義され、次の３つの要素が火災の成立要件であり、この何れか一つが該当しない時は、火災とはいわない。

① 人の意図に反して又は放火により発生したもの。

② 消火の必要がある燃焼現象であること。（燃焼拡大の危険性があると客観的に判断されるもの。）

③ 消火施設又はこれと同程度の効果のあるものの利用を必要とすること。（消火効果のあるものを現に利用し、あるいはそれらのものを利用することが必要であると客観的に判断される燃焼現象を呈するもの。）

２　燃　　焼

燃焼とは、一般的に「酸化反応に伴う発熱によって温度が上昇し、その結果として発せられる熱輻射線の波長及び強さが光として肉眼に感じるに至っているもの」と定義されるが、一言でいえば「熱と光を伴う酸化反応」である。燃焼が起こるためには可燃物（燃える物）、酸素（空気）、熱源（点火エネルギー）が必要であり、これを燃焼の三要素という。

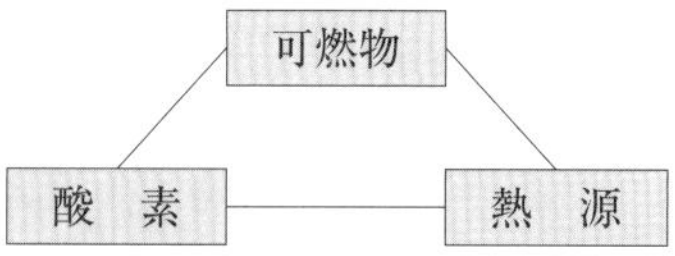

物が燃えるためには、この三要素が同時に存在することが必要であり、この一つでも欠ければ燃焼は起こらないし、継続もしない。

① 可燃物は、木材や紙、石炭、灯油等のように燃え易く、酸化され易い物質をいう。

② 酸素は、空気中に約21％含まれている。このほか酸化剤（塩素酸塩や過酸化物等）のように酸素を放ちやすい物質があり、また、セルロイドのようにそれ自体が酸素を含んでいて特別に酸素の供給を必要としない物質もある。

燃焼には、酸素の供給が十分な状態の完全燃焼と不十分な不完全燃焼がある。

③ 熱源は、物が燃えるために必要な熱である。火気は勿論のこと、電気火花や摩擦、衝撃等による火花や発熱、自然発火の原因になる酸化熱等、物理的又は化学的な現象によって熱源となるものが多くある。

３　引火と発火等

可燃物が燃焼を開始する場合には、引火によるものと発火によるものがある。

⑴　引　　火

引火は、可燃物の液体や固体を、その表面に小さな口火を与えながら加熱した時、その熱源により炎を発して燃え始める現象である。

⑵　発　　火

発火は、可燃物を空気中で加熱した時、他から点火エネルギーを与えなくても、その酸化熱によって自ら炎を発して燃え始める現象である。

⑶　爆　　発

爆発は、反応に関与する物質の急激な膨張により、周囲の物体を爆発力で破壊したり、変化を与えたりする圧力の上昇現象である。

爆発は、その態様から物理的反応による爆発と化学的反応による爆発がある。

４　延　　焼

建物等がある原因によって出火し、可燃物が燃焼して拡大していくことを延焼といい、その早さを延焼速度という。

火災の延焼は、主として次の４つの要因によって燃え広がっていく。

⑴　接炎延焼…炎が可燃物に接触することによって可燃物に着火延焼する現象

⑵　熱気流延焼又は、対流延焼…熱気が対流し、その気流が可燃物を熱し、熱せられた可燃物表面から発生した可燃性気体が空気と混合して着火、延焼する現象

⑶　放射延焼…接炎していなくても、熱源からの放射熱によって、可燃物が発火する現象

⑷　飛火延焼…燃焼中の物質が風や爆発などの気流により火の粉を飛散させ、接炎や放射延焼の影響がない可

燃物に着火する現象で、次の三つの条件により発生する。

① 火の粉が発生している。
② 可燃物がある。
③ 風（気流）がある。

延焼は、これらの要因が重複して作用し、火炎と輻射との複合作用を受けて拡大していく。

木造建物の延焼速度は、過去の多くの火災実験等からいくつかの延焼速度式が提案され実用化されているものもあるがここでは、次のように要約しておくこととする。

屋内の延焼は、開口部からの通気性や可燃物の種別によって異なるが天井着火以降は、概ね等速度で延焼し、毎分0.8m～1.2m程度の速さで拡大する。

隣棟への延焼は、風の影響を受け強風時は楕円型に拡大し、風下への延焼が増速され、風横及び風上延焼の倍以上の速さで拡大することがある。また、時間の経過とともに増速される。

出火室の最高温度は、1,340℃であるがこの継続時間が極めて短いので1,120℃を最高温度として用いることが多い。

第３　消火理論

消火とは、一般的に「燃焼の三要素（可燃物、酸素及び熱源（発火エネルギー））」の全部又は一部を取り除くことによって、燃焼の継続を断つことである。

消火法には、冷却消火法、窒息消火法、除去消火法があり、この他に希釈消火法及び負触媒によるものがある。

１　冷却消火法

水等の消火剤を注水し、熱源から熱を奪い、燃焼物の温度を発火点以下に下げることによって消火する方法で、水等を注水することで一般的な紙、木等の可燃物の発火温度である概ね250℃以下に冷却して消火する方法である。

水等の消火剤には液体から気体に変化する際に多くの熱を奪う冷却作用と、注水そのものによる冷却作用がある。

２　窒息消火法

燃焼に必要な酸素の供給を断つことにより消火する方法で、不燃性気体、不燃性泡、不燃性固体を用いて行うほか、火災室を密閉して行う消火法も窒息消火の原理によるものである。

(1) 不燃性気体による消火

酸素より比重の重い炭酸ガス等の不燃性ガスにより直接燃焼物の表面を覆い酸素の供給を断つ方法。

(2) 不燃性泡による消火

燃焼している物質を、空気や二酸化炭素、窒素などで発泡させた泡で覆うことで酸素の供給を断ち消火する方法。

３　除去消火法

まだ、燃焼を始めていない可燃物を、既に燃焼している可燃物から切り離し拡大を中断させて消火する方法で、大火災の際延焼していない建物を破壊して空地を作り延焼を阻止する方法や危険物の火災室からの移動、都市ガスの元栓閉止等の方法がある。

４　希釈消火法

可燃性ガスの濃度や可燃物の組成を燃焼限界以下に薄めることによって消火する方法で次の２種類がある。

(1) 液体の希釈による消火

アルコール、アセトン等のような水溶性の液体が燃焼している時、水を注いで薄め、液面上から発生する可燃性ガスの燃焼下限界以下（アルコールは4.7％以下）とすることで消火する。

(2) 気体の希釈による消火

窒息消火とほぼ同様な原理を応用して二酸化炭素等の不燃性気体（不燃性ガス）を燃焼物の中に注ぎ、空気中の酸素濃度を21％から15％以下に希釈して消火する方法である。

燃焼物に強い風をあて、可燃性気体を吹き飛ばし、可燃性気体の濃度を燃焼下限界以下にして消火する方法もある。

5　負触媒消火法

燃焼の継続は、分子が次々と活性化されて酸化反応を続けることにより継続するものであり、この酸化反応に関係のないハロゲン化物等を加えて連鎖反応を抑制して消火する方法である。

第４　煙の毒性と防護

かつてビル火災は、煙との戦いであるといわれてきたが最近は、ビル火災に限らず木造建物の火災も煙との戦いに変わってきている。

それは、終戦直後の建物とは違って木造建物も気密性が向上し、新建材が使用されことにより、火災時には、不完全燃焼となり毒性の濃煙が大量に発生、充満するためである。このため消防隊は、火災建物への進入に際しては、空気呼吸器等の呼吸保護器具を着装して活動することとしている。

一方、火災による死者も多くは毒性の煙が影響している。

したがって、消防隊員は、煙の毒性や対応を知っておくことが必要である。

1　燃焼と発煙

煙とは「気体の中に固体又は液体の微粒子の浮遊している状態で、その粒子の大きさが0.1～10ミクロン（１ミクロンは、１mmの1000分の１）程度の範囲にあるもの」とされているが、広い意味では「空気中に浮かんで光をさえぎるもののすべて」をさすこともある。

可燃物の燃焼に伴って発生する煙の量は、着火後の時間や可燃物の質、量、通気状況によって異なるが、気密性の高い部屋では、通気性が悪く、空気中の酸素が充分供給されないため、一旦は炎を出して盛んに燃えるが、その後の燃焼は緩慢であり、不完全燃焼が続くために一酸化炭素等の毒性のガスを多く含んだ煙が発生し、しかも、その煙は通気性が悪いため室内に滞留している。

このような煙の中に含まれている気体成分には、窒素、水蒸気、二酸化炭素、一酸化炭素の他、塩化水素、シアン化水素、アンモニア等を含む場合がある。

2　可燃物の発煙量

可燃物の燃焼に伴って発生する煙の量は、着火後の時間や温度、可燃物の質、通気状況によって違うが、厚さ３mmの杉の合板を不完全燃焼させた場合１kgにつき20m^{3}前後の発煙量がある。また、建物内には、木や紙ばかりでなく、家具什器や日用品として塩化ビニールやプラスチック等の石油化学製品が多く使われているが、これらの石油化学製品には表２－１のように火災の際大量の濃煙が噴出し、これが多くの毒性ガスを含んでいる。

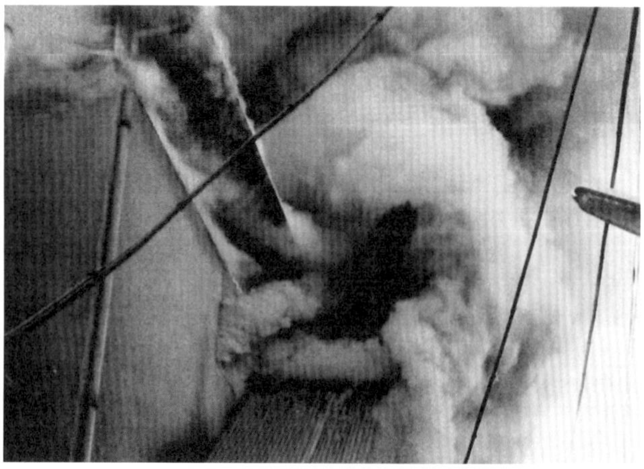

火災時の噴煙状況

表２－１　材料の単位面積当たりの発煙量（C）

材料／温度	合板		硬質塩化ビニール板	スチレンフォーム
	3㎜	5㎜	1.2㎜	1.5㎜
400 a	0.45 15.0	0.53 17.7	0.34 11.3	0.55 18.3
450 a	0.22 7.3	0.36 12.0	0.88 29.3	0.59 19.7
500 a	0.04 1.2	0.05 1.7	1.03 3.3	0.35 11.7
550 a	0.03 1.0	0.05 2.0	0.93 31.0	0.48 16.0

$$a=\frac{\text{材料の核温度における単位面積当たりの煙の発煙量}}{\text{合板の550℃における単位面積当たりの煙の発生量}}$$

3　煙の人体に与える影響

既に述べたように火災による煙の中には種々な有毒ガスが含まれているが、特に問題になるガスの人体に与える影響について述べる。

⑴　一酸化炭素

無色、無臭の可燃性ガスで吸引すると血液中の血色素（ヘモグロビンHb）と結合して酸素の供給を妨げるため、体内から窒息状態が起こり、まず神経系統が麻痺し、昏睡状態から中毒死するもので一酸化炭素の濃度と吸引時間による中毒作用の関係は、図２－１のような関係にある。

図２－１　中毒作用に対する一酸化炭素濃度と呼吸時間との関係グラフ

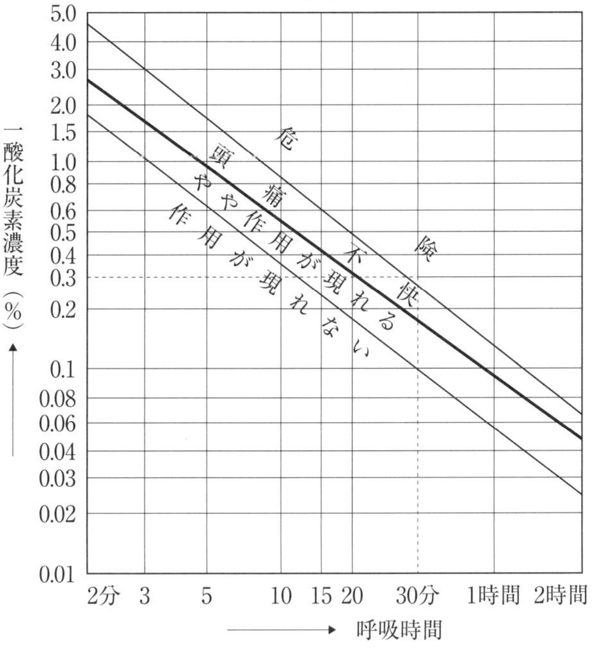

⑵　シアン化水素

シアン化水素は極めて微量であっても生体の酸化酵素の鉄を侵し、酸化作用を阻害しそのために胸部を締めつけるような激痛とともに呼吸困難をきたし、遂には死に至る危険なガスである。

⑶　ホスゲン

肺胞の水分で分解し、塩酸ができ、その塩酸が肺胞を破壊する。

⑷　酸　　欠

火災によって前記のように各種のガスが発生すると、相対的に空気中の酸素濃度が減少するが、酸素濃度と人の症状変化は、表２－２のような関係にある。

表２－２　酸欠に伴う症状の変化

酸素濃度	症　　状
16～12％	脈拍、呼吸数の増加、神経集中に努力がいる。
14～９％	判断力がにぶる。酩酊状態、チアノーゼ
10～６％	意識不明、中枢神経障害、けいれん、チアノーゼ
10～６％の持続又はそれ以下	昏睡→呼吸停止→心肺停止

4　煙の流動

⑴　気密性の高い部屋で火災が起きると火煙は上昇して天井に当たり、濃煙は天井部分から蓄積して床面に向かって堆積してくるが燃焼によって室内の酸素量が減少してくると燻焼状態（くすぶっている状態）に変わる。火災室の温度はわずかずつ上昇し、10～15分程度経過すると窓ガラス等が破壊してフラッシュオーバーを起こす。この時出火室は一挙に火煙に包まれ、廊下や屋外に勢いよく火煙を噴出する。

この煙は、廊下等の水平方向では毎秒0.5m～１m、階段室等の垂直方向では毎秒３～５mの速さで流れる。建物全体では最上階から煙が堆積してくる。

⑵　煙は、出火室から廊下や屋外に噴出する反面、燃焼を継続するため、出火室には新鮮な空気が供給される。

出火室の一つの開口部についてみると、煙の噴出は上方で行われ、床に近い部分では反対に外気が吸入されている。

この噴出と吸入の接点にあたる部分を「中性帯」と呼んでいるが、消火活動や人命救助活動は、この中性帯より下の部分で行うようにすることが大切である。（図２－２参照）

図２－２　中性帯の分布図

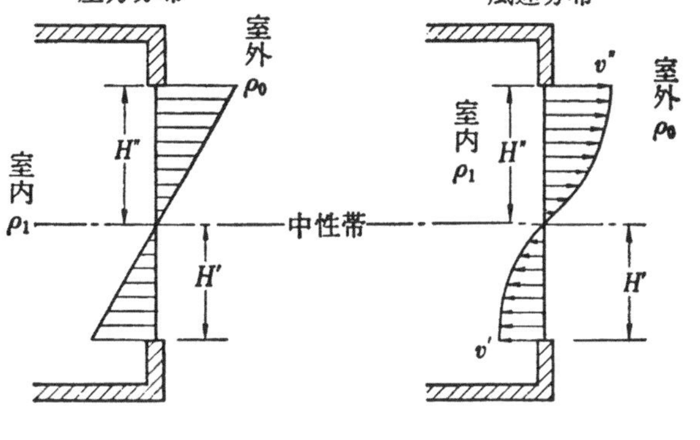

なお、フラッシュオーバーについては、後述の第６「ビル火災の救助」の項（84頁）で詳しく述べる。

５　火災からの避難（煙からの応急的な安全確保）

火元の関係者が避難に要する時間（群集流動）は、廊下等で毎秒１ｍ、階段室では毎秒0.25ｍである。

一方、煙の流動は横方向に１ｍ/s、縦方向に５ｍ/sで流れることから早期に避難を開始しないと煙にまき込まれることになる。

火元関係者が家財に執着したり、消火に夢中になっていると退路を絶たれ避難の時機を失するおそれがある。火災から避難する時は次のことを守って早めに避難するよう指導することが大切である。

① 煙の中では、落ち着いて姿勢を低くして壁に沿って出口に向かう。
② 乳幼児や高齢者、身体の不自由な人を最優先に避難させる。
③ 服装や持ち物にこだわらず、できるだけ早く避難する。
④ いったん避難したら、再び中に戻らない。
⑤ 消火に気をとられ避難の時機を失わないようにする。
⑥ 濡れタオル等で鼻や口をおさえ煙を吸わないようにする。
⑦ 下方（地上）にも水平方向にも避難できない時は、屋上への避難を考える。
⑧ 避難する最後の人は、必ずドアを閉める。
⑨ エレベーターでの避難は絶対にしない。
⑩ ２階からの避難で飛び降りる以外に方法がない場合は、まず先にマットレスや布団を投げ降ろし、窓の縁にぶら下がって飛び降りる。

第５　木造建物火災の救助

１　火災の性状

建物火災の救助活動は、消防隊の消火活動と並行して救助隊員が建物内で取り残された要救助者を消火隊員の援護（注水）を受けながら救出する活動であり、建物火災の様相や延焼性状、消防戦術（消火の方法）を踏まえた活動が必要となる。

建物のほぼ中央から出火して天井に着火し、焼け落ちるまでの火災の延焼性状は、建物の規模にかかわらず概ね次のように進行する。

なお、ここでいう出火とは、次のようになった時をいう。

① 普通の和室では、天井板に発炎着火した時
② 塗料、塗天井等の室内では、それらの裏の木部が発炎着火した時
③ 小屋裏、天井裏、壁の内部等の木部に発炎着火した時

出火の時機をこのように定めると、それ以降はほぼ一定の経過をたどる。

⑴　出火から最盛期まで

① 出火後数分間は、白煙を出して燃え、外部から見ていると、窓、下見板、瓦の隙間等から白煙が洩れるのが見える。これは、木材や布紙等に含まれている水分の蒸発によって燃焼ガスの中に多くの水蒸気が含まれているためである。
② 窓や出入口等の開口部が閉じられていて、外部からの空気の流入が少ない時は、一旦燃え拡がった火も、やがて酸素の不足によって火勢が弱くなり、前記第４「煙の毒性と防護」の項の４（前頁）で述べた状況を呈する。
③ ２×４（ツーバイフォー工法）やプレハブ等の新しい工法による建物には、内壁及び天井に石膏ボードが使われている。この石膏ボードに含まれている約21％の結晶水が火災の際、熱分解して室温の上昇を抑えるため「各室防火」といわれ、在来工法の建物より20分程度延焼を抑え、初期消火を可能にする。
④ 出火室の弱点に当たる部分が燃え抜けて建物の上部に対流路ができると、自然の対流路が完成したことになり以降の燃焼は急速に進む。
⑤ 開口部が最初から開いている場合には、空気は開口部の下から入って上から逃げる。
⑥ この時機になると燃え抜き穴は急速に大きくなり、数も増えて火災は最盛期に達することになり延焼速度は毎分0.8～1.2ｍになる。

木造建物火災の火炎の噴出状況（最盛期）

⑵　小屋裏の延焼

小屋裏の燃え抜けの前と後では消防活動が異なる。

①　天井板が燃え抜けても居室に比べ通気性が劣るため緩慢な延焼である。しかし、次第に小屋組及び野地板が燃え抜け土居ぶき、瓦桟が延焼する。

②　隣接建物への延焼は、火元建物の窓等の開口部から火炎が噴出して隣棟の軒先に着火し延焼することが多く、屋根が焼け落ちる前に延焼していく。したがって、屋根が落ちる前は水平方向への延焼危険が大きくなるので隣棟への予備注水（隣棟の外壁や開口部に予め水をかけておくこと。）や警戒筒先の配備等の警戒が必要である。

③　２×４等の最近の建物は、小屋組が合掌で野地板は厚手の合板を使い、瓦はコロニアルカラーが使われているので気密性が高く、軽量なために焼け落ち時間は、在来工法のものより遅くなる。

④　屋根面が燃え抜けると、その開口部から上昇気流によって火炎、火の粉、濃煙が一挙に噴き出すことが多く、風下建物に飛び火し、飛火火災が多く発生する。一方、水平方向への延焼危険は小さくなる。

⑶　最盛期

この時期には、多量の火炎と黒煙が上空へ吹き上げられ、それに伴う、音、無数の火の粉、種々な飛散物等がみられる。

火災の最高温度もこの時機に観測され、この最盛期は２～３分続く。また、出火から最盛期までの経過時間は、在来工法の建物では４～14分、新しい工法の建物ではその２倍程度になる。

⑷　隣棟への延焼

①　隣接する建物への延焼は、一般市街地では火元建物の最盛期の時機で、屋根が焼け落ちる前に延焼するのが普通である。

隣棟への延焼は、火炎の可燃物への接触と輻射熱の複合作用により延焼するといわれ、建物相互間の間隔があっても蓄熱時間と火の粉等によっても着火延焼することがある。

②　風の強い時は、風下への延焼が速くなるが風の弱い時は、建物近接度合と火元建物の火炎の噴出量によって異なり、火炎が大きいほど着火が早く、隣棟の着火箇所は窓等の開口部や軒先等の露出木部等に着火して内部に延焼していく。

③　最盛期から焼け落ちまでの時間は、在来工法では６～19分で新しい工法の建物は40分以上要している。

⑸　室内延焼順序と温度変化

木造建物の延焼順序は、その建物の構造や規模によって若干異なるが、過去の火災実験等から推定すると、概ね図２－３のような順序で延焼し、隣棟へ拡大していく。

火元建物の居間や台所等で出火した火災は、上昇して天井を焦がし着火させる。

天井からふすまやカーテン、内壁等の可燃材に着火して燃え下がってくる。

一方、天井をはう火炎は、階段室等の竪穴に近

図２－３　木造建物の延焼順序

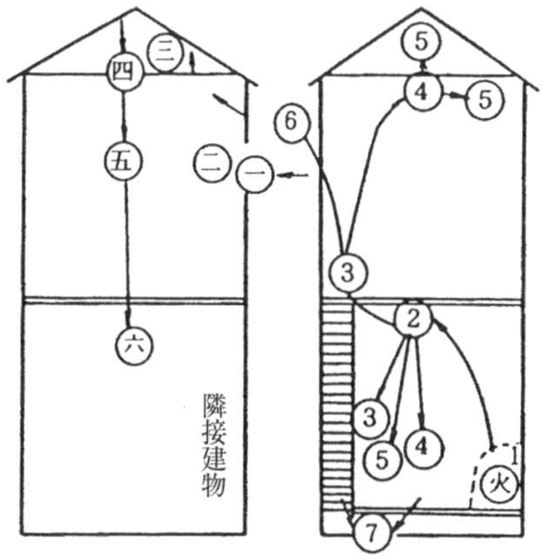

図２－４　木造家屋火災の経過と温度変化

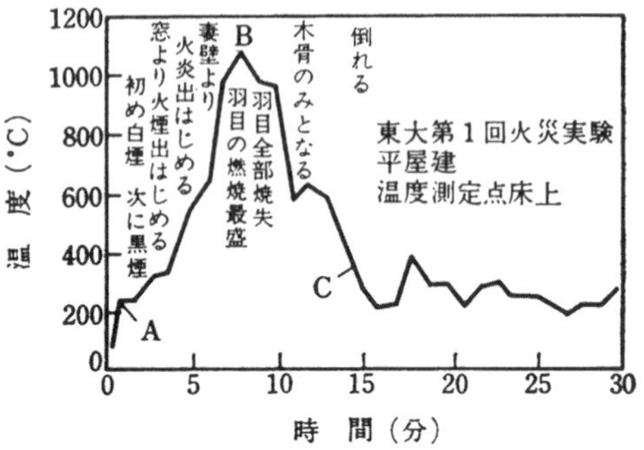

づくと急激に上昇して２階階段室周辺の可燃物に着火し、開口部から屋外に噴出して隣棟に延焼していく。

なお、出火建物内の温度は、火災の経過とともに変化し、火災の進行状況を示す尺度とされている。

図２－４は、30m^{2}の木造平屋建物の開口部を閉じて石油で点火した時の室内温度の変化を調べた火災実験の結果であり、一般的な木造家屋火災の温度変化もほぼ同様の経過をたどる。この実験では、Ｂ点（点火８分後）で最高温度1,078℃に達した。羽目板は５～９分で全部焼失し、10分後には木骨だけとなり、14分後のＣ点で木骨は倒れている。（「火災便覧」日本火災学会編より）

２　消防活動の基本

⑴　人命救助活動

消防活動は次のような流れで行われる。

消防隊の出動→出動順路の選定→水利部署又は部署位置の選定部署→情報の収集と活動方針の決定→消防活動の実施

この項では、このうち意思決定にかかわる消防活動の基本事項を説明する。

①　人命の検索救助活動の優先実施

消防活動は、いかなる場合でも人命救助（行方不明者等の検索（探し出すこと）及び救出活動）を第一とした活動を行う。

②　援護注水

検索や救出活動は、無防備では火煙の中に進入できないので、消火隊員による注水消火の援護を得ながら行う。

③　部隊集中による救助活動

現場に要救助者がいる時は、火災が拡大し、物的損害が拡大しても消防部隊を集中的に投入して救助活動に当たる。

⑵　消火活動

①　消火活動は、隣接建物への延焼阻止を主眼とする。

火災は小規模な段階に消火することが最も有効であり、火元関係者や地域の人達の初期消火活動によって消火することが望ましいが、初期消火が行われない時は消防隊による消火活動が行われる。

消防隊の現場到着は、通報を受けて５～７分程度要することが普通であり、木造建物火災の場合、消防隊到着時は火元建物の火勢は熾烈を極めていることが多く、火元建物内部での消火活動が困難な場合は、隣棟への延焼防止を主眼とすることになる。

②　火災初期に一挙鎮滅を図る。

現場到着時、出火建物の一部が延焼中の時は、屋内に迅速に進入して一挙に火勢の制圧を図る。注水による消火は、路上や広場から建物開口部に注水しても死角になる部分が多く建物内部の消火効果は限定的である。注水は内部進入して行うのが有効である。

③　建物内では、移動と破壊を並行しながら注水を行う。

内部の延焼危険は、水平延焼と垂直延焼危険箇所があるが、垂直に延焼するおそれのある箇所を優先しながら内部を確認して行う。

④　数棟延焼中の場合は、延焼危険の高い方向から火災建物を囲むように筒先を配備して、火勢の制圧を図る。

筒先部署順序は、強風時は退路を確保しながら風下側から、無風時は延焼危険が高い裸木造等粗雑な建物が近接する側からとする。

⑤　寺社、公衆浴場等大規模建築物の延焼火災は放水銃、放水砲等の大量放水器具を活用して行い、倒壊危険を考慮しながら対応する。

３　救助活動

救助活動は、迅速に行う必要があり、その火災現場に最も早く到着する部隊が担当する。

⑴　聞き込み

現場を見分し、火災建物等の関係者等から聞き込みによって得た情報をもとに、検索救助活動が開始される。

なお、関係者とは、その火災の発見、通報、初期消火従事者、出火建物の所有者、従業員、顧客等その火災についての情報を所持しているすべての人達をいう。

①　聞き込みは、現場到着と同時に開始し、必要な情報を出来る限り速やかに聴取する。関係者は時間の経過とともに、その場を離れたり忘れたりして情報の収集が困難になる。

②　有効な情報を持つ関係者を拡声器等で積極的に呼びかけ情報の提供を得る。

③　情報収集項目、対象施設等が重複しないよう分担して行う。情報収集する関係者等が多くいる場合は、情報収集隊（担当者）を指定し現場指揮本部と連絡を密にして情報収集させる。

④　重要情報は、火元関係者が所持していることが多い。火元関係者は、パジャマ・下着姿、裸足、裸体でいたり、現場でうずくまる、けがをしている等異常な仕種をしていることが多い。

聞き込みは、身分を明らかにして相手を冷静にさせて段階的に要領よく聞き出す。

⑤　現場にいる人達からは不確実な情報も多く寄せられる。しかし、人命に関する情報は、その確認に努め活動中の全隊に知らせる。

⑥　深夜の火災では、発見、通報が遅れがちである。行方不明者があるという前提で聞き込み等を入念に行う。

⑦　情報提供者には、その情報の入手先（情報源）を必ず確認しておく。

⑧　重要情報の提供者は、その後の対応に備えて位置を指定して待機させる。

⑵　検　　索

検索とは、救助隊員が火災の関係者等から行方不明者等の情報を得て、その行方不明者を捜し出すことである。

検索によって発見した時は、そこから救い出し、安全な場所まで搬送又は誘導する一連の活動を行うのが普通である。

検索は、第一章第三節第３「緊急時の避難習性」の項（40頁）で述べた特性を踏まえて、次により行うのが一般的である。

①　検索に先だって出動全隊に「行方不明者あり、検索を開始する」旨を知らせ、検索に影響する地域での消火活動を一旦停止させる。

②　検索開始前に外出中の者、警察、病院等への出向者等を確認して開始する。

また、一旦避難した人達が忘れ物等で戻らないようにしておく。

③　火災建物内での検索は、必ず２人１組で個人装備を完全に着装させ、援護注水（救助隊員を防護するための噴霧（スプレー）注水）隊の支援を得て行う。（図２－５参照）

④　検索は、出火建物で現に延焼中の部屋でこれに隣接する部屋を優先して行い、次に隣接建物の順とする。また、夜間は照明を得ながら行うこととし、日中であっても濃煙や建物構造・用途により視界が悪いことがあるので

図２－５　援護注水の体系及び多段配備図

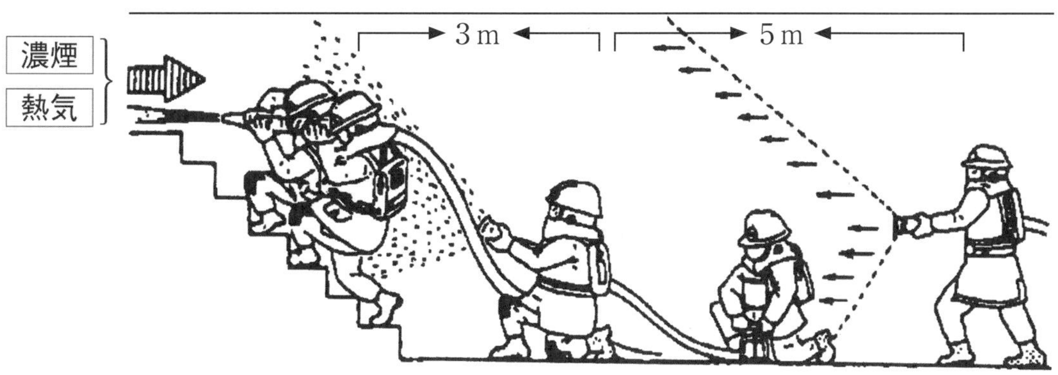

照明を携行する。

⑤　検索区域が広範囲に及ぶ時は、適宜分割して指定し、検索の重複を避けるため各室の扉等には検索終了の表示をする。

⑥　検索は、火災現象を踏まえて、中性帯や吸排気によるクリア領域等を確認しながら行う。

⑦　検索中の注水は、援護の場合以外厳禁としているが検索の対象とする部屋が高温で内部進入が困難な時は、開口部の設定と隊員の防護を兼ねた噴霧注水により排煙・排熱し、視界を確保した上で検索する。

⑧　共同住宅火災、ホテル火災では、玄関（ドア）が施錠されていたり、窓が開放されていたり、照明が点灯している部屋には人が残っていると推定する。

⑨　居住者等が火煙に追われ、逃げ場を失った時には、浴室、便所等や窓際、廊下、階段口等の行き止まり箇所に逃げ込むことを念頭に検索する。

⑩　火勢が熾烈な建物でも検索をあきらめてはならない。総力で火勢の制圧と検索を続行する。

⑶　濃煙、熱気内での活動

①　呼吸保護器具の面体着装は濃煙進入直前に行い、濃煙内では絶対に面体を外してはならない。また、呼吸保護器具の使用可能時間と脱出所要時間を考慮しながら余裕をみて脱出する。

②　火災室の扉の開放は、フラッシュオーバー等による危険を避けるため、開放する隊員は、扉の側面に位置し、放水体制を整えた後徐々に開放して静かに進入する。

③　濃煙内での行動は、２人１組を厳守し、命綱を身体に結着して進入し、外にロープの確保及び統制者をつけて行動する。また、移動は姿勢を低くし、床や壁体に沿ってすり足で移動する。

④　広い区域に数組で進入する時は、とび口等を検索棒として活用し、床を叩きながら進入し、この音でお互いの所在を確認しながら活動する。

⑤　高温室内に進入する時は、防火衣等を濡らし、素肌の露出部分が無いようにするとともに二段放水隊形による援護を受けて進入し、活動する。

⑥　濃煙熱気の室内に進入する際、筒先保持者はノズルの端に指を当て、放水の飛沫を自らが受けるように調整して進入し、補助者は筒先保持者に向かい合い又は筒先保持者の後方からホースを支持する姿勢で活動する。

⑷　救　　出

火災現場の救出作業は、一般的には逃げ遅れに伴う閉じ込めや濃煙内で生命の危険な状態にある人を危険領域から救出することである。

したがって、救出のための高度な技能を要するものは少なく、救出用の資機材は、バールや鳶口、ロープ、担送器具や呼吸保護器具類が主になる。この反面救助隊員には、緊迫する危険領域内での活動となるため援護注水の確保、呼吸保護器具類、警報器等の完全着装が大切である。

①　自己隊のみで救出可能か否かを検討して不充分と判断される時は、早期に応援を要請する。

②　救出は、要救助者の容態を観察し、救命措置、救助機材及び地形、地物の利用等を検討して最も安全で迅速、確実な方法を選択して救出する。

③　複数の要救助者がある時は、視認でき、かつ人命危険が切迫している者を優先し、重傷者、子供、老人等自力避難の困難性が高い者から救助する。ただし、要救助者が多数の時は、救助しやすい者から救助する。

④　窓側やベランダ等で救いを求めている人は、建物の外側（屋外）から、内部で救いを求めている人は、廊下、階段側から救出する。

⑤　要救助者の救出、搬送は、最も安全な経路と器具により行う。

⑸　救助要領

災害や事故現場において行われる救助活動は、次のような区分がある。救助隊員は、訓練を通じてこれらの救助技術の習得に努めなければならない。

救　助
- 平面的救助
- 立体的救助
  - 高所からの救出
  - 低所からの救出

立体的救助は、第6「ビル火災の救助」の項（次頁）で例示することとして、ここでは平面的救助について例示し述べる。

なお、具体的な実施要領は、訓練を通じて体得されるものであり、ここでは「救助法」（消防大学校編著）による手法の一部の紹介に止めておくこととする。

①　ほふく救出

ほふく救出は、横坑等狭い場所に単独で進入して救出する方法で、予め図２－６のように両足首を巻結びで結着し、要救助者をタオル又は三角巾で両手首を結着して首にかけ、坑外の確保者が確保ロープの先端を保持して、救助者と連携しながら救出する方法である。

図２－６　ほふく救出（横坑救助）

②　ひきずり救出

濃煙内で倒れている要救助者を一時的に安全な場所に搬送する方法である。

救助者２人は、空気呼吸器等を着装し、命綱付安全帯を図２－７の要領で確保ロープに結着して進入し、確保者に発見の合図を送り、要救助者の上衣えりをゆるめて、後えりを手の甲が上になるようにお互いに持ち引きずりながら搬送救出する方法である。

③　緊急時の救出

火災現場では、火災状況の急激な変化や要救助者の容態急変等により、単独で救出することもある。また、火炎が差し迫っていて①、②の方法によって救出する時間がない場合に、平面を救出する時は図２－８の方法により、階段を救出する時は図２－９の方法により救出する。

図２－７　ひきずり救出

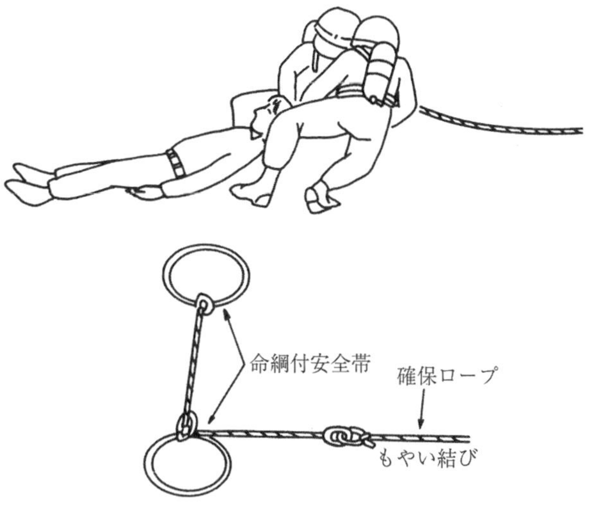

図２－８　火災現場での緊急救出方法（平面の救出）

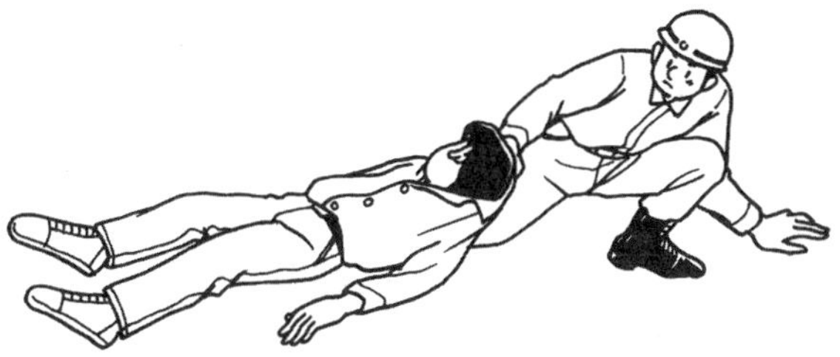

(ア)　上衣首部のボタン又はチャックをゆるめる。（首が絞まらないように）

(イ)　要救助者の頭部を持ち上げ、気道を確保する。

(ウ)　襟首を手の甲が上になるように握り、救助員は姿勢を低くして引く。

図２－９　要救助者のかかえ方

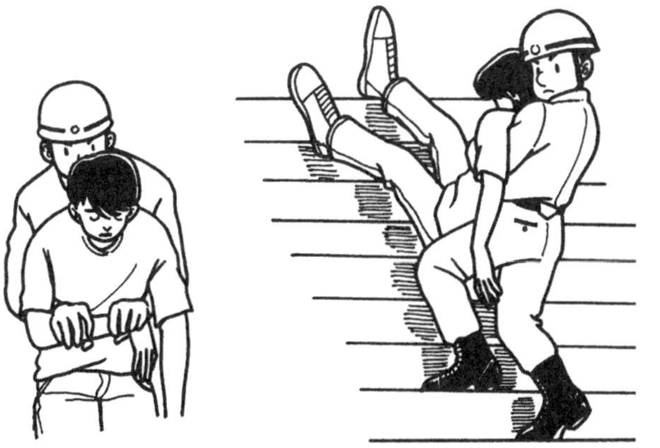

片腕を曲げ、両腕を腋の下から入れ、曲げた手首と肘部を握る。

下に降ろした足で足場を確認しながら静かに降りる。

第6　ビル火災の救助

1　ビル火災の性状

ビル火災では、階段等の竪穴部分を経由し、上層階へ早く煙が拡散する特性を有している。

また、柱、壁、梁、天井等の主要構造部が耐火（不燃）構造になっているため、それ自体は燃焼しない。その上気密性が高いために、急激な延焼拡大は少なく、収容物の延焼により一旦は勢いよく燃焼するが、その後は緩慢な延焼になる等の特性を有している。

ビル火災の進行は、一般に次の４段階に分けて説明される。

⑴　初　　期

ビル火災は、窓や出入口等の開口部が閉まっていれば、室内の可燃物に着火しても室内の酸素量が減少すると燃焼が衰えて、炎が消えたり、時にはくすぶるだけで火勢は火点付近からあまり拡大しない。

しかし、この時機には多量の煙が発生して室内に充満し、出火場所の発見が困難になる。

この時機の長短は、部屋の大きさや開口部の条件よりも出火室の可燃物の量や湿り程度、その他わずかな条件の違いによって著しく異なり、これを放置すると火勢は次第に拡大して窓ガラス等を破るようになる。この時機までを初期という。

⑵　成 長 期

初期の終わりに窓ガラス等が破れて空気の流入口ができると、燃焼は急に盛んになって室内の温度も上昇し始める。そして窓ガラスの破れは、ますます大きくなって黒煙がその開口部の上方から噴出し始め、続いて赤い炎も噴出するようになる。

室内では、まず出火点付近の壁周辺の可燃物に着火し、次いで天井に着火するのが普通であるが火源が大きい場合には、一挙に天井に着火することもある。

火災室内の温度が一定以上になると間もなく一瞬にして部屋全体が炎に包まれるような状態になる。この現象を「フラッシュオーバー」と呼び、初期の終わりからこの時期までを成長期という。

フラッシュオーバーとは「火災の時、燃焼に伴って室内の上部に蓄積した可燃性ガスが燃焼範囲に入った時、急激に火炎が拡大し部屋全体が火炎に包まれる現象」をいう。

フラッシュオーバーは、ビル火災で消防隊が恐れている現象の一つで、火災室の開口部から噴出する煙の色が黒煙から黄色味を帯びてきた時に発生が近いといわれている。この時の火災温度の変化が図２－10中のＢ点に相当する部分で、室内全体が炎に包まれるようになり、この時の火災温度は900℃前後になる。

図２－10　火災の進行

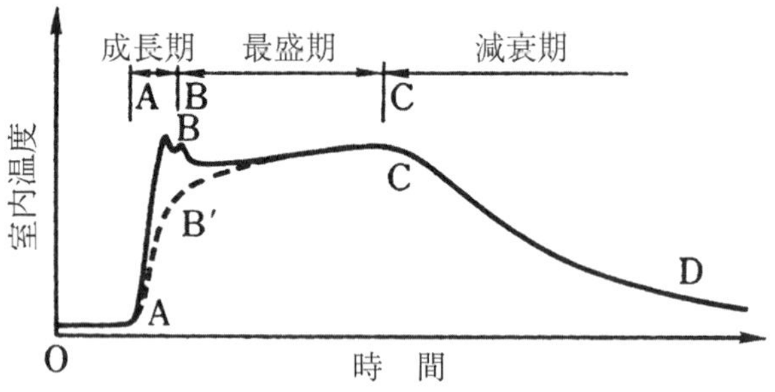

しかし、フラッシュオーバーは、すべてのビル火災で起こるとは限らない。

例えば、内装が不燃材料で構成されていて、室内可燃物量が少ない場合には図２－10中の点線のような緩慢な温度上昇を示す。

この時点には、不用意に出火室の開口部を開けないこと。また、やむを得ず開ける時は、放水体制を整え、開口部の側面に位置して徐々に開放する。また、破壊する時も小破壊から徐々に大きくする等慎重な対応が必要である。

類似の現象にバックドラフトがある。昭和52年５月13日㊎東京都江東区の新興海陸運輸倉庫爆燃火災（定温倉庫火災）で数回にわたって間欠的な爆発が起こり、消防職員16人（重症４人、中等症10人、軽症２人）と工事関係者５人（重症１人、中等症２人、軽症２人）が受傷した。

この事故が契機となって研究が進められ明らかにされた現象がバックドラフトである。

倉庫等開口部の少ない耐火造建物等の火災では、火災室内の酸素不足により可燃性ガスが充満し、火災室の温度が上昇している状態で開口部の開放等により急激に酸素が供給されると爆発的な燃焼が起こる。

消防活動は、前第５項３⑶（82頁）に準じて行い、特に各隊の独断的な行動は厳に慎み、玄関、窓等の開口部正面への部署を避け、開口部の開放、注水に際しては警戒筒先を配備し、進入は複数の隊員により行う。

⑶　最 盛 期

成長期の終期、即ちフラッシュオーバーが起こってからしばらくの間は、火勢が最も盛んな高温の持続する時間があり、これを最盛期という。

最盛期には、例えば天井の上塗しっくい、プラスターの類が音を立ててはじけ落ちたり、時には天井のコンクリートの一部が破裂音とともにはじけ落ちることがある。ただ、火の粉等の飛散は少なく、小粒のものが若干飛ぶ程度である。

⑷　減 衰 期

最盛期の終わり頃、火勢に衰えが見え、室内が多少透けて見えるようになる頃から以降を「減衰期」といっている。

室内温度も下降し始め、最後には室内の床上に堆積物だけが焚き火のように燃え残る状態になり、ついに鎮火する。

２　消防活動

ビル火災は、前１で述べたように、その特性から特別な場合を除いて、時間的に余裕があり、現場を確認した上で戦術を定めることができる。

ビル火災の消防活動は、火災の規模やビルの構造、規模、用途等によって異なるが基本となる消防戦術は、次のような事項である。

⑴　基本となる戦術

２カ所以上の開口部を作り、図２－11のように各々の開口部に筒先を配置しながら開口部からの噴煙状況を確かめ、排出量の多い開口部（排気側）を警戒側とし、少ない方から攻撃する（一方攻撃・他方警戒）。

ビルの構造や気象の状況から、排気側から攻撃することとなる場合は、筒先を多段配備し、警戒筒先を配置した排気側開口部を設定し、噴出する濃煙熱気を抑制し得る体制で活動する。（81頁図２－５参照）

噴煙状況が不明確な時は、上級指揮者の指揮の下、足場の有利な方を攻撃側とし、注水は、上級指揮者の合図で一斉に行う。攻撃側開口部以外の開口部の設定は、状況が急変し、現場活動隊を窮地に追い込むことがあるので上級指揮者の指示で行う。

図２－11　ビル火災の戦術モデル

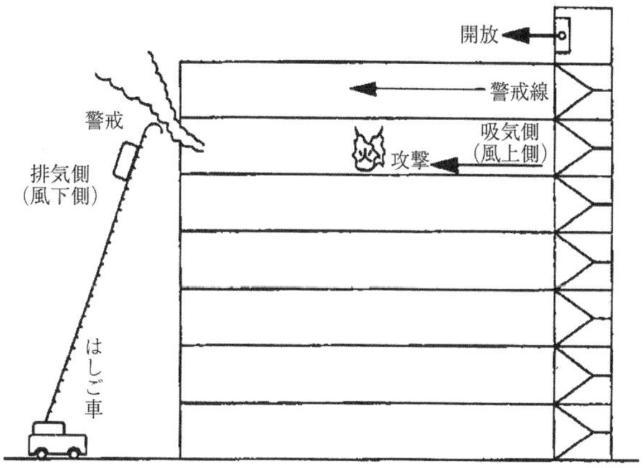

注　火点直上階及び火点階には、警戒用の筒先を配備する。

⑵　警戒筒先の配置

火炎の噴出及び延焼阻止に備えて、直ちに火点の上階・排煙側の開口部及び必要に応じ、火点室両隣の部屋に警戒筒先を配備する。

警戒筒先は、攻撃開始に伴い延焼のおそれのある部分までホースを延長し、送水して待機する。警戒員は、緊急事態に備えて退路を確保しておく。また、延焼のおそれのある部分の可燃物の除去、消火用具等を集結し、噴出する火煙の状況を監視し、状況により予備注水等を行う。

⑶　階段室の確保

階段室は最も安全な火点へのアプローチ箇所であり、消火及び救助活動の拠点である。

ペントハウス（最上階から屋上に突き出た塔屋）を開放し、ドラフト効果（ビル内の循環気流を利用して行う吸排煙法）を考慮してクリアゾーン（避難者の安全を確保するため避難階段を濃煙や熱気に汚染されないようにすること。）の設定を行う。

⑷　火災初期の活動

ビル火災も初期の消火活動では前各項の対応と並行し、先着隊は火点室に進入して一挙に注水して火勢を制圧する。

この場合は、迅速な消火が決め手になり、消火器や屋内消火栓による消火も選択肢になる。

⑸　指揮体制

上記⑷の場合を除き、現場指揮は攻撃側、警戒側及び兵站業務に分けて指揮者を指定し、連携しながら行う。

また、火点下階のクリアゾーンには出火階への補給、隊員交替及び資器材交換のための前進指揮所を設ける。

⑹　排　　煙

ビル火災は、濃煙が充満する中での活動で危険性も高く作業効率も低下する。排煙車、高圧噴霧・遮煙袋等を利用して、煙の流れを作り効率的な活動を行うことが必要である。

⑺　水損防止

ビル火災では、消火水による下階の水損が発生することから、活動初期の段階から隊を指定し、下階の水損防止活動に当たらせる。

3　救助活動

ビル火災は、初期には緩慢な延焼をたどるがフラッシュオーバー以降は、一挙に延焼拡大し、人命危険も著しく増大する。

一方、消防隊の現場到着は、覚知から数分を要するため、現場到着してホース延長、火災建物進入を開始するタイミングでフラッシュオーバーに遭遇することもあり、迅速な消火・救助の活動体制の確立が求められる。

特にキャバレーやバー、ナイトクラブ、料理店等が入居している営業中の雑居ビル火災では多くの犠牲者を出すことがある。

代表的な事例として昭和47年（1972年）５月13日㈯22時27分頃発生した大阪千日デパートビル、アルバイトサロン「プレイタウン」の火災では、118人の死者を出し、昭和57年（1982年）２月８日㈪３時頃出火した東京のホテル・ニュージャパン火災では、33人の死者を出した。

さらに、平成13年（2001年）９月１日㈯１時頃出火した東京・新宿の歌舞伎町明星56ビル火災では、小規模な雑居ビルでありながら44人の死者が発生した。

これらの火災では、消防隊による救助を待ちきれずに上階開口部からの飛び降りや避難できすに火煙に巻かれ多くの人達が死亡している。

したがって、雑居ビル、百貨店、興行場等の火災は、要救助者が多数あるという前提で当初から大部隊を運用し、迅速に救助体制を整えて対処することが必要である。

また、現場では要救助者に対して呼びかけを行い早期に救助する旨等安心情報を提供し、飛び降り等をしないよう思い止まらせることが肝心である。

一般的なビル火災の検索、救助は前第５「木造建物火災の救助」の項（78頁）で述べた事項のほか、次の点に留意して実施することが大切である。

⑴　検　　索

①　ビル火災の検索順序は、ａ火点階（火災室及びその両側）、ｂ火点直上階、ｃ火点最上階の順とする。

②　出火室等火災室に進入させる時は、努めて上位の者を進入管理者として指定し、進入、退出隊員をチェックし、呼吸保護器具類の種別による使用限界に基づく時間管理を厳重に行わせる。

③　ビル火災といえども、検索救助は時間との戦いであり、迅速に行うことが必要である。検索範囲が広範に及び時間を要する場合や危険が伴う場合は、緊急時を想定して連携隊及びバックアップ隊の指定を考慮する。

④　検索は、緊急時の人の行動習性を踏まえて行うほか、火災規模にかかわらず生活動線となる玄関、廊下、階段等やトイレ、浴室、ベランダ、屋上等は必ず検索する。

⑤　火点室に中性帯が形成されている場合は、その反対側の開口部は閉止されていると推定し、その窓のクリア部分から下方を見通して、その部屋の逃げ遅れを確認する。

⑥　共同住宅、ホテルの検索は、火点室及びその両側を重点とする。

⑦　共同住宅、ホテルで、ドアチェーンのしてある部屋は、まだ避難していないと判断する。

⑧　エレベーターは地下で停止していても内部

を確認する。

⑨　雑居ビルは、内部不案内の人達の集団である。

この項の冒頭に述べた対応を行う。

(2)　救助活動上の留意事項

①　救助活動の開始に際しては早く出動各隊に知らせ、原則として救助活動中は、開口部の開放や救助活動実施階の援護注水隊以外の放水活動は禁止とする。

図2－12　救助活動中の他隊待機

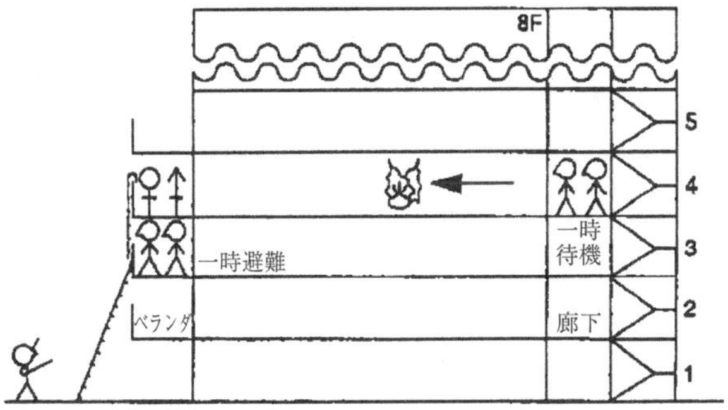

注　ベランダに避難している人の救助活動

②　逃げ遅れの情報がある時は、火勢が熾烈であっても救助を諦めずに発見するまで実施する。

③　救助は、安全な方法を選択し、努めて屋内階段を利用して行い、三連梯子やロープによる救助は他に安全に救出する方法のない時に行う。

死者17人が発生した東京都東村山市の特別養護老人ホーム松寿園火災で救助活動を行う消防救助隊
(昭和62年6月6日㈯)

④　窓やベランダで救助を求めている時は、梯子（低層階は二・三連梯子、高層階ははしご車）による外部からの救出を行う。

なお、出火室の火煙の動静及び開口部の位置関係から可能なら内部からの救出手段を試みる。

(3)　救助要領

前第5「木造建物火災の救助」の項3(5)（82頁）では平面的救助要領について述べたが、ここではビル火災に関連して立体的救助の内、高所からの救出（11種類）のうち一般的な救出要領①応急梯子救出　②かかえ救出　③はしご車による救出についてその要領を示すこととする。

①　応急はしご救出

消防車に積載されている二・三連はしご及び救助ロープを利用して低層階（2～3階）から地上に救出（降下）する方法である。（図2－13参照）

(ア)　設　　定

建物等に架梯して使用している梯子の横さんを支点として要救助者をロープで確保し救出する。

(イ)　救出要領

要救助者の縛着は簡易縛帯、救助ロープによる三重もやい結び又は二重もやい結びと

図2－13　応急梯子救出図

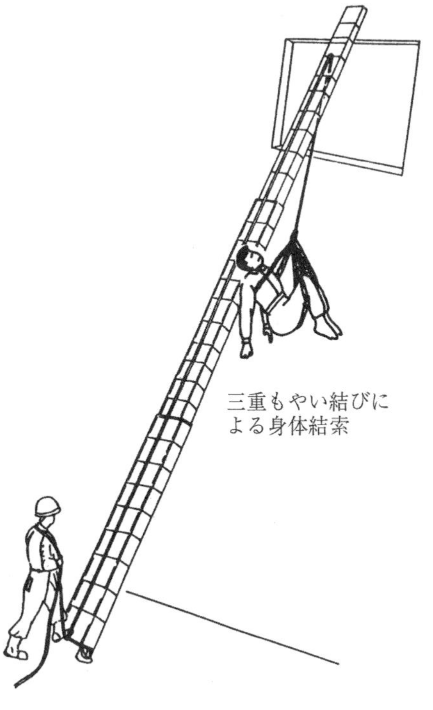

し、結着した確保ロープを吊り下げに適当な位置の横さんに設定する。

はしご下部の救助ロープ確保者は、皮手袋、防火帽フード等を着装し、はしご下部で立ち確保により行う。

(ウ)　実施上の留意点

● 梯子基底部の安全を確認する。
● 要救助者の体位、梯子の安定及び確保の状態に十分注意する。
● 要救助者を直接着地させずに、手で受けて静かに搬送する。

②　かかえ救出

消防車に積載されている二・三連梯子を利用して、要救助者を２階から階下（地上）に救出する方法で、隊員が要救助者の安全を確保しながら下降する方法である。

(ア)　救出要領

● 隊員は、要救助者のすぐ下を降りる。
● 隊員の両手は、必ず要救助者の身体を覆うようにし、片方の膝は常に要救助者の両足の間に位置するようにする。
● 自力ではしごに乗り移り、降下できる要救助者の場合は、消防隊員は積載はしごに登梯することなく、地上から安全を確認し、必要な声かけをしながら地上に脱出させる。

老人等意識はあるが自力での降下が危険な場合は、図２－14【図Ａ】により救出する。要救助者が、かかえ救出の途中で意識を失った場合には抱きかかえるような姿勢の【図Ｂ、Ｃ】で降下する。

この方法で救出途中に要救助者が意識を失った場合は、応急的に膝と両腕で要救助者を支え、要救助者を膝に乗せたまま身体ごと滑らせるようにして下降する。

● 積載はしごによるかかえ救出は、基本的に意識のある要救助者に対して行う救助方法であることから、自力によるはしご降下が困難となることが予測される要救助者に対しては隊員の背負い救出で降ろす又は、応急はしご救出等の手段をとる。

(イ)　実施上の留意点

● 下降を補助する場合は、隊員の片足が常に要救助者の両足の間に位置するようにする。
● 要救助者に「右」「左」と声をかけながら足の誘導を行う。（救助者の降ろす足と要救助者の降ろす足は反対になる。）
● 要救助者を膝に乗せる場合は、腰をやや落し、深く抱えるようにする。

※　要救助者を自力で地上に降下、脱出させる場合は、ベランダ等に架梯前の積載はしごに飛び移らないよう拡声器を活用して呼びかける等して要救助者から目を離さない。

図２－14　かかえ救出図

【図A】　【図B】　【図C】

③　はしご車による救助

ビル火災での救助は、安全度の高い屋内から行うことを原則とするが、高層建物火災で上層階の窓やベランダ部分から救助を求めている時は、はしご車を使用した外部からの救出方法をとる。

(ア)　部　　署

建物の構造、梯体（はしご車の梯子の部分）の活動空間の障害物の状況及び要救助者のいる位置、人数等を考慮して最も効果的に活動できる位置に部署する。

(イ)　架梯（梯子をかける）目標及び進入要領

● 要救助者のいる場所に直接架梯できる時は、その場所に、できない時は隣戸のベランダに架梯した後に、隣戸との隔壁を破壊して目標場所に進入する。
● 要救助者のいる階に架梯できない時は、直上階又は直下階に架梯した後、避難用ハッチの活用又はかぎ付梯子、ロープ等を使用して目標階に進入する。

(ウ)　救　　助

●地上から要救助者がいることを確認した時は直ちに、救助する旨又は飛び降り防止等について呼びかける。

●梯子の先端が要救助者のいる場所に近づいた時は、飛びつき防止及び煙を避けて救助を待つように指示し、無謀な行動をしないよう統制する。

●救助は、リフター又はゴンドラによるが、要救助者が多数いる場合は、隊員が誘導しながら梯体上を直接歩行降下させる方法をとる。

(エ)　活動上の留意事項

●救助に当たる場合は、屋内からの進入隊との連携を密にする。

●要救助者を建物ベランダ等から梯子の先端に乗せる時は、転落防止のための処置をとる。

●救助活動中は、火炎の突然の吹き出しに対応できるよう、はしご先端での放水体制を確保し、火災の様相に十分配意する。

はしご車とヘリコプターで82人を救助した名古屋市中区の火災（平成９年３月８日㈯）

第７　航空機火災の救助

本節の冒頭で述べたように火災の種別には、建物火災をはじめ林野火災、車両火災等６種類に分類されているが、航空機火災の発生頻度は極めて少なく我が国では毎年数件程度であるが、墜落等によって炎上すると人的被害が他の火災とは比較にならないほど甚大になる。

そのため、国際空港については、国際民間航空条約に基づく基準（ICAO基準）によって初動対応の空港用化学消防隊が配備され、この他に空港所在都市消防本部の消防隊が対応する体制になっている。

一方、航空機の発達は、めざましいものがあり、より速く、より遠くと併せてより大量輸送の時代を迎え、巨大航空機の出現をみており、航空機は今や庶民の足として機能している。

航空機の事故には、墜落炎上をはじめ空港内での転覆、倒立、翼端接地、胴体着陸及び機内での爆発、炎上等がある。

このうち多くの死傷者を伴い、悲惨な大事故になるのは、周辺居住者等を巻き添えにする市街地への墜落炎上事故であり、これに次いで空港周辺の海(水)面への墜落事故である。

火災等の大きな事故に遭遇した航空機は再使用されることはない。したがって、航空機火災の消防活動は、機体や装置をどのように処分してでも機内に取り残されている搭乗者を迅速に一人でも多く、安全な機外に脱出させることが最大の使命である。

このため航空機火災の消防戦術は、航空機全体の全面消火ではなく、搭乗者を救助するために必要な胴体に隣接する区域（※クリティカル・エリア）の火災を制御し、救助隊員が航空機に接近す

航空機火災を想定した訓練

る経路を確保し、救助隊員は消火隊員の援護を得ながら接近し、開口部を設定して搭乗者の救出、救護に当たることが主眼となる。

この項では、航空機火災のおそれがある時の警戒及び火災の際の救助活動の基本となる事項について述べることとする。

※　クリティカル・エリア

航空機火災に対する消火特有の概念であり、胴体付近の火災を制御し、航空機の乗員乗客を救助するための構想である。

1　航空機火災の特性

⑴　航空機には、高放射熱のジェット燃料が大量に搭載され、B737型機は約２万６千ℓ、B777型機に至っては約17万ℓ（いずれも最大燃料搭載量）もの燃料を主翼内に収納して飛行している。

このため墜落等の際は、この燃料が漏洩流出して出火し瞬間的に火面が拡大して事故機全体が火煙に包まれてしまい、消防隊の接近が極めて困難になる。

⑵　機体の胴体等は、マグネシウム合金、ジュラルミン、アルミニウム合金等のため高放射熱を受けると容易に溶解したり燃焼して燃料タンクを破壊し大量の燃料が機外に一挙に流出して機内の乗客等の脱出を困難にする。

⑶　前⑴、⑵の理由から航空機火災の消火は、救助隊員の機内進入に必要な最小限の活動として迅速な救助体制の確保を図ることとされている。

このため、国際空港については、ICAOにより国際空港として整備すべき消防力の基準が定められている。

⑷　空港用消防力整備の考え方は、空港内で航空機事故が発生した場合のレスポンスタイム（応答時間）を３分以内とされ、覚知から３分以内に事故機に接近して消火・救助活動の開始できる体制に消防力を整備することが基本になっている。

機体を被覆している外版のジュラルミン、マグネシウム合金等が火災で溶解し、燃焼する時間は、約90秒であり、溶解すると機内温度は一挙に370℃前後に上昇し機内では生存できなくなる。機内の搭乗者を救出するために火災を早期に消火して外板等の溶解を抑え、有効な救助活動を行うために基準を定めている。

⑸　航空機火災は、事故の状態によって対応を異にする。

①　垂直に近い状態で激突した場合は、主要構造部が破壊して火災が飛散し、火炎は中心部付近で起こっていて、搭乗者はほとんど死亡する場合が多い。

②　ゆるい角度で激突した場合は、破片は進行方向に飛散し、小火面が数箇所におよぶことがある。

③　離陸直後に激突した場合は、胴体と主翼が折れ300m以上の帯状火面となることが多い。

⑹　航空機事故は、過去の統計から離陸後の３分間及び着陸前の８分間のクリティカル・イレブン・ミニッツに多く発生すると言われ、空港及びその周辺で起こることが多い。アメリカの民間航空機事故統計によれば、事故は、着陸時50％、空港内走行中20％、飛行中20％、離陸時10％で空港内及び空港から８km以内の地点で全事故の70％以上発生している。

⑺　事故情報の収集

救助活動に伴う一般的な情報活動については、既に前章第四節「現場活動」の項（46頁）で述べたが、航空機火災は、一般火災と対応を異にするところが多いので、その要点を述べる。

救助活動に際し、他に優先して収集すべき情報は、次のとおりである。

①　事故機及びその周辺の延焼状況

②　機内乗客の数及びその動静

③　燃料の漏洩状況と機内への延焼の有無

④　出入口及び非常口の位置と状況

⑤　集荷の状況（特に爆発物、危険物、ＲＩ等）

これらの情報は、可能な範囲で到着前に出動各隊に速報するとともに現場の空港関係者及び航空会社に情報収集員を派遣して収集に努め、現場にいる関係職員からも収集し、その情報を活用して対応する。

このうち搭乗者名簿と傷病者の照合に長時間を要することが多い。搭乗者名簿は、国際線については出発地の空港から到着地の空港事務所内の所属航空会社に予めファックス等により送付されている。

国内線については、出発地の空港、所属航空会社窓口に備えられているのでファクスを依頼し送付を受けて活用する。

２　航空機の構造

航空機は、消防活動面から使用部材、胴体、翼、各種装置及び出入口、非常口に分けられ、次のようになっている。（次頁の図２－15参照）

⑴　使用部材

航空機には、次のような部材が使われている。

①　ジュラルミン

外板、枠組、桁、隔壁等に使われ、組成はアルミニウム95％、銅４％、マグネシウム１％で650度前後の温度で溶解する。軟質のため破壊は容易で斧や鋸で切断できる。

②　マグネシウム合金

発動機架の部品に多く使用され、組成はマグネシウム90％、アルミニウム・鉛10％で650℃前後の温度で溶解し、これ以上の温度になると閃光を発して燃焼する。

③　アルミニウム合金

ジュラルミンとほぼ同じ用途に使用されるが使用頻度は少ない。

④　その他

このほか鋼材、ステンレス、木材、合板、合成樹脂等も内部で使用されている。

⑵　胴　　体

胴体は、航空機の主要部であり、操縦室、旅客室、貨物室、脚格納室等に区分され、主要な装置は、翼部にある動力装置及び燃料槽を除いて、胴体内に収容されている。

また、胴体は、主・尾翼、離着陸装置の取付点を設け、西洋梨型になっていて上部は操縦室、旅客室、下部は貨物室、脚収納室になっている。

⑶　翼

翼は、主翼と尾翼に区分されるが主翼は飛行中飛行機に揚力を与えて全重量を支えている。また、主翼には約３万ℓから24万ℓという多量の燃料が搭載されている。

ただ、翼内の燃料タンクは、５～６区画に分割されていて、事故により燃料が瞬間的に流出するのは通常１～２タンク程度で、これ以外は連絡パイプを通じて流れ出す。

⑷　各種装置

①　酸素装置

大型旅客機は、ほとんどが高高度飛行（7,300m以上）を行う。この時、機内の圧力が低下したり酸素不足になる。その時に備えて酸素を保有している。

酸素装置は、酸素ボンベ、パイプ、マスクからなっており、酸素ボンベは操縦席の後方及び客席の天井裏に格納され、そこから各搭乗員席までパイプで配管されている。

航空機火災が発生した場合は、機内に酸素が放出されて急激な燃焼が起こり消火が困難になるので、この部分の破壊を避け、酸素バルブの閉止をした上で消火、救助活動に当たる。

②　出入口

搭乗用出入口は、操縦室と客室の間及び客席の最後部にあり、非常口はこの中間に位置する翼の上部にあるのが普通である。

これらの開口部は、機内が高圧のため、内圧を受けても自然に開放しないよう外側に狭く、内側が広くなっている。

開閉は一度内側に開き、その後外側へ開く回転方式になっている。

非常口は、機内の収容定員によって数が定められ、航空機事故が発生した場合90秒以内に機内の搭乗者が外に脱出できるように設計されており、収容人員が109人以下は左右各１カ所、110人以上の場合は左右各２カ所となっている。なお、B777型機は、非常口と出入口が兼用になっていて左右各々に５カ所設置されており、破壊個所もこの位置である。

③　降下（着陸）装置

降下装置は、着陸時及び走行中の衝撃を吸収するために緩衝装置を備えている。

降下装置は、タイヤ、輪体、緩衝装置、ブレーキ、支柱脚、引込作動筒ラッチが主構造で消防活動に際し注意を要するのは輪体及びタイヤ部分で、これらの部分に接近する時は破裂危険等を避けるためタイヤの前後方向から接近する。

⑸　消防、避難設備

大型旅客機の消防設備は火災警報設備、消火装置及び消火器で、避難設備は非常口、非常照明、救命ボート、脱出用滑り台、脱出用ロープ及び脱出用斧である。ここでは救助活動に使用される設備に限定して述べる。

①　脱出用滑り台

火災等の緊急時に機内搭乗者が早く避難する設備として２カ所以上に膨張式脱出用滑り台が取り付けられている。このうち１カ所はメインドアーの内側に、他は非常口等に取り付けられ、ドアを開くと自動的に落下し、封印されているハンドルを引けばガスが噴出して10秒以内に滑り台になる。滑り台の材質は、通常ナイロン繊維にゴム引きしたもので、70℃～80℃になると溶解するので火災時には防護が必要である。

なお、脱出用滑り台は、海上等に墜落した場合は、機体と切り離して救命ボートとなる構造のものもある。

②　脱出用ロープ

脱出用ロープは、非常口から脱出する際、このロープを伝って避難するために設置されている。翼上にある非常口のハッチの上に各々１本ずつ付いていて、ロープは客室天井のチューブの中に格納され、非常口の開口部と結びついている。

③　脱出用斧

緊急脱出時の乗務員の破壊用として使用されるもので操縦室内の緊急装備取付板についている。

図２－15　航空機の構造図

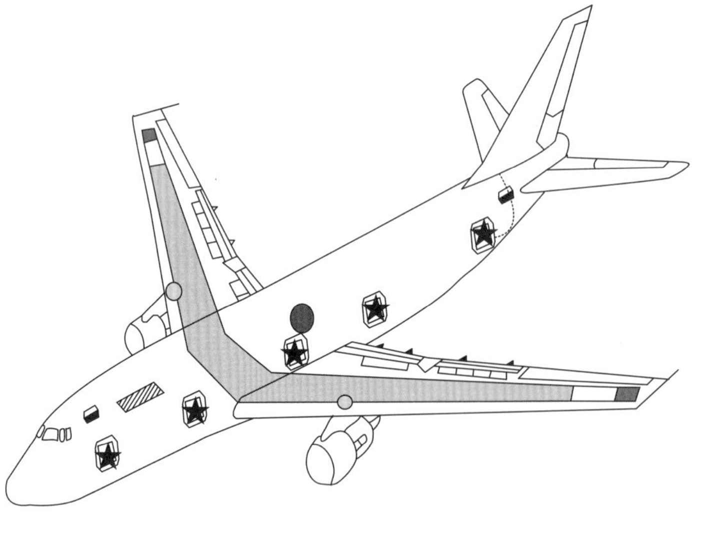

ボーイング777－300型
（国内線用：諸元性能）

乗　組　員	2人
乗　　　客	500人
翼　の　幅	60.9m
長　　　さ	73.9m
尾　翼　高	18.5m
胴体の高さ	6.19m
最大離陸重量	約230 t
燃　　　料	ケロシン
最大燃料搭載量	約17万ℓ（水平尾翼にも補助タンクがある）
非　常　口	左右に5カ所ずつ計10カ所

アルミニウム外板低翼単葉機で動力は２発ターボファンエンジンである。降着装置（Landing gear）は引込式で２主脚と１前脚からなる。

3　緊急着陸時の消防活動

飛行中の航空機が事故により最寄りの空港に緊急に着陸することとなるのは、**表２－３**のような場合である。このうち最も危険な事故は、番号16の胴体着陸である。

飛行中の航空機がエンジン停止等、**表２－３**のような事故が発生した場合は最寄の空港に緊急着陸を行う。

胴体着陸の際は、次のような体制で対応する。

(1)　警戒出動

航空機に異常が発生した場合、機長からトランスポンダー（航空機識別信号装置）により緊急事態が発生した旨の信号（スコーク7700）が発信（宣言）され、無線により管制塔（コントロールタワー）にその内容が通報され、空港事務所を経由して消防機関に通報される。

化学小隊が警防本部からの特命出動指令により出動する場合は、空港事務所航空保安防災課所属の消防隊（以下「消防課消防隊」という。）とともに警戒活動に従事する。制限区域内への進入は原則として空港事務所指定のゲートから行い空港事務所（航空保安防災課）の現場責任者と打合せのうえ警戒要領を警防本部に報告して警戒活動を行う。（東京国際空港の場合）

(2)　事故機内での対応

機長から客室乗務員に事実を知らせ緊急体制に移行する。この際は、概ね次のような機内放送が行われる。

「乗客の皆様、この飛行機は、○○○の故障によって（ギアートラブルにより脚が出ない状況になっています。）このため状況によっては胴体着陸（不時着水）という事態も想定されます。皆様は、救命胴衣を着用して下さい。」等と放送する。

このような放送の後、客室乗務員は、乗客に枕

表２－３　緊急着陸の種別

番号	区　分	呼　称	警　戒　要　領　等
1	プロペラ故障	プロペラトラブル	1　着陸機を停止させる。 2　エンジンを切る。 3　迅速に消火態勢を整える。 4　搭乗者を迅速に避難させる。
2	一つ以上のエンジン停止	ワン・エンジンアウト	
3	過荷重輸送	ホットキャゴー	
4	操縦室より発煙	スモークインザコックピット	
5	燃料欠乏	ロックオンフューエル	1　着陸機を停止させる。 2　ランディングギヤの止め金を入れる。 3　航空機を牽引する。 4　消火態勢を整える。
6	降下装置故障	ギヤートラブル	
7	油圧装置故障	ハンドロリックトラブル	
8	油漏洩	オイルリーリング	1　漏洩個所を発見し防止措置を講ずる。 2　漏油を高圧注水により流す。 3　警戒伴走しながら滑走路外に牽引する。
9	ガソリン漏洩	ガソリンリーリング	
10	無線通信途絶	ノウ・レジオ・コンタクト	1　伴走警戒を行う。 2　タイヤパンクの場合。 （パンクしたタイヤ側に航空機の方向が回るので注意すること。）
11	キャブレター故障	キャブレタートラブル	
12	方向舵故障	ラダートラブル	
13	昇降舵故障	エレベータートラブル	
14	下げ翼故障	ウイングフラップトラブル	
15	タイヤパンク	フラットタイヤ	
16	胴体着陸	ベリーランディング	1　航空機の脚の故障の場合が最も危険。 2　着陸せんとする滑走路に泡消火剤を散布する。 3　伴走警戒を行う。

や毛布を配り着陸の際とるべき姿勢や緊急脱出要領等の説明をし、各緊急脱出口の近くの席につく。

なお、機内に身体障害者や子供がいる時は、付き添うようになっている。

⑶　航空機燃料の投棄等

操縦室では、管制塔に連絡して事故機の外観上の異常の確認を依頼し、管制塔近くを低空で旋回飛行し、胴体着陸すべきか否かの判断をする。その結果、胴体着陸することとなる場合は、事故機を洋上に運行して積載燃料を洋上に投棄して胴体着陸をする。

⑷　滑走路への泡消火剤の被覆

通報を受けた空港事務所では、所属の消防隊の出動を指令するともに所轄の消防機関に通報し体制をとる。

空港事務所等から伴走警戒を要請された場合は、航空機着陸直後に追尾を開始する。

消防隊は、着陸地点に移動し、直ちに消防活動に移行できる体制をとり、出動隊が相互に連携して滑走路面に泡消火剤を被覆する。使用する泡消火剤は、たん白が適する。

泡消火剤の被覆範囲は、通常の着陸地点から100mから150m後方から開始し、幅は主翼の1.5倍、長さは約200mを全面被覆し、それ以遠を斑に被覆する。被覆は化学消防車２隊以上で速度15km/hから20km/hでターレット又はハンドラインにより２回以上行い、５cm以上の厚さを確保する。

着陸は、被覆後15分程度経過した後に行うのが望ましく、着陸時の出火に備えて化学車２隊以上で伴走警戒を行う。

⑸　着陸後の活動

事故機が出火せずに無事着陸した時は、すみやかに次の活動を行う。

①　消防車両は、風上部署とし非常口を開放して搭乗者を安全な場所に避難させる。

②　機長等乗務員に指示して、電源を遮断し、バッテリーを外させる。

③　燃料パイプを閉止させる。

④　漏洩流出している燃料は、泡消火剤で覆うか高圧噴霧注水により洗い流す。

⑤　事故機周辺を火気厳禁とし立ち入り禁止の措置をとる。

４　航空機火災の救助

⑴　消　　火

既述のように航空機火災の救助は、最初の数分間がその命運を決するもので、事故機から１人でも多くの乗客等を機外の安全な場所に救助するためには、早く火勢を抑えることが先決である。

このため市街地の建物火災とは異なり、消火用水は水槽付消防車と化学消防車をペアーで出場させ水槽付消防車から送水を得ながら化学消防車により泡消火剤による消火を行う体制とし、防火服は、高放射熱の火炎に接近しての消火が想定されることから耐熱服を着用し、火勢を一挙に鎮滅させる体制で次の事項を基本とした活動としている。

①　救助隊の機内進入、救助活動を容易にするため進入路の設定及び確保を最優先とした消火活動とする。

②　泡消火剤又は粉末消火剤を主体としたターレット放射銃による主力火勢の制圧をはかり、常に胴体部分の火勢制圧をはかる。

③　前②の活動が困難な時は、救助隊と消火隊が一体となって消火剤を放射しながら進入路の確保に努め、早く胴体部分と翼部分の火炎の分断を図り、胴体を泡消火剤で包むように継続して泡放射を行う。

④　利用可能なすべて消防力を胴体部分に集中し、進入口及び翼の付け根の火炎の消火を確実に行い、胴体下部の燃料の被覆及び洗い流しを行う。（図２－16参照）

⑤　消火は、風上側又は機首側から行うことを基本とする。風向きと機体の向きが異なる時は、風上から行う。また、軍用機は風向きにかかわらず尾部から行う。

⑥　ストレート又は噴霧による注水は、現場の上級指揮者の指示による場合以外行ってはならない。

⑦　引き込まれを防止するためエンジンの空気取り入れ口から少なくとも10m、ジェット噴射による火傷を防止するため機体の後方から

図２－16

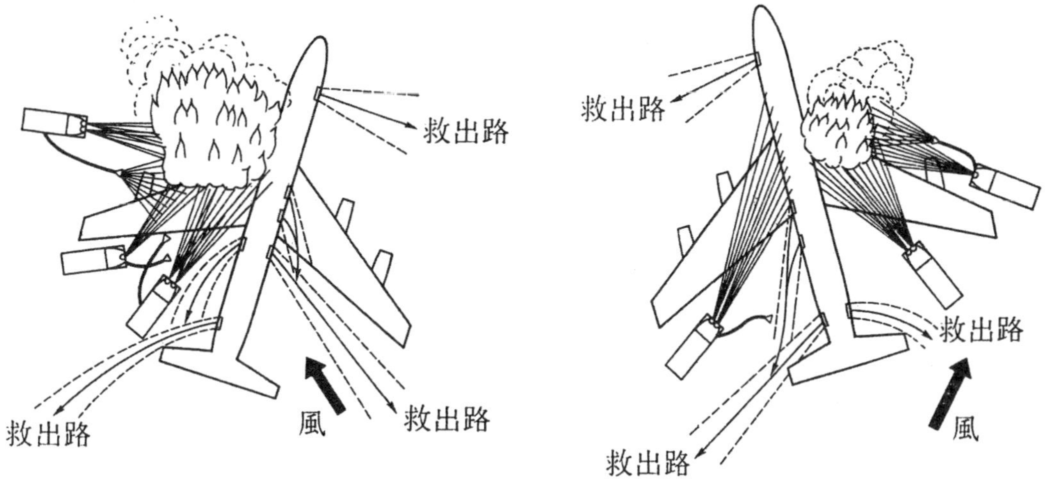

注　乗客の避難を主眼とするため胴体部を保護する。
必要ならばハンドラインを使用する。
（火災便覧より）

注　左側エンジンがまだ作動している時は、左側からの消火活動は翼の前方から行うべきである。
必要ならばハンドラインを使用する。

60m以上離れて活動する。

⑧　航空機燃料（Ｊｅｔ-Ａ１）が漏洩している場合は、引火防止の為に火気厳禁とし、隊員の化学熱傷防止に十分留意するとともに、消火直後の高温の油の中に入らないように注意する。

⑵　救　　助

飛行場内の航空機火災の消火活動は、１分間で火災の90％を鎮圧（ノックダウン）して人命救助を行い、続いて残火処理を行うことを基本としている。

救助活動は、消火隊と救助隊が一体となって、火勢の制圧に努め、これと並行して可能な箇所から胴体に接近して、非常口、出入口を開放して進入口を作り、次により救助活動を行う。

なお、非常口の開放が出来ない時は、外壁を破壊して進入口を設ける。

①　救助隊員は、耐熱性のある防火衣及び呼吸器を着装し、斧、金てこ、小刀及び梯子を携行した２人１組で活動する。

②　機内への進入は、機首又は尾部の風上側非常口を開放又は破壊して行う。これが困難な時は、カットコーナー部分（座席の肘掛より上で荷物棚の下の部分（飛行機によってはCutinと表示されている。））を切り開く。

なお、ドアは、避難用として使える時以外は開放しない。

③　航空燃料が地面に流出している時は、泡又は炭酸ガスのハンドライン等による援護のもとに機内に進入する。

④　乗客は、搭乗時に利用した出入口から避難しようとする。したがって、救助の主力はこの開口部に注がれるのが一般的であるが事態を的確にとらえ強力な規制を行い実施する必要がある。

⑤　乗客等の救出は、非常口に近い者から、また、傷病者は重傷者から行う。ただし、重傷者の救助に手間取る時は、救出容易な者から行う。

⑥　非常用シューターが使えない時は、二・三連梯子を多数架梯し、救出する。Ｂ747やA380型機等非常口が高い位置にある時は、はしご車等を活用して救助する。

⑦　救助活動の役割分担は、機内から地上への脱出までを救助隊が、機外で救護所への搬送は、関係企業等の協力者や消防団員による担架隊を編成し救護所への搬送を行い、救護所の応急救護及びトリアージは救急隊の担当とするのが効果的である。

図２－17　救出活動概念図

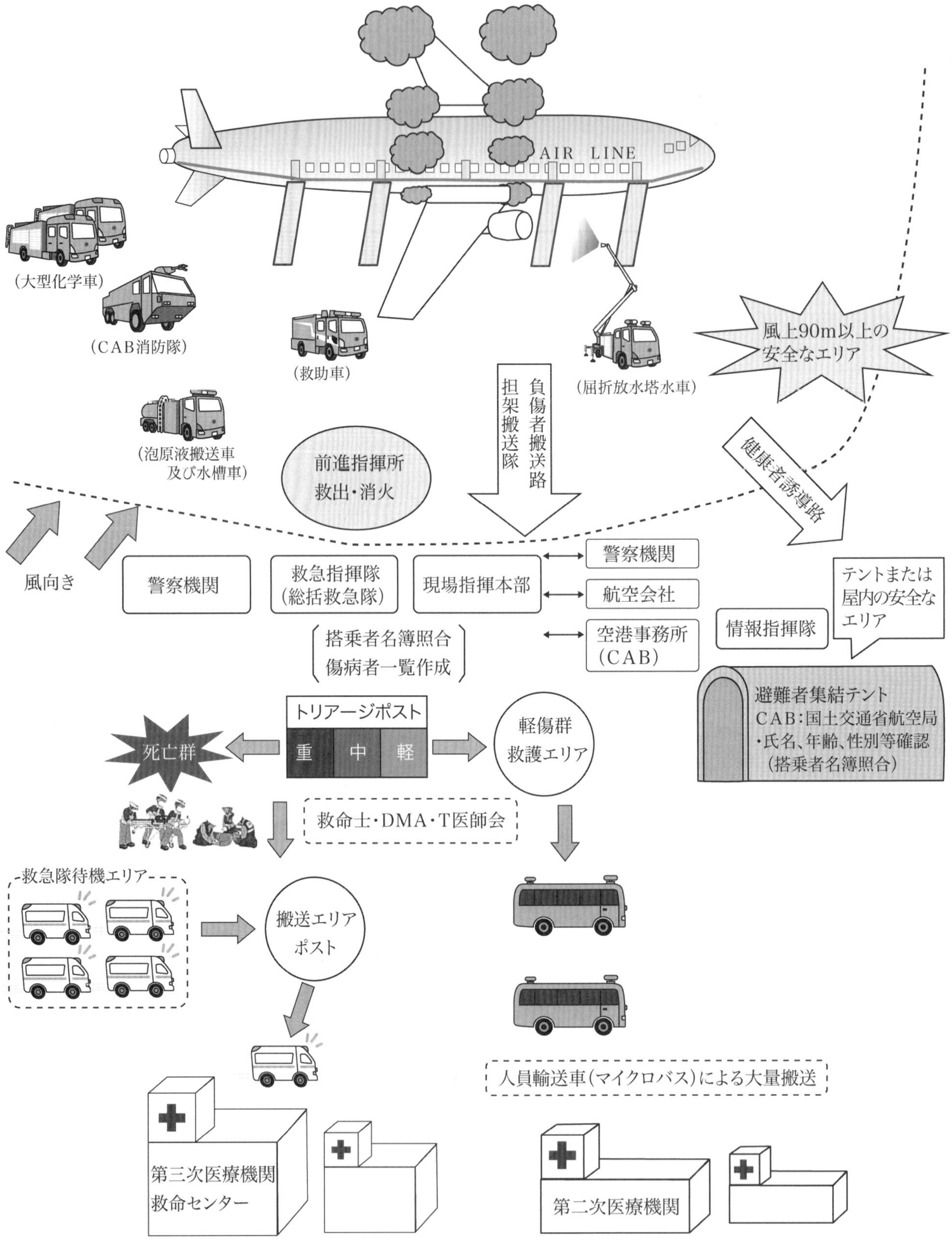

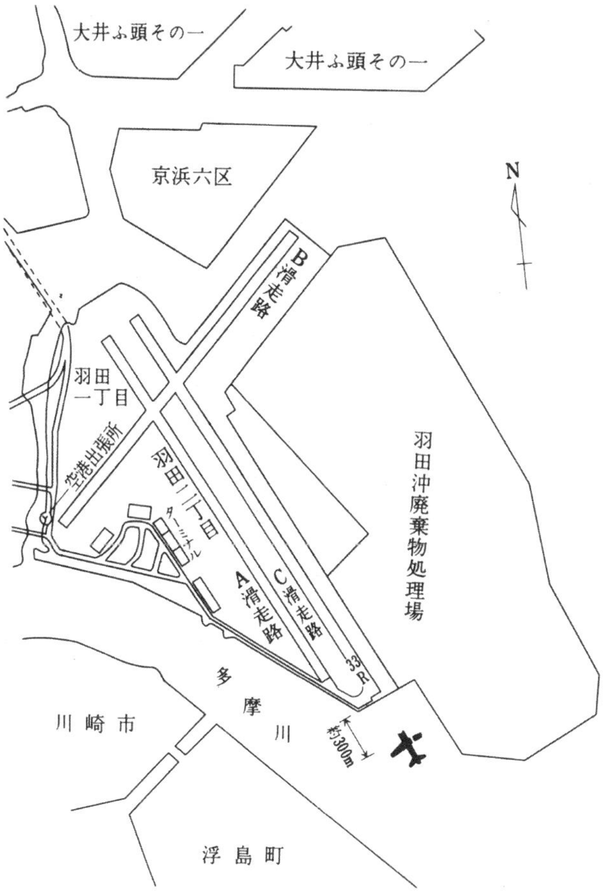

図２－18　事故当時の羽田空港付近図

５　航空機火災の救急、救護活動

⑴　事故機に近く、風上で火煙に曝されない、救急車の接近可能な位置に空港関係者の協力を得て膨張テント等によって現場救護所を設置する。

⑵　現場救護所には、救急隊のほか医師、看護師等の派遣を要請し、適切な医療措置に努める。

⑶　救護活動に際しては、傷病者の氏名、所持品等を確認し、救急救命士又は医師がトリアージを行い、その区分に従って次により対応する。

①　治療第１順位（赤色）に識別された傷病者は、救急車又は待機中のヘリコプターにより迅速に総合病院に搬送する。

②　治療第２順位（黄色）に識別された傷病者は、救急車により病院に搬送する。

③　治療第３順位（緑色）に識別された傷病者は、応急処置を行い、マイクロバス等により航空会社等が確保した施設等で待機させる。

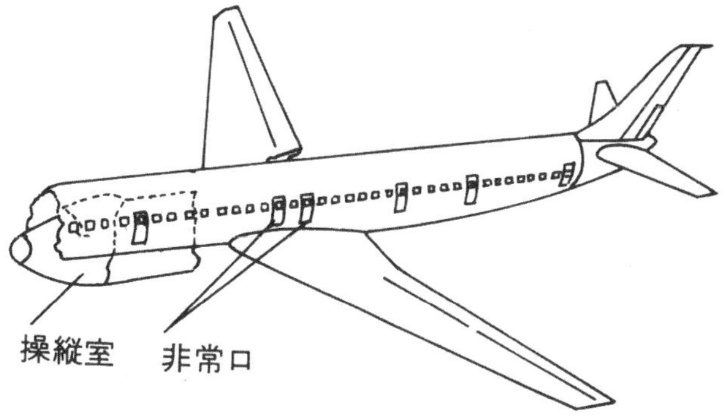

図２－19　航空機の破損状況

④　死亡者（黒色（現場の医師により死亡確認された者））は、所持品等を確認し、現場警察官に引き渡す。

⑷　搭乗者名簿と傷病者の状況を照合して傷病者一覧表を作成し公表する。

６　羽田沖墜落事故の救助活動

この事故は、33人ものホテル火災による死者が発生して大きな社会問題となった「ホテル・ニュージャパン火災」の翌朝発生したもので、東京消防庁警防担当部門ではこのホテル火災の処理と対応で混乱している最中に発生して救助活動を展開した事故であった。

事故は、昭和57年（1982年）２月９日㈫８時48分の覚知で、事故機はダグラス社製ＤＣ８－61型で乗客等174人を乗せて福岡空港を７時28分離陸し、東京国際空港（羽田）に着陸寸前に空港300m手前の海面上に墜落したものであった。

この事故による死傷者は、死者24人、傷者138人（内重篤１人、重症12人、中等症79人、軽症46人）であった。

東京消防庁では事故発生と同時に、救助隊・救急隊・担架隊（ポンプ車隊の切り替え）・折りたたみ舟艇隊・消防艇隊・化学車隊及びヘリコプター隊等117隊の部隊を投入して、救助・救急活動に当たると同時に消防相互応援協定締結市（川崎市・横浜市・千葉市）及び地元医師会に要請し対応したものであった。

救助活動は、機内からの救出は、主として特別救助隊及び水難救助隊が担当し、事故機から岸への搬送は折りたたみ舟艇及び協力を得た地元漁業組合の釣り船等により実施した。

救出された人達は機内から浅瀬に自力脱出した人49人、事故機内からの救出者は125人であった。事故機は、墜落の際、操縦室と客室部分が分離し、操縦室が客室内にめり込んでいる状況で主翼に搭載されている航空燃料（11,900Ｌ）が海面上に流出しており、この流出油のために海面上で救助活動に従事していた消防隊員65人が化学熱傷により受傷した。

救護活動は、墜落地点に近い滑走路端に受付及び応急救護所を設け、日赤及び地元医師会等130人の医療関係者の協力を得てトリアージ及び応急救護活動を実施した。

救護所では無傷者及び軽傷者は、航空会社の手配でマイクロバスにより近くのホテルに案内され、傷病者は、救急車及びヘリコプターにより都内の病院に搬送した。

なお、乗客の姓名等の確認は出発地である福岡空港に照会して搭乗者名簿のファックスを受領し、それによって確認に当たったが長時間を要した。

この事故で最も困難を極めたのは、図２－19のようにめり込んでいる部分の操縦室と客室の間に挟まれていた女性の救出作業であった。

海面には航空燃料が流出して滞留し、救助器具による溶・切断ができない状況であり、舟艇隊による引き離しも検討したが受傷者に影響を与えることから、エアソーにより機体の切断作業を実施したが、長時間を要し、消防隊員の努力の甲斐もなく、この女性は活動の途中で医師により死亡診断された。

第二節　震　災　救　助

第１　地震の予知対応と警戒

地震は、発生する場所により海溝（洋）型地震と内陸型地震に分けられる。

海溝型地震は、太平洋岸の外側地震帯に沿った海底又はその近くの沿岸に発生する地震で関東大地震のように規模の大きい地震が多い。

内陸型地震は、陸地内に発生する地震で海溝型に比べて小さいのが通例であるが震源が内陸のため市街地に近い場合には大きな被害をもたらす。この内陸型地震のうち都市の直下に、しかも浅い所に起きる地震を特に「直下地震」と呼んでいる。海溝型の巨大地震は、100年から200年の間隔で起こり、この間に直下の地震が数回起きるといわれている。

１　地震の予知

地震の発生を前もって予知することができれば事前対策を立て有効な応急対策を進めることができ人的被害は90％以上軽減することができるといわれてきた。

地震の予知は、「いつ、どこで、どの程度（規模）」の地震が起きるかを予測することである。

地震の予知手法には、

①　統計的な手法
②　測地学的な手法
③　地質学的な手法
④　地震学的な手法
⑤　電磁学的な手法
⑥　地球化学的な手法

等があり、気象庁をはじめ、国土地理院、防災科学技術研究所、海上保安庁及び各大学で研究しているが、現状では「いつ、どこで、どの程度」の三要素を正確に予知し得る段階には至っていない。

２　地震の周期性

巨大地震（Ｍ８クラスの地震）は、同じ場所で周期的に繰り返し起こることが明らかにされている。過去に巨大地震があった所で最近巨大地震の起きていない所は、将来巨大地震が起きる所であるということができる。このような所を「地震活動の空白域」と呼んでいる。

この周期性については、大正４年に東京大学、今村明恒教授が「最大級の地震が同一地方に繰り返し起こるのは、過去の地震統計から800年～1000年である」と発表したのが始めである。戦後は、昭和39年に発表された南関東「69年周期説」が有名である。

東京大学名誉教授河角廣博士の提唱によるもので、関東大震災によって被害を受けた鎌倉の大仏殿の修復計画が浮上し、国の補助によって修復することとなった。その委員会から同博士に、いつ地震がきても大丈夫な修理をするため、地震力の期待値についての調査研究依頼があった。同博士は、鎌倉の古い記録を調べた結果、最も古い地震は818年の地震で以来33個の地震があったことが判明した。

これを年代順に並べると一定の間隔があることに着目した。33個中その77％にあたる25個は69年の周期で発生し、その13年前後に総て発生している。

こうしてフーリエ変換という統計学的手法により周期性を理論づけたもので、その発生確率は、99.9％といわれ「関東地震69年±13年」の周期説として発表され、その後、国の消防審議会の依頼により東京を中心に再調査し、報告されているものである。

なお、関東大震災から69年目は平成４年であり前記の危険期とされる±13年の終期は平成17年であった。

3　東海地震説

東海地震対策は、昭和51年の地震学会に東京大学、石橋助手の研究報告に端を発して進められてきた対策である。

この要点は、東海地区は、安政東海地震以来122年（発表当時）経過しており、地殻の歪が限界に近いと推定される。そのうえ駿河湾⟷御前崎沖は、地震活動が極めて低いこと。また、この付近の地震活動が安政地震直前と類似のパターンが見られ駿河湾西岸一帯でＰ波速度が異状に低いことが確かめられている。

この結果想定される地震は、沿岸⟷天竜川河口で震度６⟷７、東京、大阪等で震度５程度。津波は、紀伊⟷房総を襲い、伊豆西岸等で大被害となる。いづれにしても東海地方にとっては、最悪の「直下巨大地震」であるから直ちに直前監視体制づくりに着手すべきとするものであった。

この結果、大規模な地震が発生するおそれが特に大きいと認められる地殻内で地震が発生した際、著しい被害が発生するおそれのある地域の防災対策を強化するため昭和53年に「大規模地震対策特別措置法」（以下「大震法」という。）が制定され、この法律の対象とする区域を「地震防災対策強化地域」（以下「強化地域」という。）として指定し、①地震観測体制の整備、②地震防災体制の整備、③地震防災応急対策について強化されてきた。

しかし、平成29年、気象庁は、東海地震について「確度の高い地震予測は困難」として、これまでの大震法に基づく地震防災対策強化地域判定会や警戒宣言の発令等の東海地震の予測を前提とする対策を、大震法に代わる新たな対応の枠組みを今後検討するとし、当面は「南海トラフ地震に関連する情報」及び「南海トラフ沿いの地震に関する評価検討会」の運用による防災対応に改められた。（東海地震に対する当面の対策については「７　地震予知に基づく防災対策の限界」参照。）

4　南海トラフ地震説

東海地方の西に接する東南海及びその西の南海地方では、Ｍ８クラスの海溝型巨大地震が100年～150年の間隔で規則的な周期性をもって発生している。

図２－20　南海トラフ地震

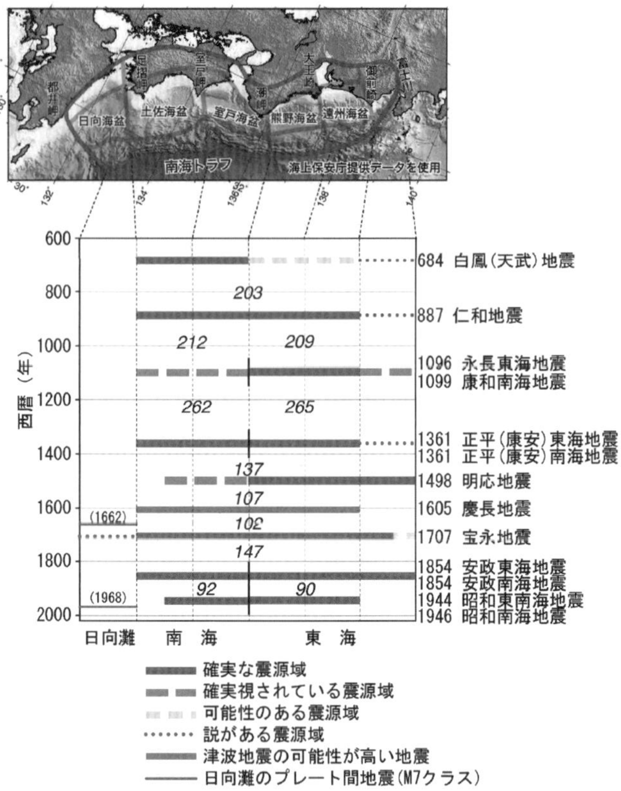

これらの巨大地震の震源域は図２－20のように東海、東南海及び南海地方の沿岸から沖合にかけて広がっており、地域的な区分を保ちつつ巨大地震が連動して発生するという特徴がある。

最近では、1944年に「昭和東南海地震」（M7.9）と1946年の「昭和南海地震」（M8.0）が起こり、揺れや津波で合わせて2,500人以上が死亡している。代表的な例としては1707年の「宝永地震」（M8.6）で、駿河湾奥から四国にかけて東海、東南海及び南海地方沿岸一帯が同時にゆれ動き巨大な断層運動に伴って発生したものといわれている。この地震は、静岡県から四国沖にかけての長さ約1,000kmにおよぶ南海トラフを震源とする地震で震源域が駿河湾沖なら「東海」愛知県から和歌山県東部沖にかけてなら「東南海」和歌山県西部から四国沖の場合は「南海」と呼ばれている。今後30年以内に起こる確率は、東南海地震が70％、南海地震は60％と予測されている。

この地域も、今のところ地震の予知が困難なため、巨大地震に備えて避難道路の整備や公共施設の耐震化のような総合的な防災対策の強化や住民への啓発等を目的として対策を進めている。

5　日本海溝地震説

北海道、東北にかけての太平洋沿岸で今世紀初めに予想されるＭ７～８クラスの大規模地震に備えて「東海」「東南海」に続き「日本海溝・千島海溝周辺海溝型地震に係る地震防災対策の推進に関する特別措置法」（平成16年４月）が制定された。

宮城県沖地震（M7.5前後）は平成16年当時、30年以内に起こる確率が99%、茨城県沖は、90%と予想され、その他の地震発生確率も図２－21のように高いことから次のような対策を進めようとするものである。

①　三陸沖の海底ケーブル式地震計の設置
②　地殻変動観測点の増強
③　津波被害想定地域の指定と指定地域内の病院、百貨店、鉄道事業者等による津波避難計画の作成と体制の整備等
④　積雪寒冷地対策の推進
⑤　防災無線、携帯電話関係の整備　等

しかし、平成23年３月11日㈮の東北地方太平洋沖地震（東日本大震災）では、日本海溝一帯で考えられていた８つの震源域の内、６つの震源域が連動して動きM9.0の巨大地震となった。断層の破壊は、宮城県牡鹿半島沖の震源地から始まり、60秒間にわたり徐々に拡大した後、南北方向にわかれて進行（継続時間170秒）し、長さ460km、幅150kmの断層が動いた。

6　海溝型地震の発生メカニズム

海溝型地震の発生メカニズムは、いずれの場合もほぼ同様な経過を辿ると考えられるが東海地震のモデルによれば図２－22のように説明される。東海地方では、フィリッピン海プレートが毎年３～４cmの割合で北西に移動し、沈み込んでいる。

このプレートの沈み込みによって東海地方を乗せたユーラシアプレートの先端部（上盤は、下方に引きずり込まれる。

このため上盤の歪みが蓄積されて、これが限界に達すると急激に跳ね返り、東海地震が発生するとされている。

地震発生と同時に大津波も発生する。

通常フィリピン海プレート（下盤）とユーラシアプレートは接着しており、この部分を固着域といわれているが、上盤の歪みが限界に近づくと固着域に緩みが生じ上盤と下盤の境界がわずかずつ

図２－21　北日本太平洋側の主な大地震の30年以内の発生確率

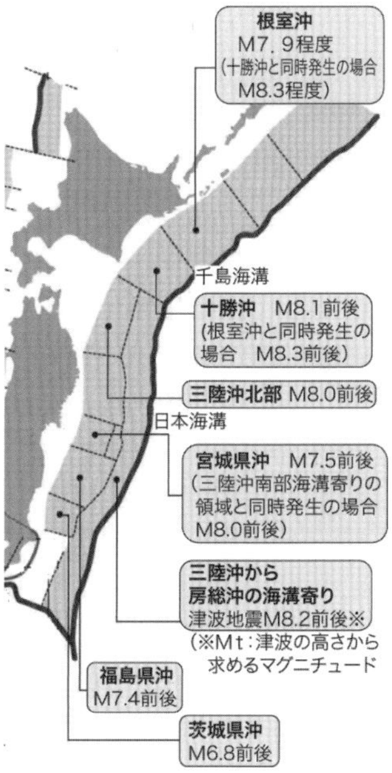

図２－22　東海地震が発生するまで

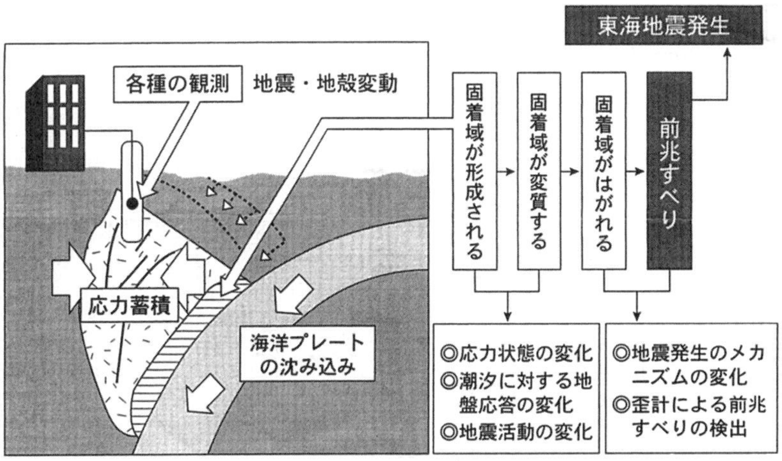

（気象庁資料より）

剥れてくる。

　さらにこれが進むとこの境界部分にすべりが生じ、上盤がゆっくりと跳ね返り始める。

　この前兆滑り（プレスリップ）は、急激に加速して拡大し、巨大な断層運動を起し、巨大地震が発生する。

7　地震予知に基づく防災対策の限界

　前３で述べたとおり、約40年にわたり地震予知が可能であることを前提とした大震法に基づく東海地震対策が、予知困難という最新の知見に基づき平成29年に見直され、大震法に代わる新たな対策が整備されるまでの間、南海トラフ沿いで前震や地殻変動などの異常現象が発生した場合、最短２時間後に大規模地震発生の恐れが高まったかどうかの評価を発表する新たな情報発信態勢の暫定的な運用が平成29年11月１日からスタートした。（以下、気象庁報道発表資料より）

「南海トラフ地震に関連する情報」の発表について

　気象庁は、以下の場合、「南海トラフ地震に関連する情報」を発表する。このため、南海トラフ全域を対象として地震発生の可能性を評価するにあたって、有識者から助言いただくために、「南海トラフ沿いの地震に関する評価検討会」を開催する

情報名	情報発表条件
南海トラフ地震に関連する情報（臨時）	・南海トラフ沿いで異常な現象[※1]が観測され、その現象が南海トラフ沿いの大規模な地震と関連するかどうか調査を開始した場合、または調査を継続している場合 ・観測された現象を調査した結果、南海トラフ沿いの大規模な地震発生の可能性が平常時と比べて相対的に高まったと評価された場合 ・南海トラフ沿いの大規模な地震発生の可能性が相対的に高まった状態ではなくなったと評価された場合
南海トラフ地震に関連する情報（定例）	・「南海トラフ沿いの地震に関する評価検討会」の定例会合において評価した調査結果を発表する場合

○本情報の運用開始に伴い、東海地震のみに着目した情報（東海地震に関連する情報）の発表は行わない。

○本情報を発表していなくても、南海トラフ沿いの大規模地震が発生することもある。

※１　南海トラフ沿いでマグニチュード７以上の地震が発生した場合や東海地域に設置されたひずみ計に有意な変化を観測した場合など、気象庁が調査を開始する対象となる現象。具体的には、次のとおり。

○気象庁が調査を開始する対象となる現象
・想定震源域[※2]内でマグニチュード7.0以上の地震が発生 ・想定震源域[※2]内でマグニチュード6.0以上の（或いは震度５弱以上を観測した）地震が発生し、ひずみ計[※3]で当該地震に対応するステップ状の変化[※4]以外の特異な変化を観測 ・１カ所以上のひずみ計[※3]で有意な変化を観測し、同時に他の複数の観測点でもそれに関係すると思われる変化を観測している等、ひずみ計[※3]で南海トラフ沿いの大規模地震との関連性の検討が必要と認められる変化を観測 ・その他、想定震源域[※2]内のプレート境界の固着状況の変化を示す可能性のある現象が観測された等、南海トラフ沿いの大規模地震との関連性の検討が必要と認められる現象を観測

※２　想定震源域：南海トラフ地震の想定震源域（中央防災会議、2013）。

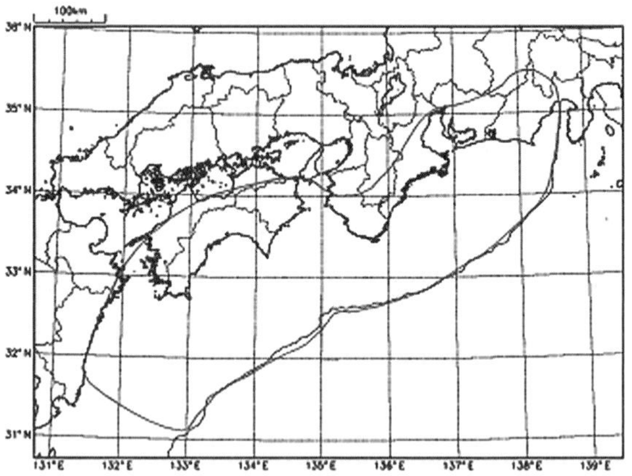

※３　ひずみ計：当面、東海地域に設置されたひずみ計を使用。

※４　ステップ状の変化：地震発生時に通常観測される段差的な変化

　上記は、今後の検討により見直されることがある。

第２　突発地震の様相

ある時、突然の地鳴りとともに激烈な振動に見舞われ、直下の地震では突き上げや投てき現象が起り、屋内では家具類の転倒、滑動、ガラスや食器類の破壊等があり、屋外では建物の倒壊、地滑り、道路の亀裂、陥没、橋梁の落下、危険物・毒劇物の漏洩、流出、地下埋設物の破壊等あらゆる施設や設備が被害を受け、舞い上がる埃等によって日中でも一瞬薄暗くなる。

これが市街地における震災初期の様相である。また、これに続いて多くの火災が発生し、津波の襲来、漏洩ガス等による中毒等の二次災害の発生へと複雑に関連して連鎖的に拡大していく、この結果多くの人達が死傷する。

ただ、地震による被害は、地震の規模と強さが同じでも地盤特性、発生時間、人口や建物の密集度等、都市の特性によって被害の程度は大きく違ってくる。

また、地震が発生するまでに、施設や設備にどのような手を打っていたかという予防対策と地震が発生した後、人々がどのような対応をしたかによっても違ってくる。

地震後、同時多発する種々な災害について、どの時点でどのような手を打つのが適切なのかは、シミュレーションモデルによって検討し、対策を進めることが望ましいが、現象的に未解明な部分や定量化のできない部分もある。

特に行動科学的な部分は、地域の風土、環境条件、防災意識及び発生時の構成等によって変わるため複雑になり、実用には至っていない。

第３　震災の特性

各々の災害に共通する特性については、第一章第四節「現場活動」の項（46頁）で述べた。

ここでは、特に救助活動上強調しておくべき事項について述べる。

１　震災の突発性

日常起こる火災は一点から起こり、これが拡大して大きな被害をもたらす。また、風水害は前兆現象があって被害が起こるが、地震は何の前触れもなく、ある時突然地面が揺れて、建物の倒壊や火災の発生等が広域的に起こり修羅場と化する。

阪神・淡路大震災では、全・半壊家屋約25万棟、崖崩れ378カ所、火災285件（内、神戸市内は175件で、地震直後に起こった火災は約30件）、死者6,434人（このうち約90％の人達は、地震直後に死亡したと推定されている。）負傷者43,792人もの被害を出している。

２　広域性と同時多発性

地震には巨大地震となる海溝型地震と陸地の地下で起こる直下の地震がある。

海溝型地震は、関東大震災や東日本大震災のように被害が広範囲に及ぶ。大正12年（1923年）９月１日㈯発生した関東大震災の震源地は相模湾であったが、大きな被害を受けた範囲は東京を中心に半径100kmに及び、静岡、神奈川、東京、千葉の４都県にわたって大きな被害を被っている。最近の研究によれば、関東地方ではこのような突発的な巨大地震の起こる可能性は低く、巨大地震が起こる前に数回直下地震に見舞われるだろうとされている。

一方、直下地震は、平成７年（1995年）１月17日㈫に発生した阪神・淡路大震災や平成28年（2016年）の熊本地震のように被害範囲は限定されるが、局地的に甚大な被害を受けるという特徴がある。

直下地震は、マグニチュード5.2～7.2、震源域の深さ20km以内に分布しており、甚大な被害を受ける範囲は、震源あるいは断層面から10km以内（震度６以上の範囲は、半径30km以内）である。

阪神・淡路大震災での災害の同時多発状況は、前１から推定されるが、震災直後の激甚地域での差し迫った救助対応状況について、神戸市消防局東灘消防署の隊長は「地震直後二十数人の近隣住民が消防署に駆け込み、阿鼻叫喚の様相を呈した。

“聞くだけ聞いて来んのか”と耳元で叫ぶ人もいた。

現場には、“２人が埋まっている”と私の手、服、襟首までつかみ現場に連れて行こうとする。

聞けば５カ所に８人が生き埋めだ。私は『この体を５等分してくれて結構だ』と答え、防災活動に入った」（毎日新聞より）と答えている。

阪神・淡路大震災で、家屋が倒壊し、瞬時に瓦礫の下敷きになった人は、約16万４千人と推定されている。

３　災害の複合性と大規模性

地震によって建物が倒壊したり、その建物から火災が起きる。その結果、多くの人達が罹災して我が家を失う。このため役所は、それらの人達への避難施設の提供や生活用品、食糧等の支給が必要になる。

また、同時多発した火災は、初期消火ができずに拡大し、神戸市長田区のように街全体を焼失するという火災になったり、阪神高速道路３号線の倒壊のように誰もが全く予想できなかった大きな被害をもたらす。

神戸市内の被災状況（阪神・淡路大震災）

第４　震災対処業務と震災継続時間

１　震災対処業務

地震による被害の程度は、概ね次の３つの条件によって決まる。

①　発生する地震の大きさと震源からの距離

②　都市の規模と特性（市街地の規模、地盤の強弱、構造物、施設の老朽度等の条件）

③　発生する時機（季節、曜日、時間、気象条件）

一方、震災による人的被害の特色は、次の３つに分けられる。

①　阪神・淡路大震災のように揺れによって構造物との激突や下敷き等によって起こる圧死者、負傷者

②　関東大震災のように火災によって起こる焼死・中毒死等

③　北海道南西沖地震・日本海中部地震や東日本大震災のように津波等の水害によって起こる溺死者等

このように分けられる。しかし、都市をこのように性格分けして対策を進めることは困難で、地方公共団体の具体的な震災対策は次の図のように、震災が起こる前に進めておく震災予防対策、と震災後にその被害を最小限にとどめるために行う震災応急対策及び被害を受けた構造物の修復や改造等を行う復旧、復興対策に大別して進められている。

基本的な震災対策は、被害想定をもとにして、都市を防災的に改造して地震に強い街を造ることにある。

しかし、施設や設備をあらゆる地震に耐え得る構造にするには限界がある。

その地域の特性が分かり十分な投資を行い、時間をかければ技術的には不可能ではないが、経済性や構造物としての機能性、日常活動の効率性等を考えると現実的ではないといえる。

また、被害想定については、大都市での震災経験が少ないことから被害の定量化が困難なものもある。

このような事情から、予防対策として地震に強い都市づくりや社会づくりをしながら、これと併せて危機に直面した時の対処方策を進めるという考え方で対策は進められてきている。

地震発生直後、応急的に被害を最小限度に止めるための対策は、国、地方公共団体、企業及び地域住民が一致協力して進めることが必要である。本書では、これを危機対処業務と呼んでいる。

危機対処業務は、図２－24のように分類できる。

図2−24　危機対処業務体系図

危機対処業務

- 事前の業務
  - ○警　戒…地殻変動の観測
  - ○避　難…勧告、指示、誘導等
  - ○点　検…施設、設備の点検、防護
  - ○出動の準備…消火、救助、救急の出動準備
- 応急活動業務
  - ○防災活動…津波防災、消火、救出、救急
  - ○情報活動…収集、伝達、広報
  - ○警　　備…防犯、パニック予防、交通規制
  - ○避　　難…勧告、指示、誘導、避難所生活支援
  - ○緊急輸送…道路啓開、車両の指定、救援物資等の輸送
  - ○広域応援…防災活動、輸送、警備等の補完業務
- 事後の業務
  - ○帰宅困難者対策…輸送、食糧、宿泊施設等の確保
  - ○被災者生活支援…収容施設、炊き出し、日用品の供与、仮設住宅
  - ○医療、助産等…医療、助産、防疫、予防医療
  - ○ゴミ、瓦礫等の処理…ゴミ、瓦礫の処理、清掃、障害物の除去
  - ○生業資金の給・貸与…生業資金、資材の給・貸与
  - ○応急教育…被災児童への学用品の給・貸与、応急教育
  - ○罹災施設の復旧…罹災住宅の修理、設備の応急復旧
  - ○死体の処理…捜索、収容、埋・火葬

このうち「事前の業務」欄に掲げた事項は、主として東海地震を想定した警戒宣言発令時の対処業務で、「応急活動業務」欄に掲げた事項は、火災の消火や生き埋め者の救出等それを放置すると、被害が拡大し又は悪化するおそれのある事案に対処するための業務である。

また、「事後の業務」欄に掲げた事項は、主として災害救助法によって措置される被災者の救済に関する業務である。

2　時系列変化

前1で明らかなように応急的な防災活動は、発災直後から同時に行うことになることから地震による被害はどのようにして拡大し、終息するかを時間を加味した一つのスパンとしてとらえ総合的に検討しておくことが必要である。

震災の展開区分には種々な提案があるが、筆者は表2−4のように区分している。

ただ、実際の災害は、このような区分どおり起こるとは限らないが、過去の事例から推定したものである。

表2−4　震災時の時系列変化

区分	被災期	混乱期	防災活動期	救援期	応急復旧期	復旧期
経過時間	発災〜10分間	10分間〜1時間	1時間〜3時間	3時間〜3日間	4日間〜7日間	8日間以降

⑴　総　　括

① 被災期

地震の兆候が現れ、突如として轟音とともに上下、左右に大きく揺れ、市街地が一瞬のうちに破壊されて修羅場と化して、人的、物的被害が一挙に発生する時機である。

揺れそのものは1分内外であるが、倒・破壊、余震等を考えると10分程度は呆然としている時機で、我が身の安全を確保し、出火防止や身辺で下敷きになった人達に救助の手を差し伸べる時機である。

この時機に対処すべき心得は、

㈠ 地震だ！まず身の安全（揺れを感じたり、緊急地震速報を受けた時は、身の安全を最優先に行動する。）

㈡ 落ち着いて、火の元確認、初期消火（火を使っているときは、揺れが収まってから、あわてずに火の始末をする。）

㈢ あわてた行動ケガのもと（瓦、窓ガラス等が落ちてくるのであわてて外に飛び出さない。）

㈣ 窓や戸を開け出口を確保（揺れが収まったら避難口を確保する。）

㈤ 門や塀には近寄らない（屋外で揺れを感じたら、ブロック塀などには近寄らない。）

（東京消防庁「地震　その時10のポイント」より）

② 混 乱 期

激烈な振動が地震によるものであることがわか

って我に返り、予想もしなかった事態に頭は混乱し、悲鳴が続き、大声を出し合ったり、屋外に飛び出す等の挙動がみられ、冷静な人は、身の回りの応急措置や復旧に手をつける時機である。

この時機は、身の回りの応急措置と周辺の被害状況を把握し、全般的な情報収集と身近な人達の安否確認に当たる時機である。

津波は、この時間帯に襲うことがほとんどである。

この時機に対処すべき心得は、

(ア)　戸外では、頭を保護し、危険なものから身を避けよ

(イ)　百貨店、劇場等では、係員の指示に従って行動を

(ウ)　自動車は左に寄せて停車、規制区域では運転禁止

(エ)　山崩れ、崖崩れ、津波に注意

等である。

③　防災活動期

家具類や軽易な構造物に挟まれたり、下敷きになった人達は、救出され病院に駆けつける時間帯であり、行方不明者の捜索や救出活動の行われる時機である。

余震は、一般的に大きな地震になるほど回数も大きくなり、規模も大きいが本震の２分の１以下であり、時間の経過とともに規則的に減少していくが、場所によっては本震と同じ程度の揺れになることがある。

火災は、大部分消火されるが、この時機に消火できない火災は、大火になるおそれがある。

関東大震災の際、本所、深川、浅草等では、この時間帯に火災旋風が発生し、多くの犠牲者を出した。

全壊、全・半焼家屋の居住者は、避難を開始する時機である。

この時機の心得は、

(ア)　避難は徒歩で、持ち物は最小限度に

(イ)　デマで動くな、正しい情報で行動を

である。

この時間帯を過ぎれば、火災旋風等の特殊な災害を除いて、生命への危険は一応去ったとみることができる。

④　救援期

３～５時間で、近隣市町村の消防隊が応援に駆け付け消火、救助活動が集中して行われるようになる。

延焼拡大した火災は、地域によっては合流火災になったり、火災旋風発生の可能性があることを想定して対応すべきである。

救出された死傷者も病院に一斉に担ぎ込まれる時機であり、自衛隊の災害救援活動も開始される。

また、避難所の開設、食糧、応急的な備蓄日用品の支給、ボランティアの支援活動等も開始される時機である。

⑤　応急復旧期

この時機になると、公園等に設置された仮設テント村に代わって、仮設住宅が建設されるようになる。

地下鉄は、ほとんど開通し、電気も50％前後復旧する。

また、幹線道路の啓開、鉄道機関途絶による代替バスの運行も開始される。

避難所生活者も、その一部の人達は自宅に戻り生活することとなり、井戸水利用家庭への「水の安全パトロール」が開始される。

⑵　火　　災

関東大震災の際、地震動によって全半壊した建物は212,486棟で、その建物等の下敷きになって死亡した人は11,086人であったが、その後発生した火災により焼失した建物は212,353棟で、火災による死者は全体の87％の91,781人に達している。（諸井孝文、武村雅之）

一方、阪神・淡路大震災の際、地震動によって全半壊した建物は249,180棟で、死者は6,434人であった。このうち火災による死者は559人で震災による死者の8.7％であった。

火災の出火時間について検討してみると阪神・淡路大震災以前の地震火災は地震発生後１時間以内にほとんどの火災が発生していたが、阪神・淡路大震災では震災当日だけでなく震災後10日間も火災が起こっていた。

この原因は、電気に起因するもので、**表２−５**のとおり神戸市の火災175件の19％に当たる33件が電気に起因する火災であった。

表２－５　地震火災出火原因一覧

地震名	関東 大震災 T 12.9.1(土) 11時58分		福井 地震 S 23.6.28(月) 16時13分		新潟 地震 S 39.6.16(火) 13時01分		十勝沖 地震 S 43.5.16(木) 9時49分		宮城県沖 地震 S 53.6.12(月) 17時14分		日本海中部 地震 S 58.5.26(木) 11時59分		釧路沖 地震 H 5.1.15(金) 20時06分		阪神・淡路 大震災 H 7.1.17(火) 5時46分	
原因	薬品	44	かまど	8	原油	4	灯油ストーブ	20	薬品	3	原油	1	石油ストーブ	3	電気関係	33
	かまど	33	薬品	5	薬品	2	石炭ストーブ	8	電気関係	2	電子ライター	1	炭火	2	放火及び疑い	8
	こんろ	15	工業炉	4	プロパンボンベ	1	灯油コンロ	8	原油	2	マッチ	1	電気ストーブ	1	石油ストーブ	5
	ガス	9	家庭炉	3	油鍋	1	薬品	4	再燃	1	不明	1	石炭ストーブ	1	ガス関係	7
	油鍋	5	七輪	2	風呂	1	電気関係	3	マッチ	1			電気関係	1	薬品類	2
	漏電	1	飛び火	2			プロパンガス	2	可燃物	1			薬品	1	その他	12
	倒壊・その他	56	風呂	1			練炭コンロ	1	落下ガスタンク	1			ガスストーブ	1	不明	108
			マッチ	1			灯油バーナー	1	煙突	1			不明	1		
			不明	3			不明	3								
火災件数	163 （東京都）		29 （福井市）		9 （新潟市）		50		12		4		11 （釧路市９、帯広市２）		175 （神戸市）	

これらの火災はいずれも発災翌日以降に発生したもので、火災に至った経過をみると地震によって、室内の物品が散乱し、使用中の電気器具が転倒したり落下した状態等で停電し、これを放置したまま避難した。この間に通電されたために可燃物と接触していた電気ストーブや電気コンロの熱源によって出火したものと推定されている。

消防隊の活動は、倒壊建物等の救助活動に先行して市街地内で起こる火災の消火に当たっている。元々消防隊は、日常単発的に起こる火災の消火を目的として整備されているもので、震災のような広域的で同時多発する火災を対象として整備されているものではない。

これをある程度補完する制度として、16頁で既に述べた「緊急消防援助隊」制度が創設された。阪神・淡路大震災の際は、まだ、この制度が創設されていなかった。そのため消防庁の要請によって全国の消防隊が応援に駆け付け、次のような消防活動を展開した。

① １月17日10時頃から隣接する三田市、大阪市、京都市等の消防隊が到着し、活動を開始、同日24時には応援消防隊182隊に達し、地元の消防隊を含めると250隊以上の消防隊により当初、消火活動を中心とした活動を行い、鎮火した地域から順次倒壊家屋内の救助活動に当たっている。

② 18日未明には、応援消防隊は、400隊に達し、最終的にはポンプ車隊約500隊により消防活動が展開された。

③ 神戸市内で多くの部隊を投入して消防活動が展開された火災は60件で、焼損面積は601,170㎡に達し、18日午前８時頃すべての火災が鎮火した。（地震発生から28時間後）

表２－６　焼失面積15ha以上の過去の大火における延焼継続時間

延焼継続時間	大　火　事　例
6（時間）	能代（昭31）、大館（昭31）、福井（昭23）
7	魚津（昭31）、函館（昭９）
8	新潟（昭30）
9	鳥取（昭27）
12	酒田（昭51）
13	静岡（昭15）
46	東京（関東大震災）（大12）

阪神・淡路大震災時の市街地火災の延焼拡大状況

表２－７　阪神・淡路大震災による救助対象者一覧

区　分	倒壊家屋等閉じ込められ者	自力脱出者	住民等による救助者	消防・警察・自衛隊による救助者
人　員	164,000人	129,000人	27,100人	7,900人
率	100%	78.7%	16.5%	4.8%

なお、我が国の市街地大火の延焼継続時間は、前頁の表２－６のとおりである。

⑶　救　　助

阪神・淡路大震災の際、家屋や家具類等の下敷きになったり、中に閉じ込められた人達は、一時16万４千人に達したと推定されている。このうち死傷者は軽症者を含めると４万９千人であった。また、閉じ込められた人達のうち自力で脱出した人は12万９千人で、残る３万５千人は救助対象者で、このうち7,900人は消防、自衛隊等が救助しているが、残る27,100人は住民や付近にいた人達の協力で救助されている（表２－７参照）。

一方、神戸市消防局等の消防隊が、震災当日から６日間に救出した被災者は、表２－８のように1,876人であったが、このうち生存者は32.9％であり、震災当日の救助者の生存率は、74.3％と高率を示し、その後、日時の経過とともに生存率が低下する。

表２－８　消防隊による救助人員一覧

	救助人員	生存者	死亡者	生存率
17日	533	396	137	74.3%
18日	443	123	320	27.8%
19日	455	70	385	15.4%
20日	203	18	185	8.9%
21日	152	6	146	3.9%
22日	90	4	86	4.4%
６日間計	1,876	617	1,259	32.9%

救助活動に当たった消防隊員によると、地震発生後３時間以内に発見し救出された人達は、ほとんど生存していると説明している。

ただ、監察医による死体検案の結果では、地震発生直後（５時47分）から６時までの13分間に91.9％の人達は死亡していたものと推定している。いずれにしても閉じ込め者等の生存率を高め、傷病程度の軽減を図るためには、身近にいる人達が協力し合って少しでも早く救出して医療機関に搬送し、医療措置を施すことが大切である。

建物の構造別の救助所要時間については、消防隊の活動記録から「1995年阪神・淡路大震災における応急救助所要時間の検討」（山口大学　村上ひとみ）の報告がある。この報告によると、

①　ＲＣ構造からの救出は、平均188分／人で、木造建物（84分／人）の２倍の時間を要している。

②　同じ木造でも文化アパート、長屋等は戸建住宅より２倍以上の時間がかかる。

③　耐火造のマンションでは、救出１人当たり、出動が21時間／人で最も長時間を要しており、救助隊が５人で活動するとすれば１人を救出するのに4.2時間要したことになる。

⑷　震災継続時間

前⑶で述べたように閉じ込め者や下敷きになった人達等の生存率は、３日を過ぎると激減し、救助活動の継続期間は、概ね１週間前後とみることができる。

しかし、震災によってインフラ施設（産業、経済活動の基盤となる施設、設備等で、鉄道、道路、電気、ガス等の施設をいう。）がその機能を停止している間は、企業の産業、経済活動、被災地の生活に障害を与え混乱状態が続き、間接的な被害の拡大期間である。

インフラ施設の復旧は、復旧体制と都市の規模等によって異なるが、一般的には電気、電話、一般道路、上下水道、鉄道、ガスの順に復旧し、地域的には被害の軽微な地域から激甚地域に向けて段階的に復旧していく。

次頁の表２－９は、阪神・淡路大震災による復旧状況を防災白書（平成７年版）から引用したものである。

また、表２－10は、震度地域別のライフラインの復旧状況である。

ライフラインの復旧作業は、被害の軽微な外周

表２－９　阪神・淡路大震災における復旧所要日数

種　　別		継続日数	摘　　　要
火　災		28時間	延焼拡大火災58件18日午前10時全火災鎮火
一般道路		７日間	ひび割れ及び段差の修復
高速道路		52日間	阪神高速３号線、湾岸線５号を除く
鉄　道		52日間	山陽新幹線、東海道新幹線開通
工業用水道		52日間	復旧通水
下水道		73日間	復旧通水
港湾	岸　壁	14日間	応急復旧公共岸壁150バース中107バース利用可能
	バース	40日間	

表２－10　震度地域別ライフライン復旧状況

震度／種別	4	5	6	7
電　気	―	0.5日	１日	７日
ガ　ス	一部停止	30日	60日	70日
水　道	一部断水	３日	33日	45日
電　話	一部不通	１日	３日	５日

地域から進められ、最後に災害激甚地域が実施される。

第５　大火の性状

出火建物内の延焼性状については、前節（火災救助）で述べてきたが、木造建物の連なる市街地では、地震によって火災が多発する。これを放置すると隣接する建物に次々と延焼し、やがて街区火災（道路・河川、鉄道敷等によって囲まれた街を一つの単位として延焼拡大する火災）となり、異状な現象になって多くの死傷者が発生することがあり、大火の性状を把握しておくことが必要である。

１　火　　流

普通の火災では、火炎の長さは短く、火炎による延焼は棟が接近して建つ隣棟に限定されるが、大火になると炎は著しく大きくなり、これが風下への延焼に大きく作用する。

関東大震災の時は、火流が隅田川（幅約180m）を渡ったといわれ、昭和31年の魚津大火では、写真撮影された火炎を実測したところ45mであったと報告されている。

火炎は、風が加わると吹き倒れて炎の流れ「炎流」になり、さらに強く吹くと地面をはうようになる。

これを「火流」と呼んでいるが、火流の性質を要約すると次のようになる。

①　火流は、同時炎上面積が大きくなるほど大きくなり、風速が強くなるほど長くなる。

②　火流は、風の息（風は同じスピードで連続して吹き続けるものではなく、休止したり、強く吹いたりを繰り返す。この休止した時を「風の息」と呼ぶ。）により傾斜したり、立ち上ったりを繰り返す。

③　烈風時には、火炎が地面をたたきつけるようになり、火炎先端部では、多量の火の粉を噴出させる。

④　火流は、時にはバーナーの火のようになって、風下の建物に吹きつけて瞬間的に隣接建物に着火する。

風速別火流の長さ

風速m/s	2	4	6	8	10	12	14	16	18	20
火流の長さm	14	17	24	33	44	55	70	88	109	130

２　飛 び 火

火災現場の上空は、高温の上昇気流ができて、火災によってできた熱や煙、有毒ガス及び火の粉等を風下に運ぶ役目をする。

関東大震災では、地震によって発生した火災は旧東京市内で163件であったが、この火災が拡大していく過程で飛び火による火災が70件も発生し、下町のほとんどが焼失した。

飛び火には、たき火等から飛び火して火災の原因となる「原因飛び火」と、炎上中の建物から吹き上がる火炎や熱気流に乗って上昇し、風下等に落下して可燃物に着火して炎上する「大火飛び火」があるが、この大火飛び火が問題になる。

多くは、木造建物の屋根瓦の焼け落ちや燃焼して倒壊する際に、急激な上昇気流によって火のついた構造物の破片や炎が吹き上げられ、風下一帯に落下して着火する。

飛散範囲は、風下概ね30度の角度で400m以内に落下して着火することが多い。

着火箇所は、屋根面が44％、羽目板・下見板等の外壁が19％、軒先13％が主な着火箇所である。

3　火災旋風

関東大震災の際は、積乱雲ができ、大火に伴って方々で火災旋風が発生している。東京では約100件、横浜では30件発生し、小田原や真鶴でも発生している。

本所被服廠跡で発生した旋風が有名で、区内唯一の安全地帯として約２万坪の敷地に、約４万人の群衆が搬出した家財道具とともに殺到し、敷地外にも１万人余にのぼる群衆がひしめきあっていた。

そこに午後３時半頃から午後７時頃にかけて、３方向から燃え迫る合流火災とともに大旋風が頻々として起こり、遂に３万８千余人の焼死者を出すに至ったものである。

震災のように同時多発性の大火が発生し、いくつかの街区火災になると、火災域全体から放出される膨大な熱量のためにその周辺の気流の乱れや火災嵐及び火災旋風等が出現する。

このうち火災嵐は、空襲火災の際、広島や和歌山でみられた現象で、同時多発性火災の際、嵐状の烈風を伴って迅速に延焼するが、まれに出現する現象である。

火災旋風は、同時多発性火災の時にできる大きな旋柱である。

大火が同時多発した時は、空気の対流活動が活発になり、高い対流柱ができて、火災の中心に向かう強い風が誘起され、その周辺に強い旋回流と上昇気流を伴う火災旋風がしばしば起こる。

日常起こる大火の場合にも、火災旋風は起こることがあるが、その規模や激しさは、同時多発性火災の場合に劣り、継続時間も短い。

火災旋風は、風速が３～７m/sの強さの場合に発生することが多く、大きなものは高さ200m～300m、上昇速度は15m/s内外で、旋風は40～70m/sといわれ、移動の進路は一定していない。また、火災旋風は二以上の火災が合流してできる場合と、一つの火災が拡大してできる場合がある。

火災旋風の恐ろしさは、火災危険と人命危険が高まるだけでなく、これが強風を誘起して延焼を促進させ、人の避難時の不適切な行動が加わること（旋風領域内の致死危険区域の存在、河川における溺死、凍死等）の問題がある。

特に、風向きの急変が大惨事につながる場合が多い。火災旋風が発生しやすい場所は、

①　火災が２方向又は３方向から燃え迫ってくる場所。

②　コの字型の燃焼区域の風下。

③　河川及び幹線道路の周辺。

応急的な対応策としては、

①　車等移動しやすいものに接近しない。

②　不燃建物（ビル等）内に避難する。

③　火炎の風下に位置しないよう風向きの変化に注意する。

④　飛散物及び火の粉から腕等の露出部分を保護する。

等である。

第６　震災時における避難

震災時に地域の人達が避難用として使用する施設は、次のように区分される。

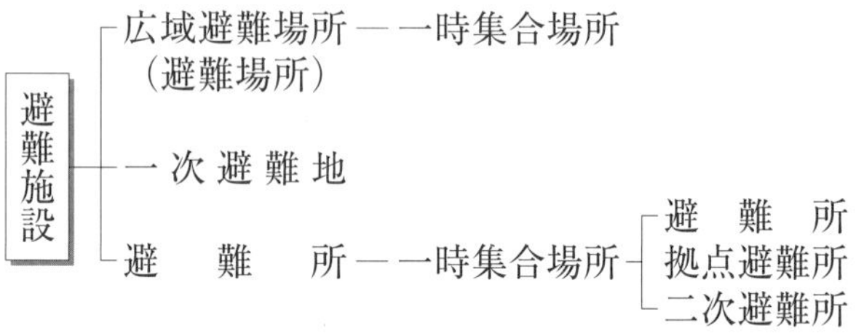

(1)　指定緊急避難場所（広域避難場所・避難場所）

指定緊急避難場所とは、災害が発生し、又は発生するおそれがある場合に、居住者等がその災害から命を守るために緊急的に避難する施設又は場所として、洪水や津波など異常な現象の種類ごとに安全性等の一定の基準を満たす施設又は場所を市町村長が指定する（災害対策基本法第49条の４）ものとされ、火災の延焼や毒性ガス等の噴出、漏洩、津波の襲来及び護岸の決壊等よる居住地等への危険が切迫している時、危険地域の居住

者等がそこに逃げ込めば身の安全を確保できる広場をいう。

指定緊急避難場所のうち、津波に係るものについては、災害対策基本法施行令（以下、本節においては「令」という。）に定める基準として、以下の２つのいずれかを満たすこととされている（令第20条の３）。

①津波が発生した場合において安全な区域内にあること（例：高台など）。

②津波が発生した場合において安全な区域外にある施設（例：津波避難ビル）については、以下の全てを満たすこと。

・津波により生ずる水圧等によって構造耐力上支障のある事態を生じない構造であること。

・想定される津波の水位以上の高さに避難スペースが配置され、かつ、当該スペースまでの避難上有効な階段等があること。

○避難場所の表示（JISで制定されている図記号）

・地震に対する安全性に係る建築基準法等の規定に適合するものであること。

⑵　一時（いっとき）集合場所

避難場所や避難所等に避難する前に、近隣の人達が一時的に集合して、災害の様子をみながら集団を形成する公園や神社、仏閣等で市町村が指定した場所をいう。

⑶　指定避難所（避難所・福祉避難所）

指定避難所は、避難した居住者等が災害の危険がなくなるまで一定期間滞在し、又は災害により自宅へ戻れなくなった居住者等が一時的に滞在する施設を市町村長が指定する（法第49条の７）。

震災によって建物が倒壊したり焼失したりして、職場や住む家を失った人達に仮の住まいとして、学校や公民館等の公的な施設を提供して、応急的な食糧や日用品等を配布して被災者を保護する施設をいう。

避難所は、次のような基準で指定し、地域住民等に周知する。

①　耐震、耐火構造の公共施設を指定する。

②　受け入れ被災者は、居室となる部分の面積3.3㎡当たり２人とする。

③　原則として、町会（又は自治会）又は学区を単位とする。

図２－25　避難の流れ

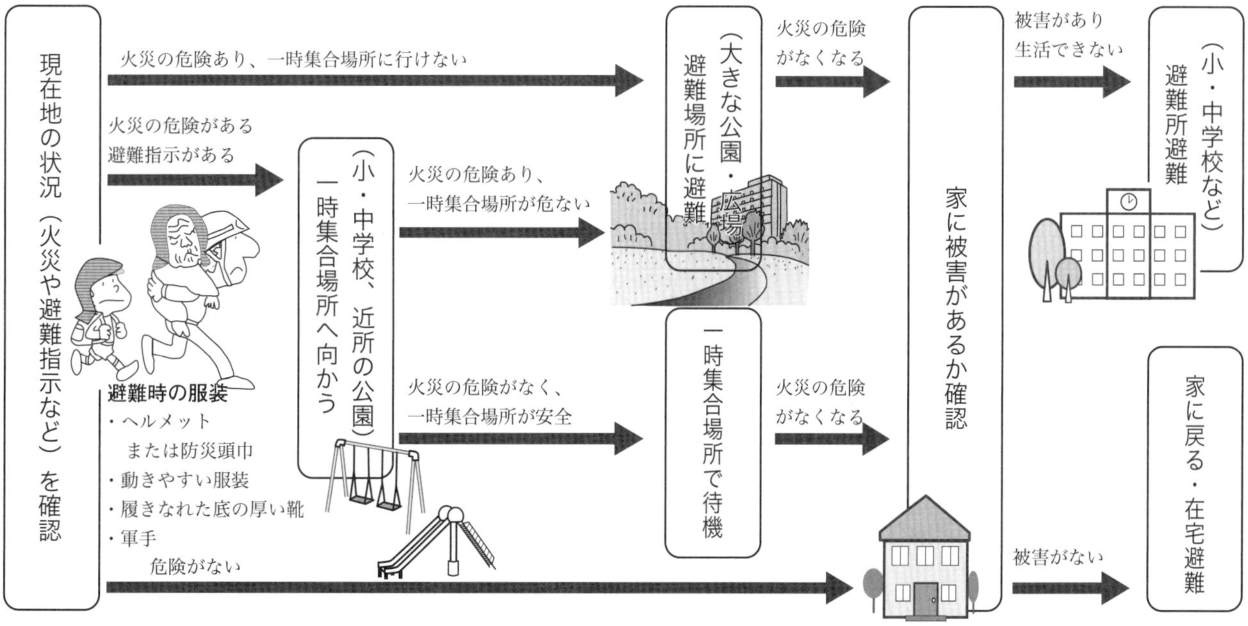

（「東京防災」東京都　p40の図引用）

④　指定した公共施設は、耐震診断を実施して、安全性を確認するとともに、被災者のプライバシーの保護や生活環境が良好に保てるよう努める。

○拠点避難所

避難所の一種で、市区町村が指定するすべての避難所に通信設備、救急医薬品、食糧、生活物資を配備することが困難なために、小学校にこれらの物資を集中的に配備して、震災時にはその小学校を中心に情報連絡及び物資配分の拠点とする施設をいう。

⑷　二次避難所

要救護高齢者、身体障害者等の災害弱者用として、特別養護老人ホームや福祉施設、幼稚園等を指定し、収容する施設である。

高齢者や障害者等の介護を必要とする人達のために開放するものであり、避難者は一旦避難所に避難した後に、二次避難所の開設を待って移動することになる。

⑸　福祉避難所

「福祉避難所」は、災害によって住居等が損壊や火災等のため使用できなくなった高齢者や障がい者のうち、要介護度や障害の程度が高く、一次・二次避難所での避難生活が困難な避難者を避難させるために設置する専用施設で、発災当初から開設される。

震災による被災者は、避難所に避難する人、親戚や知人宅に身を寄せる人及び在宅被災者に大別されるが、市区町村が支援の対象とする人達は、避難所への避難者と在宅被災者である。

図２－26　避難所相互の関係

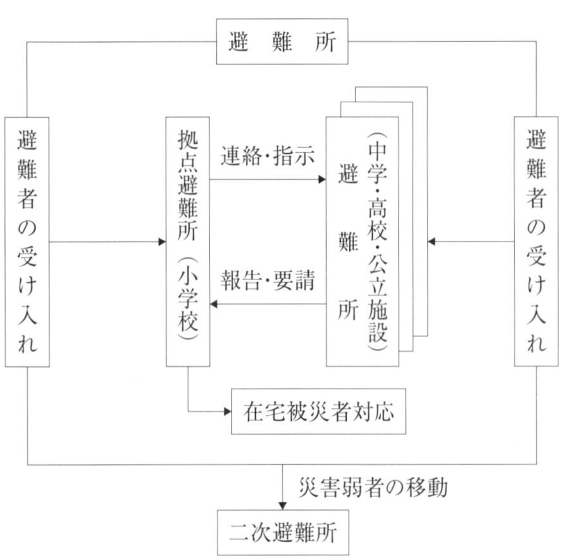

なお、避難所相互の関係は、図２－26のようになる。

避難施設は、以上のような種別に分かれるが、震災の際被災者への危険が切迫し、緊急に措置することが必要な対策は、避難場所への避難対策である。

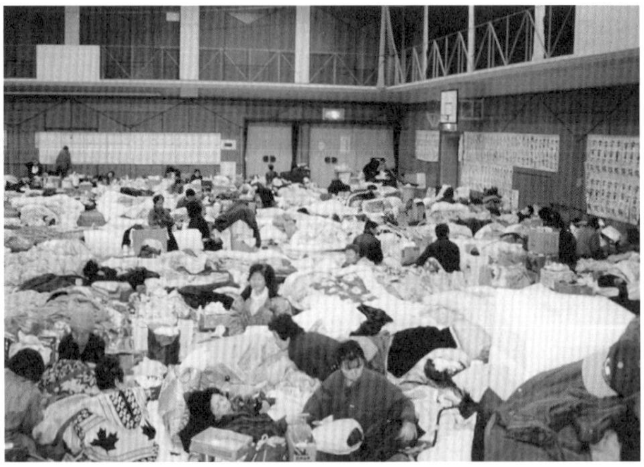

阪神・淡路大震災時の中学校体育館への避難状況

1　東京都の広域避難対策の考え方

広域避難対策は東京都が他の都市に先駆けて進めてきた対策である。

関東大震災では、現在の23区の中心部約$80km^2$、220万人が暮らす当時の東京市の大部分を焼失し、69,000人の死者・行方不明者を出すという大きな被害を被った。

このため、東京が再び関東大震災のような大地震に襲われた場合の震災対策を進めるため、地震火災による被害を想定した。

その結果、地震後に発生する火災によって、都心部及び外周部を除いて市街地はほとんど焼失し、多くの犠牲者が出るという結果であった。

東京都防災会議は、この報告を踏まえて進めるべき対策を検討してきた。

建物等地上物件の焼失は、ある程度広範囲に及んでもやむを得ないが、都民が火炎に包まれて焼死するという事態を避ける事を基本に広域避難対策を進めてきた。

この広域避難対策は、火災の初期消火や建物の倒壊防止等の災害防止対策に先行して進められてきたために、震災即避難と即断されがちであるが、震災の際最も大切なことは避難することではなく、自分の安全を確保しつつ、地域に留まり、地震によって起こる火災を初期段階で消火したり、生き埋めになった人達を早く助け出す共助体制を確保することである。

延焼する火災を防止すれば避難は必要ない。

広域避難場所（以下「避難場所」という。）は、大地震の際発生する大火災や津波、毒性ガスの噴出や拡散等から避難者の生命を守るために、一定の広さを有する公園や緑地等のオープンスペース等を指定したものである。

この広域避難場所の広さは、人体の許容輻射熱量とされる2,050kcal/m^{2}に対して、避難場所の前面が木造市街地の場合300m以上離れていれば、定量化できる火炎からの輻射熱に対して安全という考え方から、大火災から住民を守り得る広さは最低でも10万m^{2}以上を要するとし、これを選定基準の一つとしている。（図２－27）

図２－27　避難地の安全面積と準安全面積

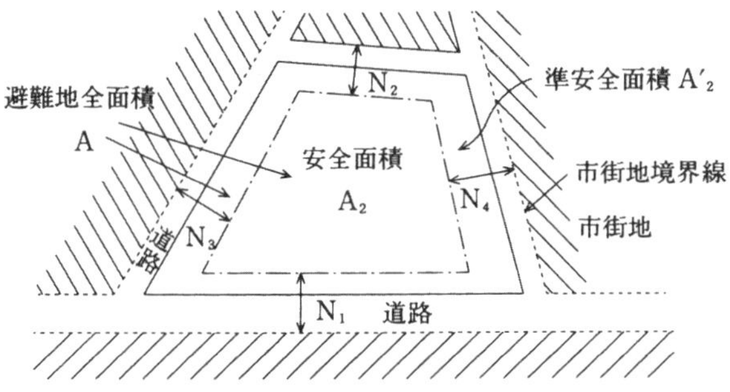

N≧N$_1$＋N$_2$ or N$_3$

図２－28

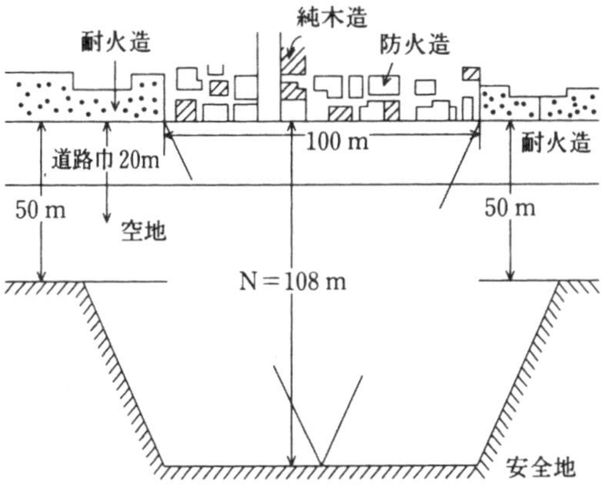

対象の市街地に耐火建物が混在すれば、その混在割合によって、その距離を縮小するものとし、耐火建物のみに面する場合は、保有距離を50mとしている。（図２－28）

火災は、四周から同時に避難場所に向かって進むことはないので前面の保有空地は、いずれか一方を除外して有効面積としている。

地区住民を混乱なく避難させるためには、避難場所ごとに地区住民等を指定しておくことが必要である。

避難場所ごとの有効面積に対応する地区住民等の指定を「地区割り当て」というが、占有面積は１人１m^{2}として、各地区別に夜間人口（住民登録人口）、昼間人口（就業、就学人口）及び将来人口を推計して、このうち最も多い人口によって地区割り当てが行われる。

ただし、過去の火災事例や火災実験結果から耐火建物相互の延焼は極めて稀であることから、一定の条件を満たすビル街や高層建物の団地群は、避難を要しない地区内残留地区としている。

２　避難道路

避難場所への避難は「自由避難」が原則である。つまり、地区内居住者等が自由な経路を選定して避難するのが原則である。

しかし、木造建物が密集して広がりを持つ既成市街地では、狭隘な道路のために火災によって避難が困難になることが想定される。このため、次のような道路を避難道路として指定して、ハード、ソフト両面から安全対策を進めるために指定している。

① 避難場所までの距離が遠い地区（１時間（３km）以上を要する地域）
② 原則として幅員15m以上で通行可能な道路
③ 相互に交差しない道路とし、最遠地点からの道路は努めて１本とする。

３　避難の時機

避難は、火災が拡大し、人命への危険が著しく高まったと予想される時、避難すべき区域及び避難先を指定して市区町村長が勧告又は指示することになっている。

特に火災危険が切迫し、市区町村長が避難の指示をするいとまのない時は、現場の消防署長や警察官が避難の勧告をすることもある。

なお、「避難の勧告」とは「その地域の居住者等を拘束するものではないが、居住者等がその勧告を尊重することを期待して立ち退き等を勧め又は促す行為」であり、「避難の指示」とは「被害の危険が目前に切迫している場合に発せられ、勧告よりも拘束力が強く、居住者等を避難のために立ち退かせる」ことをいう。

火災の延焼速度は、火災時の風速と建物構造によって異なるが、市街地の不燃化状況から風速８m/s前後では、100m/h内外と考えるのが妥当である。昭和51年（1976年）10月29日の酒田大火の際は、毎時90～120mの延焼速度であった。

また、風下での影響範囲は、火面がその地点に700m前後まで接近してきた時機に火災の影響を受けるようになる。

この時点には、非常持出品の準備や開口部の閉鎖、近隣の災害弱者の支援を行い、風上300m前後に接近した時点には避難を開始する必要がある。

なお、風横への延焼速度は、風下の２分の１程度の速さであり、避難の時機も100m～150mに接近してきた時点ということになる。

震災時の避難方式は、一定の地域（町会、自治会等）や事業所を単位に集団を形成して避難する集団避難方式が有効である。

過去の地震火災で、避難の際に多くの死者が発生した原因は次の４つに要約することができる。

① 周囲を完全に包囲されて避難路が閉ざされてしまった場合
② 避難方向が河川等で行き止まりになっているところに火炎に追い込まれた場合
③ 避難中混乱して滞留しているうちに火炎に追いつかれた場合
④ 旋風等の異常現象が起こり、延焼方向が予測できずに巻き込まれた場合

普通の木造建物では、地震と同時に出火し、初期消火に失敗し、消防隊の活動がなければ10分程度で延焼拡大し、火煙が上昇する。

黒い煙が勢いよく上昇していれば大火の前兆で、消防活動に着手している火災は、煙が白く変色している。

大火の場合は、燃焼に伴って発生する火炎や濃煙、火の粉等によって広範囲に薄暗くなり、大火と大火が離れているように見えても、人間が避難できる空間が限られる。気がついた時は、周りが火炎に包まれていたり、小さな空地や河岸に追い詰められていたという事態があり得る。

避難の時機は、早めに決断して行動させることが大切である。

保育園の避難訓練

４　避難誘導

避難誘導は、次の点に留意して機敏に行う。

① 避難を開始する時は、途中ではぐれる人が出ることを想定して、避難場所内での落ち着き場所を指示し、全員が集合しなくても数十人単位で責任者を定めて人員を確認して出発させる。
② 避難は、町会等の単位で一旦、一時集合場所に集合して集団を形成して、リーダーの指示により指定の避難場所に避難する「二段階避難」が原則である。

　顔見知りの人達が一緒にグループで避難すれば、お互いに協力しパニック防止に役立つ。
③ 避難道路の選定に当たっては、狭い路地や建物際は屋根瓦やガラスが落ちてくる。塀際は余震によってブロック塀等の倒壊が予想される。広い道路では看板等の落下飛散による危険に備えて座布団等で頭を防護しながら行

動する。

④　関東大震災や空襲火災の際は、前記の火の粉を含んだ熱風を吸い込んで気道熱傷になったり、火の粉が目に入って失明した例もある。

避難の際は、メガネ・ゴーグル（防塵眼鏡等）をし、マスクや濡れタオルを口に当てる等して避難することが望ましい。

⑤　避難は徒歩で行い、歩行の遅い人に合わせて避難させ、先頭にはトランジスタメガホン等を持たせ、地理に詳しい人を配置し安全を確認しながら行うことが大切である。また、遠距離避難となる地域では、ロープを使って老人や障害者の歩行支援を行う。

5　避難場所での活動

避難場所で行う避難者への支援活動は、次のような事項である。

①　火災や水害のおそれの少ない位置で、後続する人達との合流を想定して場所を確保し、そこに組織名を表示する。

②　避難場所に市民が避難する時間は、火災や津波等の危険がなくなるまでの数時間であり、食料や日用品の携行は必要最小限度とする。

③　次のような情報の収集に努め、これを避難者に提供するとともに安全確保及び生活支援を行う。

(ア)　避難場所周辺の拡大火災、合流火災、毒性ガス等の噴出及び津波等の状況

(イ)　傷病者及び災害弱者の仮救護所等での保護状況

(ウ)　水、食料、トイレ等生活必需物資の状況

④　避難場所では、市区町村が避難者の安全を確保するため情報の提供、救急医療活動、生活必需品等の支給等を行うこととしている。

第7　震災救助

震災対策の推進は、すべての防災対策の充実強化を意味するといわれる。

それは、地震による被害は、建物の倒壊をはじめ道路、橋梁等構造物の破壊、地滑り、崖崩れの発生、火災の発生、毒劇物の漏洩・噴出、津波の発生等複合的に起こるものであり、この防止対策を進めることは、すべての災害防止に通じるからである。

震災時の救助も、これらの災害に対応して実施されるものであり、救助活動は各々の災害や事故の項で述べているので、ここでは倒壊建物からの救助要領について述べる。

倒壊建物の中に閉じ込められたり、下敷きになって埋もれている人の救助は、建物を破壊して内部に入り、位置や容態を確認することから始めることが多く、建物の構造や部材の配置・強度を知り、どの部材が核になって支持しているかを知らなくては安全で効率的な救助作業はできない。

阪神・淡路大震災で倒壊した防火造の建物は、古い建物が多く、土台は腐食しており、白蟻の被害を受けていた建物が大部分で、これらの建物での救助活動がほとんどであった。

ツーバイフォーやプレハブ等の新しい建築工法による建物は被害は少なかった。

ここでは、建物の被害に際し、大きな作業となりポイントともなる屋根、外壁及び床の破壊について、その構造を検討しながら述べる。

1　木造建物の構造

和風建物と洋風建物では異なるが、阪神・淡路大震災で救助活動の対象となった建物は和風建物であった。

木造建物は、施行方法により軸組工法（在来の工法)、木造プレハブ工法、2×4（ツーバイフォー）工法及び丸太積工法の4種類に大別されるが、平成25年（2013年）時点における施行率は軸組工法約78.7％、2×4及びプレハブ工法で約21.3％であり、今後も、震災により救助の対象となる倒壊建物の大部分は軸組工法による建物と推定される。

軸組工法による建物の標準的な構造は、図2－29のようになっている。

倒壊建物からの救助は、屋根面や外壁の除去又は開削から開始される。

軸組工法により建築される建物も遮音性や断熱

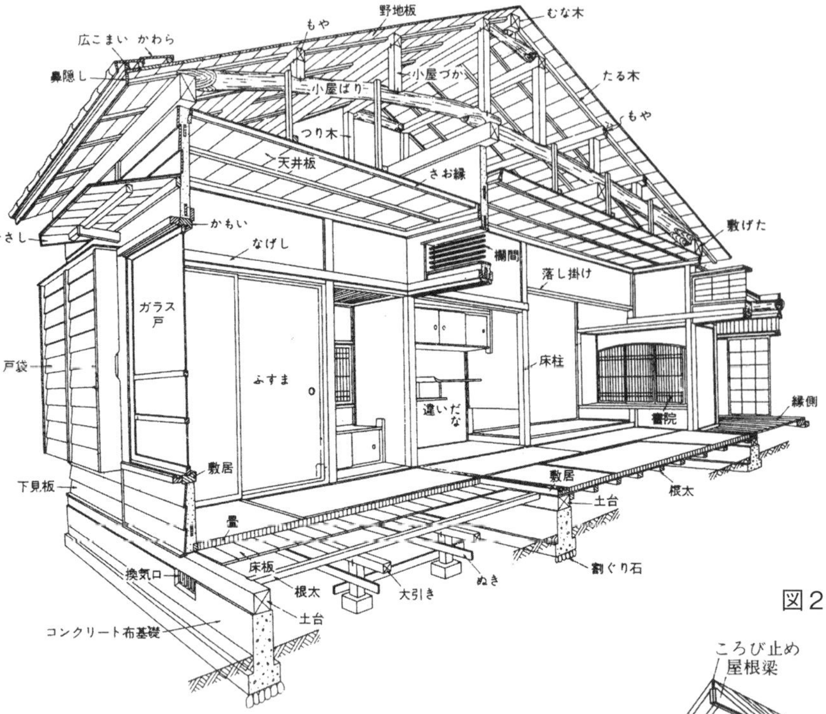

図２－29　和風構造

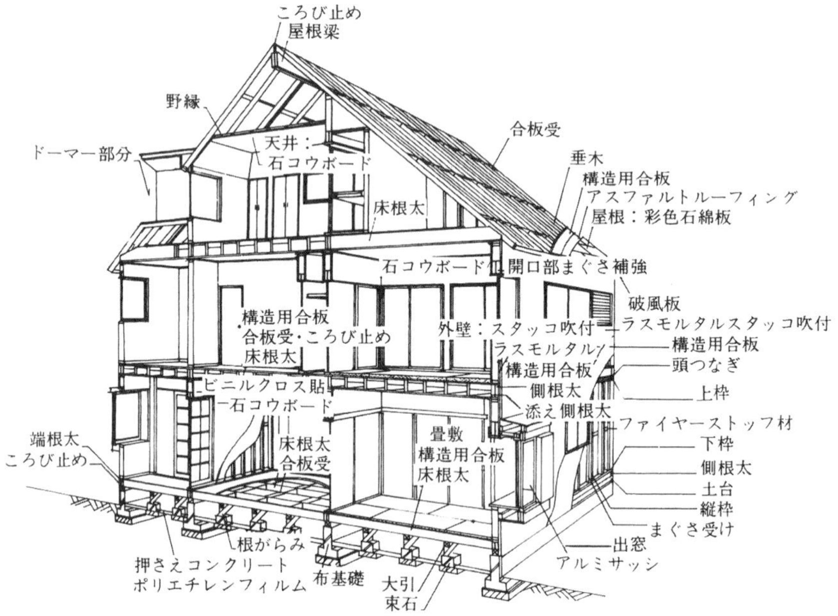

図２－30　ツーバイフォー工法住宅

性を高め、個室化が進んでいること、また防火性を高めるために新しい部材が多く導入され、壁体は「こまい竹」から石膏ボードに変わり、内装材も大部分は合板や石油化学製品に変わってきている。

⑴　屋　　根

屋根は、柱、束に支えられて母屋、棟木が通っており、その上に垂木、野地板が張られ、土居ぶきの上に瓦が打たれ、瓦は瓦桟に乗せられて針金で止められている。

なお、洋風建物の小屋組は、図２－30のようになっていて野地板は厚手の合板を使い、瓦はコロニアルカラーが使われている。

屋根の破壊と開放は、次の手順で行う。

①　瓦葺屋根は、バール、ペンチ等で針金を切り瓦を剥がす。

②　瓦下の土居ぶき及び野地板を垂木に沿って鋸で切断する。

③　天井板を鋸で切るか金てこ等で破壊し、居住空間であった部分を懐中電灯で確認する。

④　屋根材が生子板葺、ボード、鉄板葺の場合は、バール、金てこ等を接合部に差し込み、引き剥がし、②、③の要領で開放する。

⑤　スレート屋根は、斧又はハンマで割って除

去し②、③の要領で切断し、内部に入って確認する。

⑵　外 壁 等

壁体は、内壁と外壁に分かれていて、内壁は石膏ボード等の内面がしっくい仕上げになっている。外壁は図２－31の１のようにラス下地モルタル壁のものと、不燃材を張ったものがあるが、モルタル壁は内側から野地板（合板)、アスファルト、メタルラス、モルタルの順に張られ、厚さ２～３cm程度である。

内壁と外壁の間には断熱材としてガラス繊維が入っていることが多く、破壊の際、その粉末が皮膚や目に刺さることがあるので注意する。

なお、耐火建物の壁は図２－31の２のように配筋されコンクリートで被覆されている。

壁体の破壊は、次の手順で行う。

①　ハンマー、金てこ、斧等でモルタルを破壊して落とす。(エンジンカッター、チェーンソー等による切断が効率的である。)

②　ラス網を鉄線鋏、ペンチ等で切断する。

③　内壁は、こまい竹、石膏ボードとともにハンマーで叩き落とした後、こまい竹、銅線を鋸又は斧で切断する。

⑶　床

２階建ての１階に要救助者が閉じ込められている場合は、２階床の破壊を要することもある。

床は、図２－32のように柱で支えられて大引（根太掛)、根太が通っており、その上に床板が張られ、畳が敷かれている。洋間は、この床板が二重に張られている。

２階の床下は、若干の空間があって、その下に野縁があり、階下の天井板が張られている。

破壊は、周辺の家具類等の障害物を除去し、畳を剥がし、床の一部をバール等で剥がし、鋸やエンジンカッターで切り開く。次に１階天井板を鋸や斧を使って除去し、１階居住空間を確認する。

２　要救助者の検索

救助活動は、負傷者等が倒壊建物のどの位置に、どのような状態で埋もれているかの推定から開始する。

所在位置の確認は、次の点がポイントになる。

図２－31の１　ラス下地モルタル壁

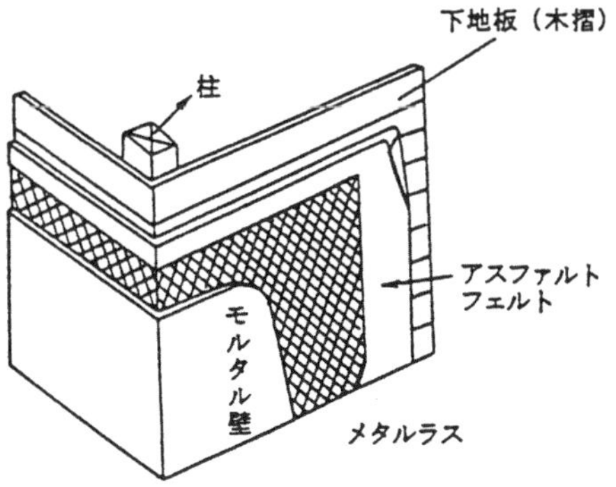

図２－31の２

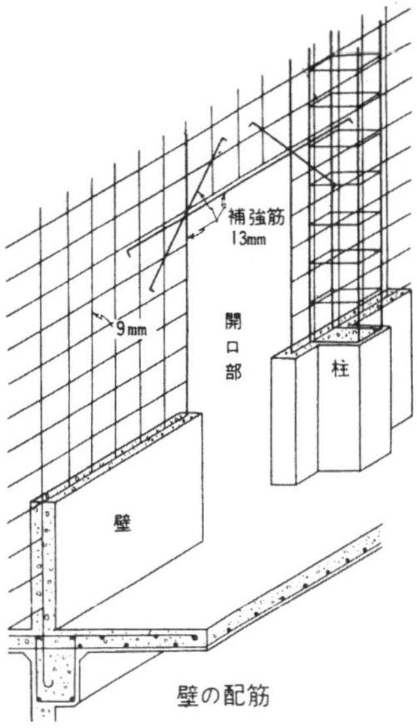

図２－32　床の構造

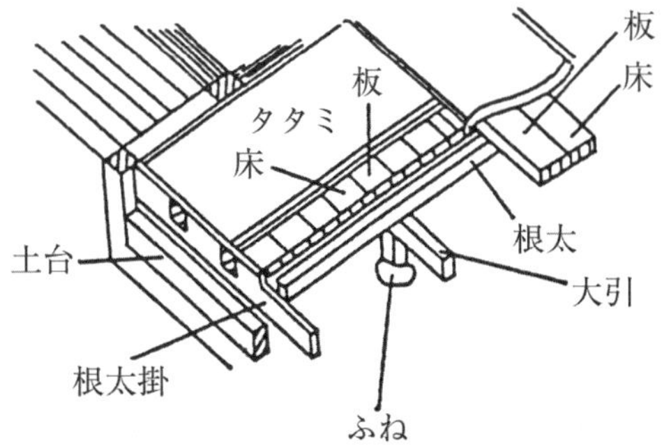

①　所在位置が不明確な時は、家族、同僚等から地震前の動静や建物内の間取り、生活動線を聞き込んで推定する。

②　検索は、自らの目で見て、声をかけ、位置や状態を推定する。

③　柱、金属、外壁等の突起、突出物を位置を

変えて金槌で叩いて反応を確かめる。

④　前②、③によっても位置が特定できない時は、倒壊建物の内部構造や用途等から対象地域を絞り込み、局部的にガレキを掘り起こしながら確認に努める。

⑤　所在不明の場合は、ブルドーザーやバックホー等の重機を入れてガレキを掘り起こしてはならない。

床周辺の検索状況（阪神・淡路大震災）

3　救出活動要領

倒壊した建物等からの救助に際しては、可能な限り情報の収集に努め、必要な要員及び資器材等の体制を確保するとともに救出方法を隊員に示し、次の点に留意して救出作業を行う。

⑴　被災建物の倒壊防止措置

余震で倒壊のおそれのある建物は、ショアリング等により木材、鉄パイプで２以上の方向から支持する。また、転倒、落下のおそれのある物件は、ロープで固定するか落下させてから作業を開始する。

ショアリングとは

地震等によりその建物構造にダメージを受けて余震や自重による二次倒壊の危険性がある建物の危険度を評価し、建物内での救助活動中の二次倒壊による危険を未然に防ぐために、ダメージを受けた外壁、天井及び窓やドアなどの開口部をショアという支柱で支えて安定化する米国都市型捜索救助隊（Urban Search & Rescue Task Force）で採用され、わが国にも普及してきた救助技術を言う。このショアリング技術は、平常時の火災により倒壊危険がある建物の安定化にも活用できる。

ショアリングの分類

①　レイカー・ショア

建物の外壁が外方向へ倒れようとしていたり、建物全体が傾いて倒壊しようとしている場合に、外部側面からショアリングを施して建物の外壁部分を支えるもの。

スプリット・ソール・レイカー・ショア

②　スポット・ショア

建物の天井部分が上部階、屋根又は隣接した建物の倒壊で荷重がかかり、倒壊若しくは抜け落ちてしまいそうな場合に建物内部の天井に縦方向の

スポット・ショア

ショアリングを施して建物内部の天井部分を支えるもの。

③　ウィンドウ・ショア、ドア・ショア

建物に設けてある窓又はドアなど、建物内部への進入口となる開口部が倒壊などによる影響で負荷がかかり、潰れたり閉ざされたりしないように、開口部にショアリングを施して窓枠及びドアの枠を補強するもの。

ウィンドウ・ショア

④　スロープド・フロア・ショア

建物の倒壊などにより偶発的にできたボイド（空洞）で、そのボイドが通路になったり、その下に被災者がいる場合には、そのボイドの形に合わせてショアリングを施してボイドの倒壊を防止するもの。

⑵　被災建物周辺の確認

対象建物への通電状況、都市ガス、毒劇物等の漏洩噴出状況、漏水のおそれ、火災の延焼危険等を見極めて作業を開始する。

⑶　救出の優先順位

救出は、人命危険が切迫している人からとし、救出しなければならない人が複数いる時は、救出の容易な人を優先する。

なお、多量の出血等により、人命危険が切迫している時は、医師を要請するとともに救出と併行して応急手当を行いながら救出する。

⑷　窓ガラスの破壊と破壊ガラスの飛散範囲

ガラスの破壊は、大ハンマー、金テコ、斧等でガラスの角から若干中心に入った位置を強打する。

なお、破壊したガラスの飛散範囲は、ビルの場合でも次の式の範囲である。

一般ガラス　$S = 2.12\sqrt{H}$

硬質ガラス $S = 1.41\sqrt{H}$

S：飛散範囲（m）

H：高さ（m）

一般的には、その建物の高さの２分の１以内に飛散することが大部分であり、活動中の飛散ガラスによる受傷防止に留意する。

⑸　重量物の移動等救出空間の確保

重量物を持ち上げたり移動する時は、角材や鉄パイプを使ってテコの原理により基部に石や材木を置いて、これをテコにしてこじ開け、車両用のジャッキやあて木を使って空間を作ったり移動する。

⑹　柱、梁の切断

倒壊建物の主要な部材である柱、梁は、それを切断したり移動すると、構造材やガレキが一気に崩れることがある。切断や除去が救出の前提となる場合で安全を確認できる場合以外は、切断や移動は行わない。

⑺　ガレキの除去等

崩れる危険のない方向から掘り起こすように努め、ガレキは上から広い範囲に除去する。負傷者等に影響のない所は、スコップ等で除去してもよいが負傷者の周りのガレキは手で取り除く。

また、除去の障害となる板や棒等は、支点となっている物以外は鋸で切断する。

⑻　負傷者の容態監視

作業は、負傷者に声をかけながら進める。

負傷者に接近が可能で意識のある時は、声をかけて励まし、負傷箇所を確認して応急措置を行い、容態を観察しながら作業を進める。

⑼　挟まれた人の救出

挟まれた人を救出する場合には、無理に引き出そうとせずに障害物を取り除いて、様子を見ながら作業を進める。

長時間、重量物に挟まれていた者を救助する際は、座滅症候群（クラッシュ・シンドローム）による重症化の可能性があることから医師等の助言・医療処置と連携した活動を行う。

⑽　負傷者の救出

ガレキが除去され、救出空間が確保されたら体のどの部分が挟まれ、下敷きになっていたかを慎重に確認して負傷者に声をかけながら静かに引き出す。なお、引き出したら救出位置、救出時間等を記録しておく。

⑾　負傷者の搬送

近距離の救護所へは背負って搬送し、重症者は担架、戸板等に乗せて毛布で保温しながら搬送する。

⑿　救出手順

図２－33、図２－34は、エンジン・カッターやウインチ等機械力によらずに木造２階建ての１階部分の挫屈箇所からの救出手順を簡潔に示したものである。

⒀　検索活動後の検索済み表示方法（マーキングシステム）

多くの建物が倒壊しているエリアを複数の救助部隊により捜索・救助活動を行う場合に、検索活動の重複や見逃しを防ぐための各機関の救助隊の統一した検索済み表示方法（マーキングシステム）が必要となる。ここでは国際緊急援助隊救助チームが使用しているINSARAGマーキングシステムの例を紹介する。（INSARAG:国連・国際捜索救助諮問グループ（International Search and Rescue Advisory Group））

「INSARAGマーキング（構造マーキング）」（「INSARAG Guidelines」より）

救助隊が評価した倒壊建物に適用するもので、倒壊建物の外側の最も目に付きやすい入口付近の場所に表示し、その結果を現地活動調整センター（OSOCC）に報告することになっている。

マーキングの大きさは、１メートル程度。

「四角の枠内の上段」には、

・進入しても危険がない場合はＧＯ

・進入すると危険な場合はＮＯ　ＧＯ　と表示し、

図２－33　挫屈した１階部分からの救出手順

２階窓の破壊	（ハンマー、金槌）
２階床・１階天井の破壊	（鋸、斧、バール、金てこ）
１階座屈部分進入	（懐中電灯、斧、鋸等）
傷病者発見 受傷箇所等確認	（容態、周辺障害物除去）
救出用空間等作成	（鋸、鉄パイプ、木材、車のジャッキ）
救　　出	（担架　応急救護）

図２－34　建物が全壊した場合の救出手順

項　　目	機　材　等
屋根の破壊	（鋸、金槌、ペンチ等）
建物内進入	（懐中電灯、斧、鋸等携行）
傷病者発見 受傷箇所等確認	（容態、周辺障害物）
救出用空間等作成	（鋸、鉄パイプ、木材、車のジャッキ）
救　　出	（応急救護、担架等）

注　この手順は、動力によらず、日常使っている工具類による活動を想定したもの。

・下段には、チーム名等の識別情報を表示する。

「四角の枠外」には、

・危険情報（上部）（崩壊危険、NBCの状況、酸欠・漏電等）

・行方不明者数（下部）

・救助された生存者数（左）

・回収された遺体数（右）に表示する。

○　救助隊による当該建物の捜索・救助活動が可能な範囲で終了した場合、マーキングの周囲を丸で囲む。

○　当該建物に関する全ての捜索・救助活動が完了し、それ以上は被災者がいないことが確認できたら、マーキングの上に横線を引く。

図２－35　INSARAGマーキング

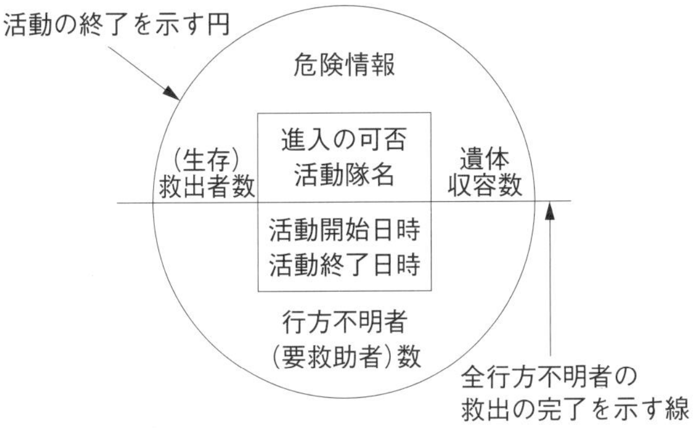

4　高く評価された新潟県中越地震の救助活動

平成16年（2004年）10月23日㈯に発生した新潟県中越地震では、川口町で震度７の揺れが観測され、阪神・淡路大震災並みの揺れであったが、建物の被害率は全・半壊含めて15％と低く、これに比例して死者は59人、重軽傷者4,805人、火災は９件と少なかった。

この理由は、豪雪地帯であることからコンクリートによる背の高い強固な基礎と開口部の少ない壁体や屋根は鉄板葺で軽量な屋根材が使われていた事が被害軽減に寄与したとされている。

この地震の特徴は、過疎化の進んだ農村集落が散在する地域で、生産基盤が壊滅的な被害を受け、中山間集落において土砂災害による道路網の寸断や通行不能箇所の発生により孤立状態になった地域が多数発生したことである。

また、山古志村（現・長岡市）の全村避難や自治体機能の不全といった極限的な状況も見られた。

このような状況の中、地震発生から４日後に行方不明になっていた魚沼市の親子３人の捜索が開始され、男児が東京消防庁第八消防方面本部消防救助機動部隊（通称・ハイパーレスキュー隊（高度な技能を有する救助機動部隊））ら緊急消防援助隊員によって救助された。

救助事故の現場となった長岡市妙見堰は、信濃川に面し、片方が褶曲による崖地で、その中腹部分の道路を通過中に地震に遭い、車ごと大きな岩石の下敷きになり男児がハイパーレスキュー隊の手で救助されたものである。

地震４日後のことであり、この救助活動の開始を聞きつけた住民は、対岸に駆けつけ、報道各社は、テレビ放映をしながら見通しのよい場所で、今か、今かと祈りを込めて見守る中レスキュー隊員に抱きかかえられて助け出されてきた。

救助活動に従事したハイパーレスキュー隊員は、当直明けで、当直中に管内の火災で深夜から未明にかけて消防活動に従事し、引き続いての新潟県への災害派遣出動という悪条件を克服しながらの活動であった。

この活動は、高く評価され消防隊の模範とも言える活動と思料されるのでその概要を紹介し参考に供することとする。

消防活動は、同じ現場は一つもないといわれるように、災害の都度新たな対応を求められる。

それだけに特殊な災害情報は共有化して、次の災害への糧としなければならない。

(1)　指揮者が現場に臨んで救助活動の指揮を取るとき最も大切なことは、潜在的な危険要因を読み取り、安全に作業を進めることである。

この現場では、余震による崖崩れの心配があったが予め国土交通省の土木研究所の専門家と打ち合わせを行い、その立合いを求め、助言を得ながら進めたほか全貌を見通せる位置に監視員を配置した。

また、万一に備えて二つのアクセスルートとシェルター（避難所）を予定した。

救助隊員には、余震による崖崩れ等の状況

によっては、真下の信濃川へ飛び込んで避難できるようライフジャケット（救命胴衣）を着装させ、川下には転落して流されたときの救助に備えて水難救助隊の待機を依頼した。

⑵　生き埋め下敷きになっている人の救助は、被災者の不安感の解消に努め、急速な衰弱の防止に努めることである。

そのためには、被災者に声をかけその反応を確かめながら作業を進めることである。この現場では救助隊員が被災者に「待っててね」「待っててね」と声を掛けながらの活動であったが眠らせないで安心情報を提供しながら進めることが大切である。

また、接近可能な被災者には、定期的に体に接触して、体温、呼吸等の変化を確認しながら行うことが大切である。

受傷部位が不明確な時や救出に時間を要するときは予め医師や救命士による応急処置をしながら救出活動に当たることが必要である。

⑶　震災時の救助活動は、狭い空間に閉じ込められたり下敷きになっている傷病者を症状が更に悪化しないよう細心の注意を払いながら救出空間を作り出す作業である。

したがって、救出用に使われる機材は、「救助三種の神器」といわれる「バール、ノコギリ、ジャッキ」が主体で、これにペンチ、ハンマー、スコップ等を使って行うのが普通である。

この現場でもバール等を使って岩石を破壊して空間を作り、これを拡大して隊員がワゴン車と岩石の間の穴に頭から入り男児を抱き上げて救助している。

この時救助隊長は、穴の近くで穴に入った隊員の足首をつかみ、危険を察知した時は引きずり出す準備をしながら指図していたという。

水の補給がなく脱水状態になったり、気象等の条件によって体温が32度以下に低下して仮死状態になると生存の可能性は少ないといわれている。

この現場では、隊長が自分の上衣を脱いで掛けていたが、負傷者の体温の低下を防ぐためである。

男児の生存は、奇跡的といわれているが救助活動が長時間に及ぶ時は水の補給も忘れてはならない。

５　東日本大震災

平成23年３月11日㈮14時46分に発生した東北地方太平洋沖地震（東日本大震災）は、宮城県牡鹿半島沖の震源地から始まり、日本海溝一帯で考えられている８つの震源域のうち、６つの震源域が連動（継続時間170秒）し、南北方向に長さ450km、幅200kmの断層が動きマグニチュード9.0の巨大地震が発生、宮城県北部では震度７、岩手県から茨城県に至る各地で震度６強の強い揺れ襲われるとともに、太平洋沿岸を５m～15mの巨大津波が襲った。特に、津波により死者・行方不明22,318人、住宅の被害は全壊122,039棟、半

男児が救出された長岡市妙見堰の土砂崩れ現場（左上が信濃川）

地震の４日後、行方不明になっていた親子３人を発見し、懸命な救出活動を行う緊急消防援助隊員

壊・一部損壊1,033,718棟、火災330件と甚大な被害となった。（平成29年９月１日現在　消防庁資料）

地震発生から３分後、太平洋沿岸の広範囲にわたって大津波警報が発表された。沿岸部の消防本部及び消防団は、発表と同時に住民への広報活動、避難誘導及び水門閉鎖確認等を開始しているが、津波により消防職員27名及び消防団員254名が犠牲となるとともに、庁舎や消防車両等多くが損壊する被害を受けた。

被災地は、過去の被災経験から津波災害に関する活動計画、津波被害の想定をもとに訓練等を実施していたが、千年に一度という巨大地震の津波により、浸水と瓦礫により進入経路・活動範囲が限定され救助活動は困難を極めた。

津波により破壊された住宅

第三節　水　災　救　助

夏には高温多湿になり、冬には厳寒となって乾燥状態の続く我が国では、この気象によって社会生活に大きな影響を受けている。

特に、梅雨期や夏から秋にかけての台風シーズンには、大雨によってもたらされる洪水や高潮、また、この大雨により土砂災害が起こり、多くの人命と財産が失われている。

風水害や土砂災害は、降雨量に大きく左右されて起こる。このため気象庁では、台風や集中豪雨等に関する情報を頻繁に発表している。

ここでは、まず個別の風水害を述べる前に、気象情報や気象警報について述べる。

第１　防災気象情報

１　気象と災害

台風や大雨、大雪等の自然の激しい現象は、河川の水位上昇による破堤や氾濫、洪水、地滑り、崖崩れ等の災害を招き結果として、多くの人命や財産を奪っており、防災関係者は常に、雨や雪、風等の自然現象に関する情報に関心を寄せていることが必要である。

気象庁が発表する気象に関する各種の情報は、このような災害の防止を図るために、気象現象の現状や見通しを災害との関係を考慮しながら提供しているもので、気象情報と防災との関係は、図２－36のように説明されている。

図２－36　気象情報と防災活動

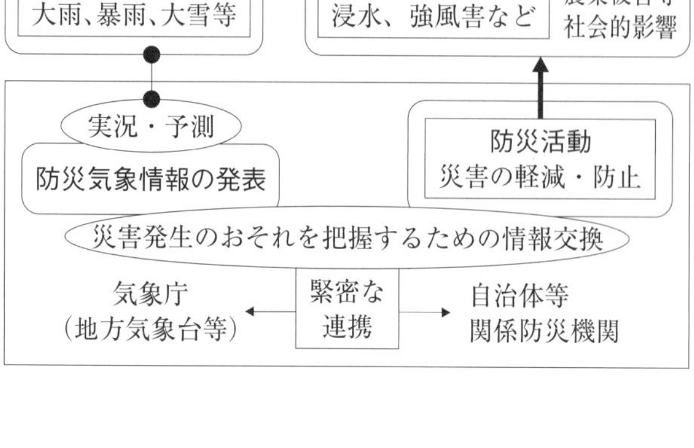

気象庁は、大雨や台風の襲来等が予想される時は、警戒を強めるよう種々な情報を発表している。

これを「防災気象情報」と呼んでいる。

２　警報と注意警報・特別警報

大雨や暴風等によって災害が起こるおそれがあると予想される時は、16種類の「注意報」のいずれかを発表し、注意を喚起し、重大な災害が起こるおそれのある時は、７種類の「警報」のいずれかを発表し、警報基準をはるかに超える大雨・暴風等が予想され、重大な災害の危険性が著しく高まっている場合、６種類の特別警報のいずれかが発表される。（表２－11、２－12）

警報や注意報は、都道府県にある地方気象台から発表される。また、大雨等の起こる地域は狭い範囲に限定されることが多いため、原則として市町村を発表区域として全国を1,772区域（平成29年現在）に細分して発表している。

警報や注意報を発表する基準は、対象とする現象ごとに定められ、平成20年５月から、大雨では単位時間当たりの雨量に土の中に貯まっている水の量を考慮した土壌雨量指数を加味し、洪水では単位時間当たりの雨量に河川上流域に降る雨の量や下流の時間差を考慮した流域雨量指数等を加味

表２－11　特別警報・注意報の種類

特別警報	大雨（土砂災害、浸水害）、暴風、暴風雪、大雪、波浪、高潮
警　報	大雨（土砂災害、浸水害）、洪水、暴風、暴風雪、大雪、波浪、高潮
注意報	大雨、洪水、強風、風雪、大雪、波浪、高潮、雷、融雪、濃霧、乾燥、なだれ、低温、霜、着氷、着雪

表２－12　特別警報の発表基準

<table>
<tr><td>大雨特別警報</td><td colspan="2">台風や集中豪雨により数十年に一度の降雨量となる大雨が予想され、若しくは、数十年に一度の強度の台風や同程度の温帯低気圧により大雨になると予想される場合に発表します。</td></tr>
<tr><td>暴風特別警報</td><td rowspan="3">数十年に一度の強さの台風や同程度の温帯低気圧により</td><td>暴風が吹くと予想される場合に発表します。</td></tr>
<tr><td>高潮特別警報</td><td>高潮になると予想される場合に発表します。</td></tr>
<tr><td>波浪特別警報</td><td>高波になると予想される場合に発表します。この「高波」は、地震による「津波」とは全く別のものです。</td></tr>
<tr><td>暴風雪特別警報</td><td colspan="2">数十年に一度の強度の台風と同程度の温帯低気圧により雪を伴う暴風が吹くと予想される場合に発表します。「暴風による重大な災害」に加えて「雪を伴うことによる視程障害（見通しが利かなくなること）などによる重大な災害」のおそれが著しく大きいことについても警戒を呼びかけます。</td></tr>
<tr><td>大雪特別警報</td><td colspan="2">数十年に一度の降雪量となる大雪が予想される場合に発表します。</td></tr>
</table>

して発表区域毎にきめ細かく基準が設定され、発表されている。

台風に関する予報は、北西太平洋上に存在する台風について、位置、大きさ、強さ等の実況及び24時間先までの進路予報を３時間毎に、72時間先までの進路や予報を６時間毎（３時、９時、15時、21時の約１時間後）に発表している。

また、日本列島に大きな影響を及ぼす台風が接近している時には、１時間ごとに現在の中心位置などを発表し、同時に観測時刻の１時間後、さらに24時間先までの３時間刻みの中心位置なども発表する。

第2　水　　災

我が国の大都市は、市街地化の進行に伴って遊水機能を持っていた田、畑等が少なくなり、変わってアスファルトの道路やコンクリート舗装の施設が増加してきた。

このような都市構造の変化に温暖化等の気候変動の影響による大雨による降水量の増加も加わり、豪雨時には、大量の雨水が一気に河川や下水に流れ込み、河川が氾濫したり、排水能力を超えた雨水が下水管に入り雨水が路上に吹き出す等の都市型災害が発生している。

一方、湾岸地域では、地盤沈下等の影響もあって台風等による高潮による出水時には、甚大な被害が発生するおそれがある。

１　水　　災

水災は、発生時季によって次のような特性がある。

⑴　春先の融雪時に起こるもの

融雪時の水害は、大雪地帯で豪雪であった年の春先の降雨に伴って、気温の上昇があった時に発生する。しかし、これは局地的なもので急激に発生することは少なく、降雨と重なって発生し、被災範囲が限定される。

⑵　梅雨時、特にその末期の集中豪雨に伴って起こるもの

梅雨時の水害は、長雨で土壌が吸収し得るだけの雨水を溜め込んでしまった後に降る集中的な豪雨により起こるもので、短時間に降った雨は、既に浸透する余地がなく、すべて表流水となるので、単なる河川の氾濫だけでなく、地滑りや崖崩れ等の災害を伴い、局地的な被害発生が多くみられる。

⑶　台風の襲来に伴って起こるもの

台風襲来時の水害は、前二者と比較して雨量が多く、その範囲も広くなる。また、台風の特性として激しい風雨が伴い、時には崖崩れ、堤防の決壊、建築物の倒壊が発生し、風水害の様相を呈する。

２　水害の種類

水害には、次の３種類がある。

⑴　集中豪雨や台風によって、川の水が異常に増水して堤防等から氾濫し流出する…「洪水」

⑵　台風による気圧の降下や強風等の気象的な原因によって、海面の高さが平常より著しく高くなる…「高潮」

⑶　活断層によって、海底が急激に広い範囲に隆起したり、沈降するとこれに比例して海面

が上下動して起こる…「津波」

このうち、津波は後述することとして、まず、洪水及び高潮の原因となることが多い台風について述べる。

３　台　　風

赤道付近の亜熱帯や熱帯地方の海上に小さな波動が現れ、オーストラリアの北東海域付近で海面からの水蒸気の蒸発が盛んになるため、波動は渦を巻くようになり、熱帯低気圧となる。この熱帯低気圧がさらに発達して風速が17.2m/sを超えたものを「台風」と言いう。

その海域の海水温度は、26～27℃以上である。海面上の気温は、27℃以上で海水温度が気温より高いと海面からの水蒸気の蒸発が盛んになる。一方、日本のような中緯度帯の5,000m以上の上空では、西から東に流れる風（偏西風）が吹いている。これによって気圧の高い部分（気圧の峰）が偏東風の渦の所に移動すると、海面近くで渦の中心に吹き込んだ空気を上層に持ち上げ、上層では外側に吹き出させる力が強まる。

したがって、下層の渦がなお激しくなり、それに北緯５度から西北によれると地球の回転の力が加わり、渦の回転は益々速くなる。これが台風の発生メカニズムである（図２－37）。

図２－37　台風発生のメカニズム

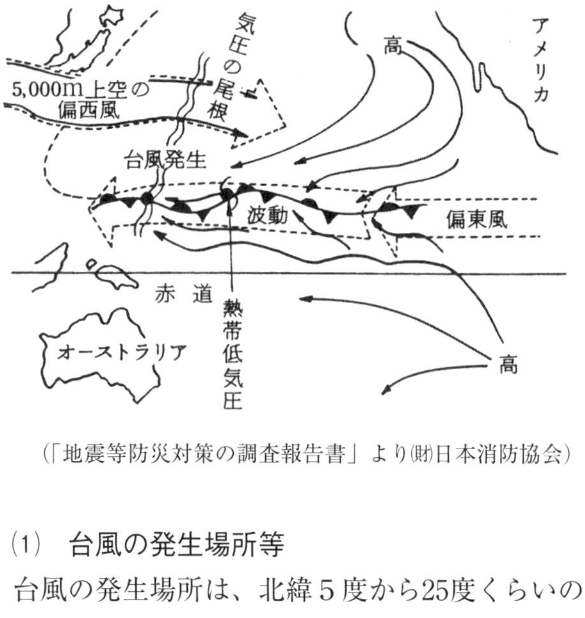

（「地震等防災対策の調査報告書」より㈶日本消防協会）

⑴　台風の発生場所等

台風の発生場所は、北緯５度から25度くらいの洋上で多く発生し、そのうち約１割程度が日本に上陸したり影響する。

台風の発生時期は、８月をピークに７月～10月が多く、日本に上陸するのは８月下旬から９月中旬が多い。

⑵　台風の襲来

台風が発生して日本に到達するには、概ね１週間はかかるが、中には日本の南海上をゆっくり西へ進むものがある。（「迷走台風」という。）

秋台風は、高気圧の南縁では毎時20km/hで進み、北緯20度付近の転向点では、速度が10km/h前後に落ちる。そして北緯30度付近から急速に速度を上げ40～60km/hになり被害も多くなる。

台風の一生は、赤道前線に波ができてきて、渦が巻き始める「揺籃期」、弱い熱帯低気圧として発生し、それから中心付近の最大風速が17m/sになるまでの「発生期」、転向点まえから日本上陸までの「最盛期」、日本付近を通り過ぎると、温帯低気圧又は熱帯低気圧に格下げされる「衰弱期」に分けられる。日本付近では、最盛期から衰弱期に入る過程が多い。

台風が日本の南海上から北上してくると太平洋沿岸はウネリが始まり、日本では天気が良いのに遊泳禁止になる。

台風の日本への接近による天気の変化は、

① 上層の筋雲がいつもと違って、非常に早く東から西に向かって流れる。
② ムッとするような蒸し暑さで、にわか雨が降ったり止んだりする。
③ 北東風や南東風が吹き続ける。
④ いつもは鮮紅色の夕焼けになるが「黒夕焼けは暴風雨来る」といわれるようにドス黒い色の夕焼けになる。
⑤ 海では、潮騒が激しく、海水の濁りが強くなる。

等になる。

⑶　台風の上陸

台風の発生は年によってかなり違うが、過去30年（1987～2016）の平均値は、年間25個で、上陸数の最も多い年は平成16年（2004年）の10個、最も多く上陸している地域は、九州、四国の順である。

4　台風による災害

台風による災害の主なものは、大風（風害）、大雨（水害、洪水）及び高潮によるものであるが、これは単独ではなく複合的な被害で、雨台風の被害が47％で最も多く、風台風が６％、高潮が６％、この３者の複合による被害は８％であるが大きな被害になるのはこの三者複合による被害である。

過去に大きな被害をもたらした台風の中で、特に被害の大きかった次の３つを「三大台風」と呼んでいる。

①　最低気圧第１位
　室戸台風（昭和９年（1934年）９月20日㈭）911.6ヘクトパスカル

②　家屋被害第１位
　枕崎台風（昭和20年（1945年）９月17日㈪）113,945戸

③　人的被害第１位
　伊勢湾台風（昭和34年（1959年）９月26日㈯）5,098人

⑴　洪水（雨による被害）

台風による降雨を大別すると、渦によるもの、前線によるもの、地形によるものが考えられる。渦による降雨は、台風の中心のまわりに分布する渦状の強い雨雲によって起こるもので、渦状の雨雲は、中心からおよそ400～500kmの所から現れ始め、いきなりスコールのような強い雨に見舞われるが、短時間で止み、その後日差しが現れ、しばらくして又強い雨が降るという状態を繰り返しながら、連続的な強い雨となってくる。

台風による雨量が多くなるのは、前線の影響によることが大きく、台風が日本のはるか南方にある時でも日本付近に前線が停滞し、この前線に向かって台風の右半円が強い南風により、多量の水蒸気が輸送される時には、長時間にわたって大雨が降り、洪水となることが多い。図２－38は、台風の雨雲の水平分布図である。

図２－38　台風の雨雲の水平分布

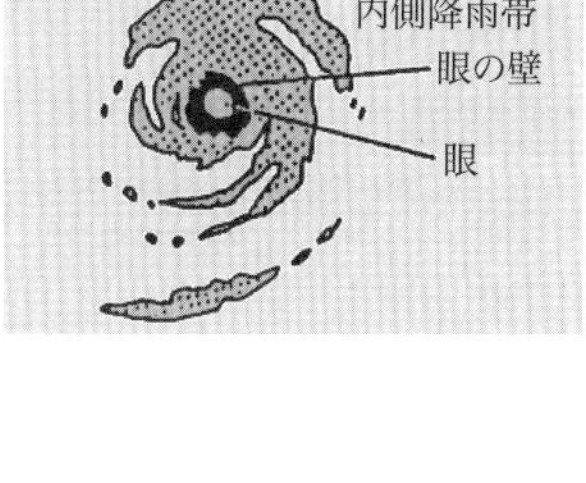

表２－13は、雨による被害（洪水）を分類したものである。

表２－13　雨による災害

水　害	直接被害	溺死
		建築物などの流出・破壊
		冠水による破壊
		浸透による破壊
		水圧による破壊
		歩行や作業の困難
		その他
	間接被害	流木・流石による被害
		地すべり・山崩れ・山津波

⑵　洪水による流水等の特性

①　雨が降り始めると、河川の水位は始め緩やかに上昇するが、次第に急激となり最高水位に達する。

　最高水位の持続時間は、上流部は短く、下流部ほど長くなり、水位の下降は上昇時に比べて緩やかである。

②　最大流速と最高水位は一致しない。最高水位になる数時間前に流速は最大となり、以降次第に小さくなる。同一水位でも増水時の方が減水時より流速は速い。

　また、河川の横断面における流速の最大箇所は、通常最大水深部の水面下である。

　洪水時の流速は、河川により異なるが最大で約６m/sに達することがある。

③　河川に沿って同一時刻に水位を測定すると、波型曲線（洪水波）が得られる。洪水はこの波型曲線の形で流下するが、河川の特性、降雨の状況によっては、２つ以上の最高水位を有する場合がある。（次頁図２－39）

④　最高水位の部分は、平均流速に等しい速度で流下するので最高水位の到達時機は、上流部の最高水位、その時刻、距離から的確に予測できる。

⑶　高潮による災害

高潮を伴った台風の被害は、他の台風に比べて

図２－39　波形曲線（洪水波）

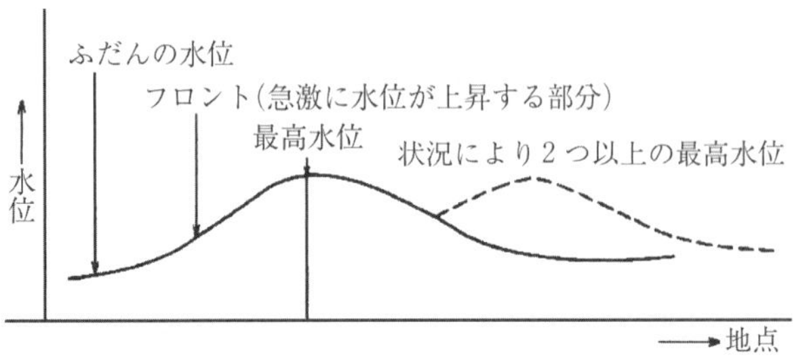

（「水防作業要領」東京消防庁より）

飛躍的に大きくなる。

高潮は、台風や強い低気圧が襲来した時、海岸で海水面が異常に高まり、暴風雨とともに海水が陸地に浸入する現象のことで、高潮による災害は表２－14のように分類されている。

表２－14　高潮による災害

- 高潮被害
  - 浸　水
    - 家屋などの破壊
    - 溺死・負傷
    - 流出
    - 堤防・道路・その他の破壊
    - 流木などによる被害
    - 船舶の沈没・流出
  - 冠　水
    - 生活の困難、不便
    - 建築物の破壊
    - 田畑等の被害

また、過去の高潮災害は表２－15のように記録されている。

表２－15　過去の主な高潮災害

年月日	台風名称	主な被災地	最高潮位 T.P上（m）	最大偏差（m）	死者・行方不明者数（人）
明治43年８月11日		東京湾	2.4	1.3	1,379
大正６年10月１日		東京湾	3.1	2.1	1,324
昭和９年９月21日	室戸台風	大阪湾	3.1	2.9	3,036
昭和20年９月17日	枕崎台風	九州南部	2.6	1.6	3,122
昭和26年10月14日	ルース台風	九州南部	2.8	1.0	943
昭和34年９月27日	伊勢湾台風	伊勢湾	3.9	3.4	5,098

高潮の特色は、水の量が多く、広範囲に浸水し、台風の最中に起こるため住民の避難が困難で大きな被害になる点である。

災害対策基本法が制定されたのは、この高潮により大きな被害を出した、伊勢湾台風が契機になったものである。

20世紀最大の気象災害－伊勢湾台風
（昭和34年９月26日㈯）

伊勢湾台風は、昭和34年（1959年）９月26日㈯、中部地方を襲い、高潮をよぶ最悪のコースで伊勢湾に上陸した。

死者・行方不明者5,098人の人的被害と７千億円を超える物的被害をもたらした。

この台風の通過と満潮が重なった上に、前日からの大雨で木曽川等の大河川が洪水になる一方、夜半の烈風による波浪によって、海岸堤防が破壊され、名古屋南部等湾岸の低地に氾濫してこのような被害をもたらしたものであった。

各都市の高潮によるハード面の防止対策も多くは、この伊勢湾台風による異常高潮を想定して進められているものが多い。

⑷　風による被害

風による被害は、救助対象となることは少ないので省略するが、風速と風の破壊力の関係は、表２－16のように表されている。

表２－16　風速による災害目安

風速（m/s）	現　　　象
10	傘をさしていると壊れる。
15	取り付けの悪い看板などが飛ばされる。
20	体を30度くらい風に向かって前に傾けないと立っていられない。風に向かって歩きにくい。
25	屋根の瓦が飛ばされる。
30	雨戸がたわんで、敷居から外れ、ふき抜かれる。木造の家が倒れる。
35	客車・電車が倒れる。
40	体を45度以上風に向かって前に傾けないと倒れる。小石が飛ぶ。
50	倒れる家が多くなる。
60	鉄塔が曲がる。被害は甚大となる。

5　集中豪雨

普通の雨は、広範囲に広がる層状の雲から降る。このような雲は１秒に数cmか数十cmの上昇気流でできるもので、広範囲に現れ、降雨の継続時間も長くなる。

集中豪雨は、積乱雲から降る。積乱雲を作る上昇気流は、５～15m/s程度であり、積乱雲から大きなひょうが降ることがあるが、そのような大きな氷の塊を空で支えていることからも、積乱雲の上昇気流の強さが推定できる。

このような強い上昇気流は、広範囲には起こり得ないため、積乱雲の雨は、場所的に集中した降り方をするようになるが、時間的には長続きしない。

一方、最近では平成26年の広島豪雨災害や平成27年の関東・東北豪雨災害にみられた線上降水帯と呼ばれる気象状況下での豪雨で被害が多発している。

線状降水帯とは、次々と発生して発達し、組織化した積乱雲群が列をなして数時間にわたりほぼ同じ場所を通過又は停滞することで作り出される線状に伸びる長さ50kmから300km、幅20kmから50km程度の強い降水域を伴う気象状況をいう。

地球温暖化による気候変動によって、集中豪雨が激化し、近年全国各地で局地的に記録的な豪雨による浸水被害が多発している。

平成11年（1999年）６月の梅雨前線豪雨では、広島県を中心に大きな土砂災害が発生し、24人もの犠牲者を出し、その月に福岡市では多くの地下施設に浸水し、新たな災害として注目を集め、東京でも住宅の地下室への浸水によって犠牲者を出した（６．29豪雨災害）。

また、同年８月には、栃木県北部から福島県南西部にかけて時間雨量90mm、トータル雨量1,200mmという豪雨に見舞われ広範囲にわたって多くの被害を出している。

更には、平成26年８月豪雨による広島市の土砂災害では局地的な短時間大雨※（記録的短時間大雨情報発表）によって住宅地後背の山が崩れ、同時多発的に大規模な土石流が発生し、死者74人・重傷者８人・軽傷者36人が発生した。この災害では、救助活動中の消防隊員１名が殉職している。

このため、土砂災害から国民の生命及び身体を保護するため、土砂災害が発生するおそれがある土地の区域を明らかにし、当該区域における警戒避難体制の整備を図るとともに、その中でも著しい土砂災害が発生するおそれがある土地の区域において、一定の開発行為を制限するほか、建築物の構造の規制に関する所要の措置を定めること等の土砂災害防止のための対策の推進を図るため、土砂災害警戒区域等における土砂災害防止対策の推進に関する法律を改正するなどして国の対策が進められている。

※「記録的短時間大雨情報」とは

大雨警報発表中に、土砂災害、浸水害、中小河川の洪水害の発生のおそれがあるような数十年に一回程度しか起こらないような一時間に100mm前後の猛烈な雨が観測された場合は気象台から「記録的短時間大雨情報」が発表される。

第３　水防活動

水災の防止活動（水防）は、「水防法」（昭和24年法律第193号）によって定められている。

水防は、洪水又は高潮に際し、水災を警戒し、防御し、これによる被害を軽減することによって社会の安全を保持することを目的として実施される活動であり、水防の第一次責任は市町村にある。消防機関は、水防団とともに市町村の唯一の第一線実働機関として水防活動に当たることとされている。

※水防団とは、水防法に定められた水害や事故に対処するために設置される組織であり、水防団員は非常勤の特別職地方公務員である。水防団員は国土交通大臣、都道府県知事又は水防管理団体である市町村長の命令を受け、水防団長の指揮により水防活動に従事する。なお、消防団員との兼任をする地区地域が多い。

1　水防計画

水防法に基づき、市町村が作成する水防計画は、次のような事項が計画されている。

平成27年９月関東・東北豪雨で鬼怒川の堤防が決壊、常総市の浸水状況（平成27年９月９日㈮）

① 監視、警戒（堤防等の巡視、時機、区域、警戒措置要領）
② 連絡通報（洪水時の通信連絡及び住民等への情報の提供、警報、避難の勧告・指示等の伝達）
③ 水災対策本部の設置
④ 輸送（水防資機材、活動要員等の輸送）
⑤ ダム、水門等の操作（ダムの操作と水防活動等の調整）
⑥ 水防団及び消防機関の活動（活動要員の召集、現場出動、活動基準、活動要領）
⑦ 水防管理団体の相互の応援
⑧ 水防上必要な資機材、設備等の整備、運用等

２　水防活動

一般的に水防活動は、火災の消火活動とは違って時間的には余裕があり、警戒体制から発災までの間に資機材の点検や活動部隊の編成をすることができる。水防活動に際しては、現場の情報をもとにして発生した事象に適応した処置を判断し、使用可能な資機材を活用して、次の事項に留意して臨機応変に実施する。

① 二次災害の防止及び作業の円滑化を図るため、警戒区域を設定するとともに監視警戒員を配置して開始する。
② 災害の発生原因、危険切迫の度合、作業力及び手持の資機材等を検討し、防御可能な方法を選択して行う。
③ 新たに起こることが予想される作業危険に十分対処し得るよう人員、資機材に余裕を持って行う。
④ 危険度の増大や損傷の状態に即応して工法等を補強し、あるいは付加して行う。
⑤ 作業は、命綱、救命胴衣等個人装備品は完全に着装して従事する。

３　水防工法

水防工法は、洪水や高潮の際、河川、港湾地域等から越水又は漏水等によって浸水する被害を防止するために応急的に行う工法で、実施対象は越水、漏水、洗掘、決壊、亀裂及び崩壊箇所等があり水防工法には、次頁の表２－17のような種別がある。

第４　水災救助

１　避難の勧告等

洪水や土砂災害等で、地域住民等に避難の勧告又は指示を行う場合の一般的な基準は、次の事態に至った時である。

① 河川が警戒水位を越え、洪水のおそれがある時
② 避難の必要性が予想される各種気象警報が発せられた時
③ 河川の上流が被害を受け下流に危険がある時
④ 地すべり、山崩れ及び土石流等により著しい危険が切迫している時
⑤ その他住民の生命又は身体を災害から保護するために必要と認められる時

「避難準備・高齢者等避難開始」について（平成28年12月26日公表）

平成28年台風第10号による水害では、死者・行方不明者27人が発生する等、東北・北海道の各地で甚大な被害が発生し、とりわけ、岩手県岩泉町では、グループホームが被災し、入所者９名が全員亡くなる等、高齢者の被災が相次いだ（平成28年台風10号災害）。

本水害では、高齢者施設において、適切な避難

表２－17　水防工法一覧表

現象		工法	工法の概略説明	主に使用される箇所、河川	主要材料	摘要
越水		積土俵	堤防天端に土俵を何段か積み重ねる	一般河川	土俵（叺）、杭又は竹	応急嵩上げ工
		せき板工	堤防天端に杭を打ち、せき板を当てる	都市周辺河川（木材の得やすいところ）	杭、板、（釘）	〃
		蛇籠積み	堤防天端に土俵の代わりに蛇籠を積む	急流河川	蛇籠、詰石、莚、（杭）	〃
		裏莚張り	堤防裏のり面を莚で被覆する	あまり高くない堤体の固い箇所	莚、縄、竹、土俵又は叺	応急溢流堤工
浸透	漏水	釜段	裏小段裏のり先平地に円形に積土俵する	一般河川	土俵、叺、莚、（杭又は竹、樋）	漏水緩和工
		月の輪	同上でのりにかかり欠円形に積土俵する	〃	同上	〃
		詰土俵	川表の漏水口に土俵を詰める	構造物のあるところ、水深のあまり深くないところ	土俵（叺）、縄（莚、杭、竹）	漏水止め工
		継ぎ莚張り	川表の漏水面に莚を垂れ被覆する	漏水面の広いところ、水深の浅いところ	莚、縄、竹、杭、土俵	これは表のり決壊工に用いる
		莚張り	川表の漏水面に莚を張る	水深のあまり深くないところ	莚、竹、（縄、土俵）	漏水止め工
		畳張り	上記莚の代わりに畳を用いる	〃	古畳、杭、（土俵、纒）	〃
	裏のり亀裂	五徳縫い	裏のり面の亀裂を竹で縫い崩壊を防ぐ	粘土質堤防	竹、縄、土俵	
		挿し竹	裏のり間の亀裂を竹で挿して崩壊を防ぐ	〃	竹（土俵）	
		丸杭打ち	裏のり先付近に大きな杭を並べる	粘土質堤防のすべり面に沿い滑動するもの	杭（竹）	
		籠止め	裏のりを菱形様に杭打ち竹又は鉄線で縫う	砂質堤防	杭、竹（鉄線）、土俵（粗朶）	
	裏のり崩壊	立籠	裏のり面に蛇籠を立て被覆する	砂利質堤防、急流河川	蛇籠、詰石（杭）	
		杭打ち積土俵	裏のり面に杭を打ち並べ、中詰に土俵を入れる	砂質堤防	杭、布木、土俵、鉄線	
		土俵羽口	裏のり面に土俵を小口に張り上げる	一般堤防	土俵、竹（又は杭）	これはのり崩壊にも用いられる
		築回し	裏のり面に杭打ち柵をかき、中詰土俵を入れる	〃	杭柵材、布木、土俵	裏のり崩れの断面補充にも用いる
		繋杭打	杭を数列のりの上下に打ち並べ、これを連結し、中詰土俵を入れる	〃	杭、丸太材、縄、土俵	
		柵掻き詰土俵	上記の工法とほぼ同じ	〃	杭、柵材、土俵	
	天端付近の亀裂	折返し	天端の亀裂を両肩付近に竹を挿し折り曲げて連結する	粘土質堤防	竹、土俵、縄	
		杭打ち繋ぎ	同上、竹の代わりに杭を用い鉄線でつなぐ	砂質堤防	杭、鉄線	
		控取り	亀裂が天端から裏のりにかかるもの、折返しと同様	粘土質堤防	竹、土俵、縄	
		繋ぎ縫い	同上の現象で杭打ち繋ぎと同様	砂質堤防	杭、鉄線、土俵	
洗掘		木流し	樹木を重り土俵をつけて流し被覆してやる	急流河川	立木、土俵、縄、鉄線、杭	
		莚張り・畳張り・継ぎ莚張り		比較的緩流河川		
		築回し		凸側堤防、他の工法と併工		
		立て籠	表のりに蛇籠を立てて被覆する	砂利堤防、急流河川		
		わく入れ	川倉、牛わく、猪の子などを入れる	急流河川、かなり河幅の広い河川	わく工材	
		捨石	大きな石又は石俵などを投入する	急流河川	石、石俵	

行動がとられなかったことを重く受けとめ、高齢者等が避難を開始する段階であるということを明確にするため、令和３年５月20日から新たな避難情報等として避難指示で必ず避難。避難勧告は廃止されました。

2　水災救助

台風や集中豪雨による救助事象は、広域的で同時多発的である。

それは、台風は通過するまでの間にスコール状の強い雨が繰り返し降った後に集中的な豪雨に襲われる、また、梅雨末期の集中豪雨は、梅雨によって地盤が全体として緩んでいて崩れやすい状態になっている所に、集中豪雨になるために広域にわたって水の被害と地すべりや崖崩れ等の土砂災害が各所で同時に起こるためである。

したがって、このような災害のおそれのある地域では常に気象情報に耳を傾け、早めに必要な対策を進めておくことが必要である。

◎水災時の避難及び救助活動上の留意事項

①　防災体制を強化（災害対策本部の早期設置、職員の召集による活動体制の確保、資機材の点検整備等）するとともに、無線機を携行させて監視警戒員を要所に配置し、水位の上昇状況等災害兆候の収集に努める。

②　同報無線及び巡回広報車等を使用して、地域住民に警戒上必要な情報を提供する。

③　避難対象地域は、努めて広い範囲とし、避難所要時間等を検討して早めに予告し、地域の末端まで確実に到達し、地域のすべての人達が完全に避難できるよう努力する。

激しい雨が降っていて、災害による危険が目前に迫っていても「まさか自分が被災者になることはないだろう」という心理になりがちで、このような人達が被災し、救助の対象になる。避難状況を確認して説得しながら完全避難に努めることが大切である。

④　避難命令は、河川の流域や傾斜地等地域単位に分割して出され、住居の位置によって危険性を異にすることもあり、避難状況の確認者を定めて確実な掌握に努める。

⑤　避難に際しては、安全な道路を選定し、特に崖下の道路を避け、やむを得ず通る時は、要所に誘導員を配置して落石、崩壊に注意して介添する等災害弱者の支援を行う等の配慮をする。

⑥　多くの人達を誘導する時は、前後左右に誘導員を配置し、誘導員は出水箇所、泥ねい地域を通過する場合もあり、測深棒等を携行し、安全を確認しながら誘導する。また、状況によりロープを張り、避難者の脱落を防止する。

⑦　避難所で確認の結果、消息不明の人や取り残されている人があると推定される時は、安全確保に留意し、迅速に部隊として対応する。

⑧　台風や豪雨によって警戒水位を突破し、増水警戒中に河川への転落や地すべり等による救助事象の発生を覚知した時は、救出が容易であると判断される場合を除いて、救助事象の多発が想定される他の地域での対応等に備えて、当面は、最寄りの警戒員等を出向させて対応し、小降りになった時点で本格的な救助活動に当たる。

⑨　孤立地域の救助、救援に備えて舟艇、救命

浮輪、胴衣等を確保するとともに、ヘリコプターによる空からの救助の手配を考慮する。

⑩　救助作業は、現場近くの関係者から転落時の状況や水没箇所を確認して、河川の流速から位置関係を推定し、河川の両岸等から鳶口、測深棒等で確認に努める。

⑪　濁流の中での水中検索は、危険が伴い発見も困難なことが多いが、水中検索を実施する時は、身体をロープ等で結着し、これを川岸で確保しながら行う。

⑫　水没者は、流れの速い中央部には止まらないので、水中検索は川渕や淀みのある所を重点的に行う。

３　広域的同時多発水害の概要

梅雨前線の停滞に伴う豪雨により、島根県を中心に16県に及ぶ地域に水害が同時多発し、死者・行方不明者117人という大被害が発生した災害の概要を紹介することとする。

⑴　島根県豪雨災害の概要

この水害は、昭和58年（1983年）７月20日㈬から23日㈯にかけて日本海に停滞して活発化した梅雨前線のため、島根県西部を中心に時間雨量90mmを超え、また総雨量600mm以上に達する集中豪雨により各地で中小河川の氾濫、山崩れ、土石流が相次ぎ、家屋の倒壊等により死者・行方不明者117人、被害総額4,382億円に及ぶ大災害であり、島根、山口、広島、岡山、石川、鳥取等16県に及ぶ地域に被害が発生したものである。

水害激甚地域では、過去の水害の経験から水が出たら山へ避難するという教育が裏目に出て死者の多くは、山で遭難し、改めて避難誘導の難しさが痛感された災害であった。

一方、防災行政無線の普及により大多数の住民が無事に避難することができた地域もあった。

⑵　降雨状況

雨が強かったのは21日朝、21日午後から夜にかけて、及び22日夜から23日朝にかけてで、特に22日夜からの降雨は島根県の浜田で測候所創設以来の１時間91mmという強い雨が降り、22日夜からの降雨は351mmに達した。

また、益田では１時間91mm、山口県の須佐では22日夜からの降雨量が344mmを記録した。

20日から23日までの総雨量は、山口県北部、島根県西部、広島県北部で300mm～500mm、島根県東部では200mm～300mmに達するという広域的な豪雨に見舞われたものである。

⑶　被害の概要

この水災による被害の概要は、次の表２－18及び表２－19のとおりである。

⑷　被害の発生経過

この水災により、最も大きな被害を受けたのは島根県であった。同県では、災害史上最大の被害を被ったと報告しており、その中でも県西部の益田市、三隅町（現・浜田市）及び浜田市と山口県の須佐町（現・萩市）が激甚被害地域である。

このほぼ中央に位置する三隅町の被害の発生状

表２－18　人的被害

区　分	人　数
死　　者	112人
行方不明者	５人
負　傷　者	193人

表２－19　物的被害

	被害区分	被害数
建物被害	全壊（流出）	1,098棟
	半壊	2,040棟
	床上浸水	7,484棟
	床下浸水	11,264棟
その他	橋梁流出	248件
	河川損壊	11,812件
	山崩れ（崖崩れ）	2,568件
	鉄道被害	388件

表２－20　三隅町（現・浜田市）の水害発生状況

時　間	内　　容
0：35	大雨降水警報発表
2：00	第二次災害体制
3：40	岡崎集落で山崩れ、家屋２戸被災
4：00	井野、大口川堤防決壊（消防団第１分団出動命令）
4：25	国道９号線決壊、自動車２台転落
5：00	町内各地区から山崩れ、家屋被災の報告続出
5：18	全村民に非常事態宣言
5：26	井野地区で家屋全壊、行方不明者１人
5：45	三隅川警戒水位突破、地区住民に避難命令
6：06	岡見須津山崩れ発生、13人行方不明（第３分団出動）
6：12	三保地区山崩れ発生、１人行方不明
6：50	三隅南小学校孤立、あと２mで校舎水没、避難住民40人脱出困難自衛隊にヘリコプター要請
7：58	三隅大橋付近堤防越流
8：30	三隅大橋付近堤防決壊

況について、時系列を追って紹介すると、表2－20になる。（なお、他の市町村もほぼ同様の被害を受けている。）

⑸　災害活動体験記

前記当時三隅町の消防団長Ｋ氏は、地震等防災対策の調査報告書（昭和59年、㈶日本消防協会刊）に体験記として防災活動の概要を記しているので、その一部を紹介することとする。

「…３時40分頃町民に対し避難命令が放送されました。雨は一向に止むことなく、刻々とダムの大量放水がなされ、見る見るうちに堤防の決壊、橋の流出、家屋の流出、山崩れによる家屋が全壊して住民が生き埋めとなり、その救助指令の放送があり、消防団員は危険を省みず、町民の救助と避難誘導に当たり、特に子供、婦人、老人には気をつけました。又漁業地区の団員は集落の人の応援に当たり、舟による救助や避難誘導に当たりました。…浸水して電気は消え、電話は不通となり、鉄道は至る所で遮断されて連絡は一切途絶しました。濁水により浸水が早かったため、住民は着のみ着のまま命がけで避難をさせました。特に女性の助けを求める声を聞きその当時のことを思うと、ぞーっとします。…（中略）…又残念なことには岡見分団地区では、山崩れによる死者が多く出たことに住民の不安と驚きを感じたのであります。なかでもわざわざ我が家が危険だといって避難した場所に思いがけない山崩れが起き、５戸の家屋が押しつぶされ12人の犠牲者が出たことであります。

それも狭い谷間で救出作業には大型機械は使用できず、消防団員や地区の人の手による救出作業がはかどらず、又暑い炎天下の作業でなかなか大変なことでありました。（以下省略）」と当時の模様を記している。

第５　津　波

１　津波発生の仕組み

津波は、海底火山の爆発や海底の地すべり、地震に伴って起こるが、地震に伴って起こる津波が最も多く発生している。

地震によって起こる津波は、地震断層によって海底が急激に広い範囲で隆起したり、沈降すると、海面がこれに比例して上下に変動する。それはあたかも池に石を投げ入れた時のような波となって四方に広がる、これが津波である。

津波は、何回も襲来し、長時間継続するのが普通である。津波は、地震後一旦潮が引いてから襲来するといわれるが、発生機構と波源の位置関係で、最大波は第一波で現れることは少なく、第二波か第三波で現れることが多い。第一波は押し波のことも引き波のこともある。

したがって、地震の後のテレビ、ラジオ等の津波情報を早く聞くことが大切である。津波の高さは、海岸の地形に著しく左右され、Ｖ字型で奥が狭い湾（リアス式海岸）では、津波は数倍に増幅されて高くなるが、平坦で起伏の少ない海岸では低くなる。

過去に大津波に襲われた地域は、将来の津波に対しても、大きな波高になる宿命的な地形にあるといえるので警戒しなければならない。

日本海で発生した地震による津波は、対岸のシベリア沿岸等にも押し寄せ、シベリア沿岸にぶつかった大津波は、反射して再び日本側に引き返してくる。したがって、避難先ではラジオ、同報無線、広報車等の情報を入手し、警報が解除されるまでは、避難場所を離れないことである。

津波の伝わる速さ（V）は、海の深さ（h）と関係があり、その関係は重力の加速度を（g）とすると、$V = \sqrt{gh} \fallingdotseq 3\ h$（単位：m/s）で現される。

例えば、重力の加速度を $g = 980cm/sec^2$ とすると、水深2,000ｍの海岸では、毎秒140ｍの速さで伝わるが沿岸に近い水深200ｍの所では毎秒40ｍの速さになる。

地震波が地殻内を伝わる速さは、平均毎秒６kmなので、地震波を観測してから津波が沿岸に到達するまでの時間を利用して、津波の規模や沿岸に到達するまでの時刻が予想できる。

このように津波は、沿岸に近づくにつれて速度は遅くなるが、波の高さは大きくなるので、時として20ｍを超える大津波となり、大きな被害を出すことがある。

津波は、太平洋側で発生することが多く、日本海側の津波は、全体の19％程度である。

地震後、津波が海岸に襲来するまでの時間は、関東から北の太平洋岸では早くて15分、通常は30分以上かかるといわれている。関東から四国にかけては地震が沿岸近くで起こることが多いので、わずか数分の余裕しかないこともある。

2　津波予報

地震後の津波の予報と到達時間についてみると、日本海中部地震の際は、気象庁が大津波警報を発表する7分前に第一波の大津波が押し寄せていた。

また、北海道南西沖地震の際は、気象庁が大津波警報を出した時刻には、既に津波による被害が出ていた。このような反省を踏まえて、気象庁はより迅速に津波予報を伝達するために見直しを行い、平成11年（1999年）4月から津波の監視、予報区分及び伝達方法等を改めた。

津波は、全国66カ所の検潮所と10カ所の超音波観測施設を設置して観測が行われている。

これらの観測点で異常を感知した時は、新たに開発した津波予報手法により沿岸の津波の高さ、到達時間を数量的に予測して、次のような区分で予報される。

(1)　津波予報区

全国の沿岸を18区に区分していた従来の予報区を住民に分かりやすくするために、沿岸を都道府県単位ごとの図2－40のように66区に細分して予報する。

図2－40　津波予報

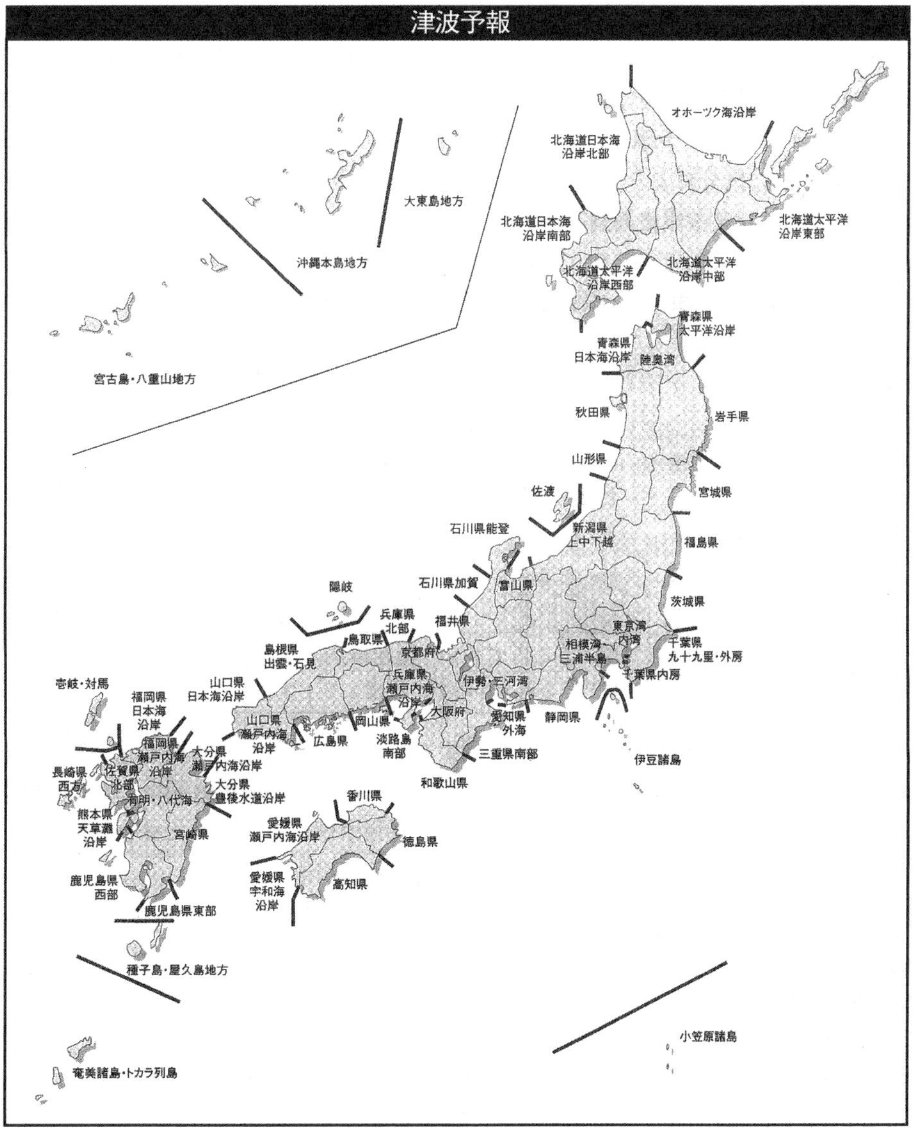

「津波予報」（気象庁）より

(2)　津波予報の内容

地震発生後、津波による災害の発生が予想されるかの状況によって、次の情報が発表される。

①　津波警報・注意報は、地震発生から約３分（緊急地震速報の技術が使える地震は２分以内）で、各予報区で予想される津波の高さの程度により津波警報（「大津波」、「津波」）又は津波注意報が発表される。

②　津波情報は、津波警報・注意報が発表された場合、津波の到達時刻や予想される津波の高さ、満潮時の時刻及び津波を観測した場合は、その時刻や高さが発表される。

③　津波予報は、「津波が予想されないとき」、「0.2m未満の海面変動が予想さるとき」又は「津波注意報解除後も海面変動が継続するとき」に発表される。

平成23年３月の東北地方太平洋沖地震（東日本大震災）の津波警報で問題となったのは、大津波警報の中にあった「３m」、「６m」という言葉で、津波の高さが３m以上だと甚大な被害が発生するから「大津波警報」が発表されたのに、大きな防潮堤のそばの住民が６mなら大丈夫だと信じきっていて避難せず、多くの犠牲者が発生した。このため気象庁では津波警報の発表方法などの見直しが行われた（表２－21）。

表２－21　改善後の津波警報・注意報

種　類	津波の高さの表現	
	地震の規模をほぼ正確に推定できる場合（カッコ内は予想される範囲）	巨大地震で規模を過小評価する可能性がある場合
大津波警報	10メートル超 （10メートル超）	巨大
	10メートル （５～10メートル）	
	５メートル （３～５メートル）	
津波警報	３メートル （１～３メートル）	高い
津波注意報	１メートル （0.2～１メートル）	言及せず

「特別警報とは」

気象庁は、警報の発表基準をはるかに超える大雨や大津波等が予想され、重大な災害の起こるおそれが著しく高まっている場合、「特別警報」を発表し最大級の警戒を呼びかける。特別警報が発表された場合、数十年に一度の、これまでに経験したことのないような、重大な危険が差し迫った異常な状況にあり、ただちに地元市町村の避難情報に従うなど、適切な行動をとる必要がある。

具体的には、津波については「大津波警報」、火山噴火については「噴火警報（居住地域）」、地震については「緊急地震速報」（震度６弱以上を予想したもの）を特別警報に位置づけている。

これらの特別警報は、名称に「特別警報」は用いず、従来どおりの名称で発表される。例えば、大津波警報が発表された時は、それが津波に関する特別警報が発表されたということになる。

３　津波情報の活用

津波予報を津波防災に効果的に利用するためには、気象庁が発表する情報を正しく理解することが大切である。

(1)　津波到達予想時刻

津波到達予想時刻は、その予報区に最も早く津波が来ると予想される時刻で、10分単位に発表される。沖合に津波を目撃してからの避難では間に合わないといわれる。避難は、遅くともこの到達予想時刻前までには完了できるようにあらゆる方策を講じて周知し、実施することが必要である。

また、到達予想時刻になっても津波が観測されないからといって、警戒を緩めることは危険である。警戒は、津波予報が解除されるまで継続することが必要である。

(2)　津波の高さ

予想される津波の高さは、津波によって潮位が上昇した高さを示し、予測地点における予測値の最大値である。

津波が陸上を駆け上がった高さ（遡上高さ）は、一般にこれらの値の２～４倍程度になり、津波の波形によって影響を受ける。

被災想定区域や警戒区域、避難地の検討は、このことを踏まえて計画しておくことが必要である。

⑶　津波浸水予測図

市町村によっては、予想される津波の高さに対応する「浸水予想図」を「津波災害予測マニュアル」をもとに整備している。この予測図によって対象地域を把握しておくことが望ましい。

⑷　津波情報の伝達

津波予報は、全国6カ所にある津波予報実施官署（札幌、仙台、東京、大阪、福岡、沖縄）から発表され、次のような経路で住民に伝達される。

情報の住民への到達時間は、報道機関のラジオ、テレビが最も早く情報を得ることができる。ただ、地震によって停電することがあるので、携帯ラジオにより情報を得るようにしておくことが必要である。

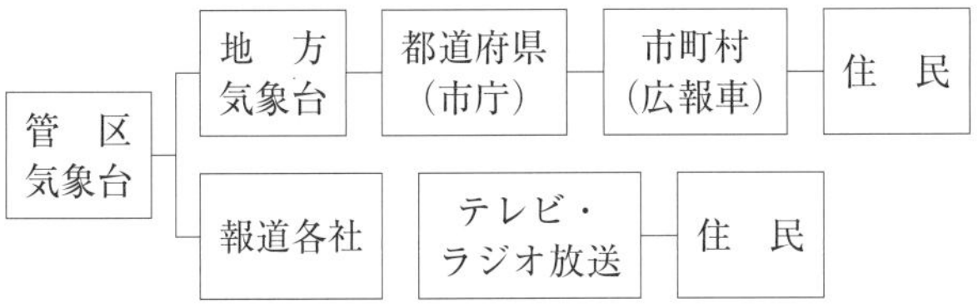

4　津波防災

津波の発生を防止することはできない。津波防災は、津波が来る前に、地域住民に津波警報をいかに早く知らせ、一人でも多くの人達を高台に避難させ、いかにして船舶や陸地に及ぶ物的被害を少なくすることができるかということである。

地震に伴う津波は、地震発生後数分から数十分後に襲われるために避難によりその被害を免れることが可能だが、地震の揺れによる被害を免れても避難が遅れて波に襲われた場合は、その生存の確率は極めて少なく、津波襲来後の活動は行方不明者の捜索となり、津波警報の発令から津波の襲来までの僅かな時間の活動が極めて重要である。

津波注意報・警報（以下「津波注意報等」という。）が発令された際に実施すべき活動は、概ね次のような事項である。

①　津波注意報等が出されたら、同報無線及び巡回広報車等により津波危険地域を巡回して避難を徹底する。

②　船舶は、強い地震や津波警報が出たら水深の深い、広い海域に避難する。港外退避ができない小型船は高い所に引き上げて固縛する。

③　港湾地域に設置されている津波防止用の「門扉」「水門」「角落とし」等を閉鎖する。

④　津波による被害のおそれのない高台やビルの屋上等で、津波の監視警戒を行う。

5　避　　難

日本海中部地震の直後、東京大学新聞研究所が秋田県能代市民を対象に津波警報後の避難についてアンケート調査を実施した(※)。その結果「津波は来るとは思わなかった。」「津波は来ると思ったがそれほど大被害をもたらすとは思わなかった。」という人達が90％を占めていた。この地震では津波警報が遅れたことに加えて、津波の危険意識が甘かったことが被害を大きくした。

沿岸地域は、常に津波の危険があり、地震発生後は直ちに津波の襲来に備えなければならない。

三陸沿岸は、概ね30年ごとに大津波に襲われ、表2－22のように多くの人達がその犠牲になっている。

※『1983年5月日本海中部地震における災害情報の伝達と住民の対応』（東京大学新聞研究所報告書、1985）

表2－22　三陸沿岸の津波による死者・行方不明

津　波　種　別		岩手県全域	田老町
明治三陸地震津波	明治29年	18,158人	1,859人
昭和三陸地震津波	昭和8年	2,671人	911人
チリ地震津波	昭和35年	55人	0
東北地方太平洋沖地震津波	平成23年	6,257人	181人

⑴　津波の規模

津波にも地震の震度階のように階級がある。表中の明治三陸地震津波は「4」で波高は10～15m、最大波高は38.2mであった。また三陸地震津波は「3」であり、チリ地震津波や1968年（昭和43年）十勝沖地震津波は「2」であった。（表2－23）

表２－23　津波の規模階級

津波の規模階級	波の高さ（最高）	被害程度
－１	50cm以下	無被害
0	１ｍ前後	ごくわずかの被害
1	２ｍ前後	海岸の家屋を損傷し、船艇をさらう程度
2	４～６ｍ	家屋や人命の損失
3	10～20ｍ	400km以上の海岸線に顕著な被害
4	30ｍ以上	500km以上の海岸線に顕著な被害

注　各々の中間程度の津波規模を判断する場合には、津波の規模を0.5きざみで評価することもある。（出典：宇津徳治総編集「地震の事典」）

三陸沿岸は、津波の都度、大きな被害に見舞われ、「津波の田老（たろう）」といわれる岩手県下閉伊郡田老町（現・宮古市）は、明治三陸大地震では町の大部分の人達が津波に呑まれ、三陸地震津波では沖に漁に出ていた人達36人を残して全滅するという苦い経験をしてきている。

三陸地震津波（昭和８年３月３日）

このため田老町では津波防災対策の強化に努め、防潮堤の建設をはじめ防災行政無線、津波誘導避難路の整備、防災情報伝達システム及び津波観測システムの整備を進めてきている。

特に非常時に津波情報をいかに早く住民に知らせ、いかに早く住民を高台に避難させるかが重要であり、田老町が全滅の被害を受けた昭和８年（1933年）３月３日㈮の昭和三陸地震津波（午前３時30分）を記念して毎年３月３日のこの時刻を期して津波避難訓練が実施されてきた。

この成果がチリ地震津波や1968年十勝沖地震津波に現れ「死者ゼロ」に結びついているという。

また、田老地区は大津波による壊滅的被害を受け、「万里の長城」と呼ばれる長大な防潮堤を築いたが、平成23年の東日本大震災の大津波に対して、高さ10メートルの防潮堤も無力ではあったが、防潮堤がなければもっと被害を大きくしたと言われ、ハード構造物が不要という結論にはならない。桁外れの津波が襲来したことは確かだが、ハード構造物だけでは地域を守りきれないことを念頭に、ソフト面も含めて計画を立てるべきだと指摘されている。

三陸地方の言い伝えに「津波てんでんこ」という言葉がある。

津波は、早いスピードで沿岸を襲ってくる。わずか数歩の違い、あるいは数秒の違いが生死を分けることがある。

津波常襲地帯の悲しい言い伝えとして「津波がきたら他人にかまわず自分だけ逃げよ」という意味で、家族と一緒に逃げるのでは間に合わないという辛い言い伝えを残しているのである。

⑵　**避難上の留意事項**

津波からの避難に際して留意すべき事項は、６で述べる「津波に対する心得」のほか、次のような点である。

①　自分たちの住んでいる地域に今までどのような地震があり、また津波の際どこが危険で、安全な場所はどこかを確認する。

②　海岸にいて震度５以上の地震を感じたらひとまず避難して、ラジオ等によって確認する。

③　近海で起こる地震の津波は、５分間が勝負で、余裕がない。津波を軽視せずに地域の人達に早く知らせる。

④　避難に際しては身支度を整えて海岸線から直角方向の高台（20ｍ以上）や鉄筋コンクリート造りのビルの高層階に避難する。

⑤　海岸線に沿う回り道や橋を渡ることを避け、避難の途中忘れ物に気づいても取りに戻らない。避難のタイミングを失する。

⑥　病人や高齢者を乗せて避難する場合以外は、努めて徒歩で避難し、車は使わない。北

日本海中部地震・秋田県米代川河口付近津波による被災の状況　（昭和58年５月26日㈭）

北海道南西沖地震・大津波と火災の複合災害に遭い、壊滅状態になった北海道・奥尻島青苗地区中央部の惨状　（平成５年７月12日㈪）

海道南西沖地震津波では、車で大勢の人達が避難したため、途中で交通渋滞して避難が遅れ、車ごと津波にさらわれている。

⑦　津波は、谷筋に集中する。避難する時は谷筋に沿って避難してはならない。

⑧　船に乗っていて、岸から200～300m離れていたら沖へ逃げよ。

６　津波に対する心得

北海道南西沖地震の際、国の関係省庁が津波防災対策について協議し、津波に対する住民等の一般的な心得を次のように定めている。

①　強い地震（震度４以上）を感じた時、又は弱い地震であっても、長い時間ゆっくりとした揺れを感じた時は、直ちに海浜から離れ、急いで安全な場所に避難する。

②　地震を感じなくても、津波警報が発表された時は、直ちに海浜から離れ、急いで安全な場所に避難する。

③　正しい情報をラジオ、テレビ、広報車等を通じて入手する。

④　津波注意報でも海水浴や磯釣りは危険なので行わない。

⑤　津波は、繰り返し襲ってくるので警報が解除されるまで気を緩めない。

７　東京湾内の津波対策

東京湾内の津波の危険性については、東京都地域防災計画（平成26年度修正）では、元禄型関東地震の場合の予想最大津波高は、東京湾沿岸区部で2.61m、島しょ部で22.4mとされ、島しょ部においては津波対策を十分に講ずる必要があるとされているが、区部については伊勢湾台風級の高潮対策を目標として進めてきた堤防や防潮堤等の現行の堤防高で対応するとしている。

しかし、東日本大震災の大津波は、東京湾内にも浸入し館山1.72m、東京晴海1.5m、横浜1.55mなど各地で津波が観測され、元禄型関東地震で水門等が機能しない場合は、浸水被害が想定されるとして、堤防、防潮堤等港湾・河川施設の耐震・耐水対策を推進する必要があるとされている。

第四節　土砂災害の救助

日本の国土は、急峻な山谷が多く、複雑な断層が発達し、崩れやすい地質であるシラス等の土壌に覆われている上に、台風や大雨、地震などが多く、地形的・気象的な条件により土砂災害が発生しやすい国土環境にある。

その上、この狭い国土に過密な人口を抱え、世界有数の産業経済活動が展開されているため、地震や集中豪雨等のたびに土砂災害が起き、各地で大きな被害を出している。

第1　土砂災害の分類

土砂災害は、土砂の移動する形態から、①斜面崩壊（山崩れ、崖崩れ、落石)、②土石流（鉄砲水、山津波、泥流)、及び③地すべり、の３つに分類できる。実際は、大雨や雪どけ、火山活動や地震などをきっかけとして、これらが複合して発生することが多い。

また土砂災害の原因は、表２－24のように分けられるが、本書では、我が国で最も多く発生している火山災害を含めた土砂災害について、その現象及び救助対策の要点について述べることとする。

表２－24

土砂災害	降雨、融雪、地震に起因するもの	土石流
		地滑り
		崖崩れ
		山崩れ
	火山活動に起因するもの	溶岩流
		火砕流
		火山泥流
		山体崩れ

1　崖崩れ（山崩れ）

斜面の地表に近い部分が、雨水の浸透や地震等でゆるみ、突然、崩れ落ちる現象で崩れ落ちるまでの時間がごく短いため、人家の近くでは逃げ遅れも発生し、人命を奪うことが多い。

土砂災害の大部分は、この崖崩れによるものである。ただ、局地的な現象のために大災害になることは少ない。

都市部では、急激な市街地化が進み、傾斜地を整地して宅地等とすることが多くなり、地震動等による揺れで崖崩れが多く発生している。

平成５年（1993年）７月12日㈪に発生した北海道南西沖地震では、奥尻島で起こった大規模な崖崩れによって沿岸に建っていたホテル「洋々荘」は、完全に崖崩れに呑み込まれ、宿泊客等24人が犠牲になり、平成７年（1995年）１月17日㈫の阪神・淡路大震災でも西宮市仁川百合野町で六甲山南斜面が一気に崩れて建物が倒壊し、34人もの人達が犠牲になっている。

また、平成26年８月広島豪雨では、広島市安佐北区、安佐南区の住宅地の後背の山が崩れ74人が犠牲となり、救助活動中の消防隊員１名が二次災害に巻き込まれて殉職している。

崖崩れの原因は、整地部分への雨水の浸透や崖の根元が洗堀されて崩れる例もあるが地震動による外力を受けて崩れることもある。

2　土石流災害

山腹や川底の石、土砂が長雨や集中豪雨などによって一気に下流へと押し流される現象で流下する土砂の先頭には直径数mを超す大きな石や流木が集まりやすく、時速20～40kmという速度で一瞬のうちに人家や畑などを壊滅させることがある。

土石流の形成される過程は、次のようになる。

① 集中豪雨、融雪等により、山腹が崩壊し、土砂が流出する。

② 渓流に堆積して天然のダムを造る。

③ 水圧により天然ダムが決壊する。

④　土砂と水の混合した高い密度の流れとなって渓谷を流下する。
⑤　流下しながら渓谷を侵食して成長する。
⑥　渓谷を出て土砂を堆積し、扇状地を形成する。
（「自然災害を知る。防ぐ」（石井弓夫他）より）

土石流災害のハード面の基本的な防止対策は、渓流の上流に砂防ダムを造ることによる土砂の流出抑制や下流の谷の出口付近に砂防ダムを作り、発生した土石流を受け止めて被害を防止する方法が考えられている。

土石流発生のおそれがあり、５戸以上の人家や公共施設に被害のおそれがあるとされる土石流危険渓流は、全国で約８万９千渓流あるとされ、５戸未満に被害のおそれもあるものも含めると約18万渓流があるとされている（平成15年国土交通省調査）。

３　地すべり

斜面の一部あるいは全部が地下水の影響と重力によってゆっくりと斜面下方に移動する現象であり、土塊の移動量が大きいため甚大な被害が発生する。

地すべりは、突然発生するというよりは、毎日少しずつ動いていて、集中豪雨や地震等のきっかけで大きく動くことが多い。

地すべり地帯は、構造線周辺の「揉まれた地質」の地区や変成岩、温泉、火山等の地域で多く発生している。

このような地区は、地下水位が高く、地形勾配も周囲より緩い、そのため農耕が盛んで村落の発達している地域に多く発生する。

過去の例では、老人ホームが巻き込まれて死者26人を出した長野市地附山の地すべり（昭和60年（1985年）７月26日㈮）が有名だが、地すべりが起こると崩壊斜面では樹木や家屋が倒壊し、農作物も壊滅的な打撃を受ける。

地すべり防止対策としては、集水路を埋め込み地下水を逃がす工法や地すべりに抵抗する杭や擁壁により物理的に食い止める方法がある。

参考

「土砂災害警戒区域」 とは

土砂災害が発生した場合、住民等の生命又は身体に危害が生ずるおそれがあると認められる区域で、土砂災害警戒区域等における土砂災害防止対策の推進に関する法律（土砂災害防止法）により知事が指定した場所

「土砂災害危険箇所」 とは

土砂災害による被害のおそれがある箇所をいう。土砂災害の発生や被害の範囲を証明したり、その地域での行為等を規制するものではなく、住民が「日頃の備え」と「早めの避難」を行うために、身近にある「土砂災害による被害の恐れのある箇所」を確認し、土砂災害への備えや警戒避難に役立てることを目的として土砂災害危険箇所図を公表している。

土砂災害危険箇所には、「土石流危険渓流」、「急傾斜地崩壊危険箇所」、「地すべり危険箇所」がある。土砂災害防止法により指定される「土砂災害警戒区域」及び「土砂災害特別警戒区域」とは異なるものである。

「土石流危険渓流」 とは

土石流発生の危険性があり、１戸以上の人家（人家がなくても官公署、学校、病院及び社会福祉施設等の災害時要援護者関連施設、駅、旅館、発電所等の公共施設のある場合を含む）に被害を生ずるおそれがある渓流、および人家はないが今後新規の住宅立地等が見込まれる渓流を「土石流危険渓流」としている。

「急傾斜地崩壊危険区域」 とは

「急傾斜地の崩壊による災害の防止に関する法律」に基づき指定される区域で、傾斜度30度以上、高さ５ｍ以上の急傾斜地で、がけ崩れ等による被害が出ると予想される区域に、人家が１以上（人家がなくても官公署、学校、病院、駅、旅館等がある場所を含む。）ある箇所及び人家はないが今後新規の住宅立地等が見込まれる箇所を「急傾斜地崩壊危険区域」として都道府県知事が指定するもの。

「急傾斜地崩壊危険箇所」 とは

土砂災害のおそれがある危険な箇所を明らかにし、住民に周知することを目的に国土交通省が全

国統一基準の下で総点検を行い、人家に被害を及ぼす恐れのある箇所をランク分けして平成15年３月に公表したもので、人家５戸以上（ランク１）約11万３千箇所、人家５戸未満（ランク２）約17万６千箇所、今後、新規の住宅立地等が見込まれる箇所（ランク３）約４万箇所を公表したもの。

「地すべり防止区域」とは

地すべりを起こしている、あるいは起こすおそれのある区域で、人家、河川、鉄道、道路、官公署等に大きな損害を与えるおそれのある箇所を「地すべり防止区域」として地すべり等防止法に基づき国土交通大臣もしくは農林水産大臣が指定し、一定の開発行為等を制限するもの。

３　火山災害

我が国には、400以上ある火山のうち111は現在も活動を続けている活火山であり、国等において監視、観測が行われ、そのうち50については常時の観測・監視により警戒しているが、ひとたび噴火等の火山災害が発生すると膨大なエネルギーが放出され、平成２年の雲仙普賢岳火砕流災害や平成26年の御嶽山噴火災害のような甚大な被害が発生する。

火山災害には、噴火に伴う溶岩の噴出（溶岩流）、火山紛屑物の噴出（火砕流、火山灰降灰、火山礫）、火山ガスの噴出があり、噴火に伴う現象として火山泥流、山体崩壊、津波、火山性地震等がある。

活火山は、観測、監視活動によりある程度の噴火の予知が可能とされているが、御嶽山噴火災害のような水蒸気爆発については、予知が困難とされている。

火山災害に対する消防活動は、その災害形態により異なり、噴火の予知はある程度可能とされているものの、噴火後の二次災害の危険性や災害の進展は予測困難なことから火山の特性及び火山周辺の住民等の分布状況等により対応を異にするため、本稿では、過去の災害事例と消防活動の概要について紹介することとする。

⑴　火山礫、火山灰降灰災害（御嶽山）

噴火は、2014年９月27日㈯11時41分頃から発生していた火山性微動に続き、11時52分頃発生した。噴煙は東に流れ、その高度は火口縁上約7,000ｍと推定されている。降灰は、御嶽山の西側の岐阜県下呂市萩原町から東側の山梨県笛吹市石和町の範囲で降灰が確認されている。また、大きな噴石が火口列から約１kmの範囲に飛散し、噴石による直撃或いは火山灰の吸引による窒息等により、御嶽山への登山者58名が死亡し、５名の行方不明者が発生した。

この噴火は、噴出した火山灰には新鮮なマグマに由来する物質が確認されなかったこと、火砕流により樹木等が焦げたような痕跡は認めらなかったことから、予知が難しい「水蒸気噴火」と考えられている。

この災害には、長野県内の消防相互応援協定に基づく県内の13消防本部から延べ478隊1,483名の他、長野県知事からの要請に基づき緊急消防援助隊として６都県、延べ51消防本部1,049隊、4,332名が出動し、火山活動が継続している危険な環境下で自衛隊、警察等と連携した活動が実施された。

活動は、火山の専門家の意見を聞き、二次噴火、火山性ガスの発生状況、降雨による二次的な泥流災害等の危険性とそれらを踏まえた避難経路、避難場所の確認や消防隊の保有装備等を勘案した災害に応じた行動（中止・再開）基準を定めるなど安全管理に主眼を置いて実施された。

行方不明者の捜索は、３千ｍという高地での活動に加え、火山灰が降雨により粘土化した劣悪な活動環境下での過酷な活動となり、更に冬期の降雪に伴う活動の中断などにより長期間の活動となった。

写真　御嶽山噴火災害現場での救助

⑵　溶岩流（伊豆大島（三原山））

溶岩流とは、マグマが火口から流れ出して地形的に低いところへ流下し、それが固まった時の最大の堆積層（高さ）を堆積長で除した値（アスベスト比という。）が８分の１以下を溶岩流といい、８分の１を超える場合を溶岩ドーム（溶岩円頂丘）という。「火山災害」（池谷浩著）

火山の噴火による溶岩流災害の代表的な例に、伊豆大島噴火がある。昭和61年11月15日㈯17時25分に三原山の山頂火口からの溶岩噴泉に始まる噴火で12年ぶりの噴火であった。11月21日には大音響とともに爆発が起こり黒煙が数カ所から噴出して噴火口ができ典型的な割れ目噴火となった。噴火の割れ目は、火口列となって拡大し、カルデラ内には溶岩流が出現した。

その後、山頂の旧噴火口で爆発が起こり、三原山全体が噴火口の様相を呈し、この間震度５の地震２回を含む70回もの有感地震があった。

また、噴火活動の活発化に伴って溶岩流の流れが予想を越えるものとなり官公庁の所在する元町の市街地に迫ってきており、新たな噴火活動やマグマ水蒸気爆発の危険性が指摘された。

このような理由から全島民（10,647人）の本土への一斉避難を行うこととなり海上自衛隊（２隻）海上保安庁（８隻）東海汽船（８隻）の船舶により避難活動が開始された。

避難は、11月21日17時に避難命令が出され、夜を徹して行われ翌朝の５時20分（12時間23分）に終了した。

伊豆大島噴火（昭和61年11月15日出）
「伊豆大島噴火災害支援活動概況」（東京消防庁）より

溶岩流の一般的な流速は、毎秒５ｍ以下であり噴出時の温度は、800℃～1,200℃である。ただ、我が国の溶岩流の多くは、安山岩質で粘り気が強いため流速は、毎秒１ｍ以下のことが多く、大島の溶岩流も１ｍ以下のスピードであった。

このようなことも幸いして島民の避難活動は、夜間ではあったが相互に助けあいながら大きな事故もなく自主的に行われたものであった。

一方、残された島には、防災に関する次のような業務があり、東京消防庁の応援派遣職員及び地元の消防団員が分担して実施している。

①　噴火状況及び溶岩流の動静観測と関係情報の収集・伝達等
②　溶岩流の流出地域周辺の山林及び点在する建物等の警戒・消火活動
③　溶岩流の注水による冷却流下防止活動
④　航空隊による島と本土間の人員及び物資の輸送
⑤　島民等への応急救護活動
⑥　島内危険物施設等の安全防護活動

⑶　火砕流（雲仙普賢岳）

火砕流とは、火山の噴火によって、岩塊、火山灰、軽石等が高温のガスと混合し、それが一体となって山の斜面を時速100kmを超えるスピードで流下する現象をいう。

中心部の温度は、1,000℃近くもあり、火山噴火現象の中でも最も危険な活動のひとつにあげられている。

火砕流による被害の代表的な例は、平成２年に噴火した雲仙普賢岳の火砕流である。

山の斜面に成長中の溶岩ドームの一部が崩れ落ちたことによって発生したものである。

雲仙普賢岳は、平成２年11月17日㈯に198年ぶりに噴火した。火砕流は翌年の５月24日以降約５年間にわたって9,400回も発生し、43人の死者と９人の負傷者を出し、835棟の住宅等が焼失した。被災地の住民は、４～７カ月間、学校の体育館や公民館で避難生活を送ったものである。６月３日には大規模な火砕流が裾野一帯を襲い、43人もの尊い命が奪われた。

この内訳は、地元消防団員12人、報道関係者16人、警察官２人、タクシー運転手４人、外国人３人、地元住民３人、行方不明者３人（一般）であった。

犠牲になった消防団員は現場で警戒活動中に殉職したもので次のような理由によるものであった。

火砕流によって被災した地域は、土石流の被害も予想されることから前記のように避難していて住宅が空家になっていた。

ところが、火砕流の発生数日前から一部の報道関係者が無人となった住宅に上り込み、無断で電源を盗用し、テレビカメラの充電をする等の行為があった。そのため消防団員が土石流の警戒と併せて事件の再発防止のため、現場に警戒本部を設置して交替で巡回警戒等を実施していた。

警戒中の６月３日午後４時８分に突然、大規模な火砕流が発生し、付近にいた人達とともに一瞬のうちに火砕流に飲み込まれたものである。

犠牲になった消防団員は、ほとんどが農家の大切な跡取り息子であり、遺族の生活再建や地域の復興に困難を極めたと報告されている。

火砕流の危険性については、一部の専門家と報道関係者は知っていたようであるが消防団員や地域住民は全く知らなかったようである。

火砕流の危険性を全く知らずに灼熱の火山灰を霧か雲のように捉えて充分な対応ができなかったことがこの災害の最大の問題点といえるようである。

この災害に伴う反省点は、次のような事項である。

①　火砕流の危険性の把握と地域住民等への早期の伝達

②　警戒区域内に車を使って無断で立ち入る報道関係者等への強力な規制

③　消防団員の指揮命令系統のあり方の検討

④　消防団員への携帯無線機の支給と防火装備の充実

（「雲仙普賢岳噴火災害を体験して」（島原普賢会）より）

この災害の発生後、被災地域について被害想定が行われ、災害想定区域図が作成され、火砕流警戒区域及び避難対象地域の指定や土石流、火砕流監視カメラをはじめ防災情報システムも整備されている。

雲仙普賢岳噴火
安中公民館から見た火砕流（H４．６．30　撮影・杉本伸一）

雲仙普賢岳噴火
広域農道から見た火砕流（H３．９．27　撮影・古瀬孝一）
（〔「雲仙・普賢岳」噴火災害を体験して〕））

⑷　火山泥流

火山泥流は、火山が噴火した際、火砕流や火山の噴出物の熱で融けた雪や氷が火山堆積物を巻き込んで火山の泥流と化して麓に流下する現象である。

1985年11月にコロンビアのネバドデルルイス山で火砕流を伴う激しい軽石噴火が発生し、氷河の氷を急速に融かして発生した多量の融解水が山腹の谷に流れ込み、破壊的な泥流になって山麓を襲い麓のアルメロ市では市民29,000人のうち21,000人が犠牲になるという痛ましい災害が発生している。

我が国では、1926年（大正15年５月）に十勝岳が噴火して積雪を融かして流下し、麓の上富良野村等で死者、行方不明者144人を出している。

火山泥流は、一度発生すると多くの犠牲者を出す代表的な災害であるといわれ、流下速度が速く、流れやすい流体のために広範囲にわたり悲惨な被害をもたらす。

現状における被害の防止対策は、ハザードマップを地域住民に公表して認識させ、噴火の際は、いち早く避難命令を出して安全な地域に避難させることである。

第2　土砂災害の兆候

前記のように土砂災害には、多くの種別があるが、土石流災害と地震動によって崩壊する崖崩れ等を除くと、何らかの前兆があることが多い。

一方、土砂災害の際、家屋の下敷きや生き埋め、土石流に押し流された人達の捜索・救助は、災害直後から多くの人達により実施されるが、要救助者の生存確率は低く、そのほとんどは遺体の捜索となり、生存して救出される例は稀である。

したがって、土砂災害の前兆現象が現れたら、これをいち早く被害を受けるおそれのある地域の人達に知らせ、災害発生前に安全な地域に早く避難させることが先決である。

1　緊急対応体制の整備

集中豪雨や融雪等によって、土石流や地すべりのおそれのある地域では、予め次のような体制を整備しておくことが望ましい。

①　地盤の変動、クラックの発生調査、湧水の変化等監視要員の指定

②　災害発生のおそれのある時のパトロール要員の指定

③　降雨等の状況判断及び全般的な危険判断を行うことのできる責任者の指定

④　危険時の避難誘導責任者の指定

⑤　緊急連絡体制の整備

2　土砂災害の前兆現象

一般的に、次のいずれかの兆候を示す場合が多いとされる。このような兆候を認めた場合は、いち早く前記の体制を活用して対応することが大切である。

(1)　崖崩れ

・斜面に亀裂ができる（ガリー（掘れ溝）浸食、パイピング（パイプ状穴あき）等）
・小石がパラパラと落ちてくる
・斜面から水が湧き出る
・斜面の湧き水が止まる・濁る
・地鳴りがする
・建物や樹木が揺れや傾き
・岩石の破壊音やブツブツという樹木の根が切れる異音がする

(2)　土石流

・山鳴り、地鳴りがする
・急に川の水が濁り、流木が混ざり始める
・腐った土の匂いがする
・降雨が続くのに川の水位が下がる
・立木が裂ける音や石がぶつかり合う音が聞こえる

(3)　地すべり

・地面がひび割れ・陥没
・崖や斜面から湧水があったり、今まで出ていた湧水が停止する
・井戸や沢の水が濁る
・地鳴り・山鳴りがする
・建物や樹木が傾く
・斜面や道路に亀裂や段差ができる
・斜面のり面から小石が落下する
・岩石の破壊音やブツブツという樹木の根が切れる音がする。
・崩壊しようとする土砂の重みにより、斜面下部に膨らみが生じる

なお、土石流災害現場で救出活動等を実施する際も安全な場所に監視員を配置し、これらの現象を監視しながら活動することが大切である。

平成８年（1996年）12月６日㈮に長野県と新潟県の県境に位置する蒲原沢で、大規模な土石流災害が発生した。

この災害には、長野、新潟両県の消防機関を始め東京消防庁や名古屋市消防局からも応援に駆け付け、総勢4,000人以上の消防職・団員が延べ16日間、昼夜を分かたず救助捜索活動が行われ、最終的に治山・治水工事の関係者14人が遺体で発見

されたものである。

このように長期間の救助活動となったのは、捜索対象区域が広範囲に及び、しかも泥土層であったことも大きな要因であったが、融雪と降雨によって時折、土石流災害の前兆といわれる泥水が流れ出し、その都度救助活動を中止し、安全を確かめながらの活動となったためであった。

土石流災害等に時折見舞われる地域では、地すべりや土石流の兆候を把握して、二次災害の防止を図りながら捜索活動を実施することがなによりも大切なことである。

ところが、この種の災害の経験がない地域では、前兆現象を理解できず、全く予期せずして災害に見舞われることがある。

3　繁藤《しげとう》災害の兆候と救出活動

過去に土石流災害の経験のなかった高知県土佐山田町（現香美市）では、二次災害により大災害になった。

この災害は、町や県に対して現場で実施すべき監視警戒や避難の指示、消防団員等に対する地すべり災害に対する教育を怠った等として、国家賠償請求裁判として高松高裁まで控訴され、約６年間にわたって審理されたものである。第一審の判決及び高松高裁の判決とその理由から解説されている土砂災害の対応について、一層理解を深めるために、その内容を紹介することとした。本裁判は1991年９月最高裁の勧告に従い和解が成立した。

⑴　繁藤災害の概要

この災害は、昭和47年（1972年）７月５日㈬午前６時頃、高知県土佐山田町繁藤地区において、前日来の未曾有の集中豪雨により、同地区の通称追廻山南斜面で地すべりが発生し、消防団員の親戚宅に土砂が流入した。消防団員はその依頼によって土砂流入防止作業をしていたところ、６時45分頃、この裏山が高さ12.3m、幅12.3mにわたって崩壊した。この崩壊によって消防団員は土砂の生き埋めになった。このため土佐山田町及び同消防本部では、この救出作業のため消防団員全員出動を指令し、救助活動を行うこととした。

現場では、消防署員、消防団員及び付近住民等150人を超える人達が救出作業に従事していたが、現場付近では降雨が激しく、新たな崩壊もあって救出作業は進まなかった。

ところが午前10時55分頃、救出現場上方の追廻山中腹付近が幅約170m、長さ約150m、高低差約90m、崩壊土量約10万m^3の規模で大崩壊し、救出作業に従事していた者及びこれを見守っていた者等が生き埋めとなり、結果として60人の死者を出すという二次災害になったものである。（図２－41参照）

⑵　二次災害の兆候

二次災害の兆候について判例では、次のように指摘している。

①　午前６時頃、伊藤方裏側の崩壊に始まり、大崩壊発生までに数度にわたって第１次崩壊程度又はこれより小規模の崩壊が断続的に発生していた。

②　この付近の５棟程度の住宅では、午前７時過ぎ頃から裏山の土砂が流れ込み、流入する土砂や水の圧力で柱が家の土台から外れたり、家屋が国道側に押し出され、１m以上あった家屋とブロック塀の間隔が10～20cmに狭まっていた。

③　大崩壊の５分ほど前には、第１次崩壊を起こした部分の山肌が全体的に揺れるように見え、それまで斜面中央部を流れ落ちていた水が止まった。

④　これに続いて、国道及び繁藤駅構内にまで相当量の泥水が流れ出てきた。

⑤　その後、第１次崩壊によって露出していた部分の上部付近がストンと下部に落ち、それに連れて小石もバラバラと落ちるという現象があり、これが東の方向に広がった。

⑥　前⑤の現象が一旦終息した直後、大音響と共に山の中腹付近に亀裂が入り、山が大きく波打つようにうねって、大量の土砂が流れ出し、一瞬のうちに山裾の民家を次々と呑み込んで穴打川にまで達した。

⑶　目撃者の行動（代表例）

①　ショベルカーで救助の際の土砂をすくい出す作業をしていた作業員Ｋは、大崩壊発生５分前頃ショベルカーによる作業を一応完了し

「あとは生き埋め者の体を傷つけないように手掘りでやった方が良い」といって山の斜面を見た時、前⑵③の現象に気がつき、その辺りが崩れるのではないかと感じながらショベルカーを後退させて、仲間２人を退くよう指示し、自らも退避した。

② 駅構内に停めてあったダンプカーの運転士は、構内で前⑵⑤の現象を見て、これが一旦終息したので、ダンプカーで作業に出ようとしたところ、今度は大きな音とともに山の中腹に亀裂が生じ、崩壊が始まったので懸命に駅のホームの方に逃げた。

③ 駅のホームの上に立って救出作業を見ていたＹは、山の中腹に大きな亀裂が見え、山がうねるように見えたので大声で「つえるぞ」と叫び、線路を飛び降り、再びホームを越えて高知寄りの陸橋の辺りまで必死に走った。

⑷ 救出活動等の概要

① 消防団員が生き埋めになった現場では、狭くて一度に数人しか作業ができない上に、雨が激しく降り、さらに新たな崩壊があったりしたために作業は遅々として進まなかった。

② そのうち流入防止作業をしている家屋の傾斜が大きくなり、倒壊のおそれがでてきたので支柱で家屋を支える作業を行い、救出作業を継続した。

③ 午前７時30分頃からは、消防職員１人、消防団員２人に現場の管理と監視警戒をさせ、救助作業を継続した。しかし、第１次崩壊箇所のすぐ上は雑木が生えている上、霧が濃くて見通しはきかなかった。

④ 作業中、第１次崩壊によって地肌が露出した斜面を流れてくる泥水は、専ら上部に降った雨水が流れてきたものと考え、斜面の上方の湧水があることに気づかなかった。

図２－41　繁藤地区山崩れ災害現場原形見取図

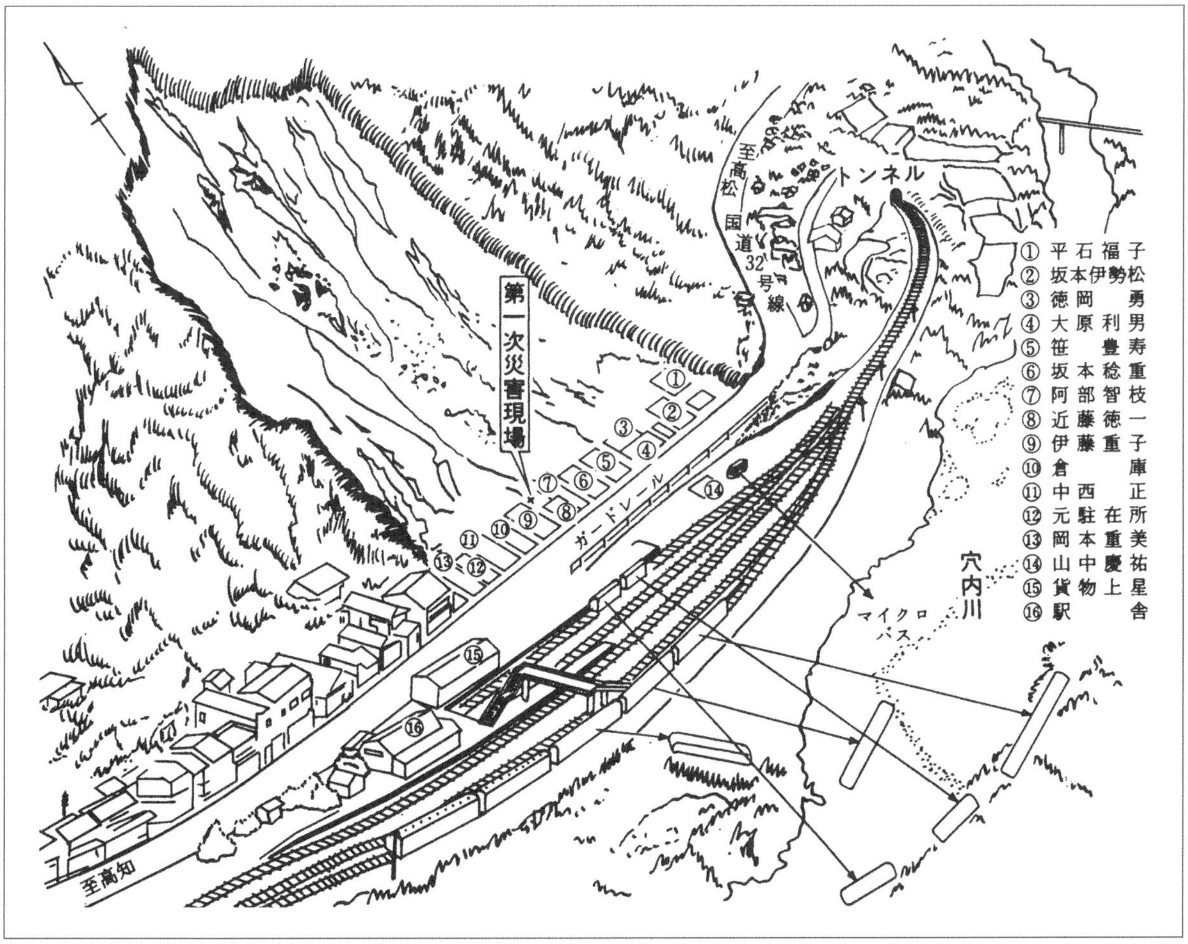

（「新消防関係判例解説」消防大学校編著より）

⑤　午前８時過ぎから本部員により第１次崩壊現場付近の避難勧告を行い、その徹底を図ろうとしたが、中にはこれに応じず反発する者もいたので、この説得を警察に依頼した。

⑥　消防団員が数人で交替しながら、つるはしやスコップで流れ込む土砂の除去作業をしていたが、土砂の量が多く、長時間を要する上作業員にも危険が及ぶと判断し、午前９時頃から伊藤方の建物の取り壊しを開始し、女性を含む地元住民に荷物の運び出しや廃材の運搬を依頼して作業をしている。

⑦　午前10時30分頃には新改川で２人が行方不明になったとの連絡を受け、一部の団員をこの現場に振り向け、捜索活動に当たらせた。

⑧　生き埋めになった消防団員の救助作業は、その後ショベルカーを導入して進められ、30分ほどして消防団員の衣服が見えるようになったので、再び手掘り作業に戻したが、事故発生から長時間経過していることから生存は絶望視し、収容方法等について協議していた。

⑨　作業中は、豪雨が降り続き崩壊現場付近では、継続的に数回の崩壊が起こっていた。このため新たな崩壊を危惧していたが、作業中の監視警戒は、救出現場周辺に限定していて、待機中の者や作業を見守っていた国道上の人達には、避難勧告が行われていなかった。

⑩　このような状況の中、午前10時55分頃大崩壊が起こった。

構内の半分以上が泥海と化した土讃線繁藤駅の惨状

第３　土砂災害時における避難

前第２では、繁藤災害をモデルに土砂災害の兆候について検討してきた。

土砂災害は、限定災害であり、集中豪雨等が引き金になって起こることが多い。

特に、地すべりによる災害のおそれのある地域では、大雨や洪水に関する警報や警戒情報が流された時は、地区内を巡回し、川の水のにごり具合や崖崩れ、浸水や冠水状況等から前兆把握に努めることが必要である。土砂災害のおそれがある時の避難が、震災や大火災の際の避難と異なる点は、渓谷や河川流域等の限定された地域で早急に対応しなければならない点である。

土砂災害の避難は、たとえ小さなスペースでも、短時間で到達できる高台や高いコンクリート建物、山腹を横断する高速道路等、泥流や土砂に巻き込まれるおそれのない高台に避難することである。

また、発災前の兆候は、小さな異状であってもそれを見逃さずに、また過小評価せずに危険側に立った判断をし、行動することが大切であり、空振りや狼少年といわれることを恐れずに「逃げる勇気」を持つことである。

気象庁等から土砂災害警戒情報が発せられたときは、市町村から同報無線や巡回広報車により避難勧告、避難指示が伝達されるが、これらの手段で情報の行き届かない地域には別に電話等で末端住民まで早く届ける手段を検討しておくことが必要である。また、災害弱者の避難は、一般住民に優先して行うことを前提に対応することが必要である。

避難に際しては、所持品は必要最小限とし、自動車によらずに徒歩によることとすべきである。

自動車による避難は、悪路で障害にあったり、渋滞にも巻き込まれて避難できなくなり、復旧の妨げになることもある。

昭和57年（1982年）の長崎水害では、洪水による死者の多くが自動車運転中の人達であった。

「土砂災害警戒情報」とは

大雨警報（土砂災害）が発表されている状況

で、土砂災害発生の危険度がさらに高まったときに、市町村長の避難勧告や住民の自主避難の判断を支援するよう、対象となる市町村を特定して警戒を呼びかける情報で、都道府県と気象庁が共同で発表している。

第4　土石流災害現場の捜索

既に述べたように土石流災害を事前に予知することは困難であり、現場での救助活動も結果として遺体の捜索となることが多い。

また、土石流災害は、発生件数が少ないことから救助（捜索）活動手法等も確立されていない。ここでは、平成８年（1996年）12月６日㈮午前６時頃、長野、新潟両県境で発生した「蒲原沢《がまはらざわ》土石流災害」の救助（捜索）活動の状況を紹介しておくこととする。

１　蒲原沢土石流災害の概要

この年の前年（平成７年（1995年）７月）の集中豪雨によって、蒲原沢を含む姫川流域全域が大規模な土砂災害に見舞われ、その復旧工事のため、この流域に６社もの土木工事業者が入って、渓流地域に宿舎等を建設して治山、治水工事が進められていた。このような状況の中、土石流災害が発生し、行方不明者14人（内13人が遺体で発見され１人が行方不明）、傷者８人、孤立者45人を出す大災害となったものである。

この地域は、日本列島を２分する糸魚川・静岡構造線上に当たる所で、脆弱な地盤であり、同沢地域は切り立った険しい山肌で、幾つもの急勾配の沢が合流し、流域では崩落が頻繁に起こって、狭隘な沢底には、流出土砂が不安定な状態で堆積していた。

土石流災害の要因は、積雪約20cmの雪が急激な気温の上昇で溶け、これが降雨と重なって上流域で大小の崩落が起こり、その衝撃波が沢底の不安定な地盤に伝播し、土砂を一気に押し流す結果になったものと推定している。

この土石流災害時の様相について現場で下肢を骨折し九死に一生を得たＭ組の社長は、次のように述べている。

「垂直に近い滝上から、直径４ｍ以上もある巨岩が土石流と一緒にゴムマリのように跳ね落ち、転がるように、まさに巨大な生き物としか思えない。さらに土石流は、工事現場の主役である大型ダンプ、バックホー、クレーンをいとも簡単に押し流し、土砂の下敷きになってしまいました。私が「アッ」と思った時には、胸まで土砂に埋もれていました。瞬間のできごとで逃げる余裕などまったくなかった。」

２　捜索活動

土砂災害の防除活動は、救助（捜索、救出、搬送）、救急、警戒、情報収集、兵站業務（照明、資機材搬送、補給等）が平行して行われる。これらの活動は、消防機関のみで行われるものではなく、消防隊の外に消防団隊、警察隊、自衛隊、へ

図２－42　蒲原沢土石流災害捜索状況図

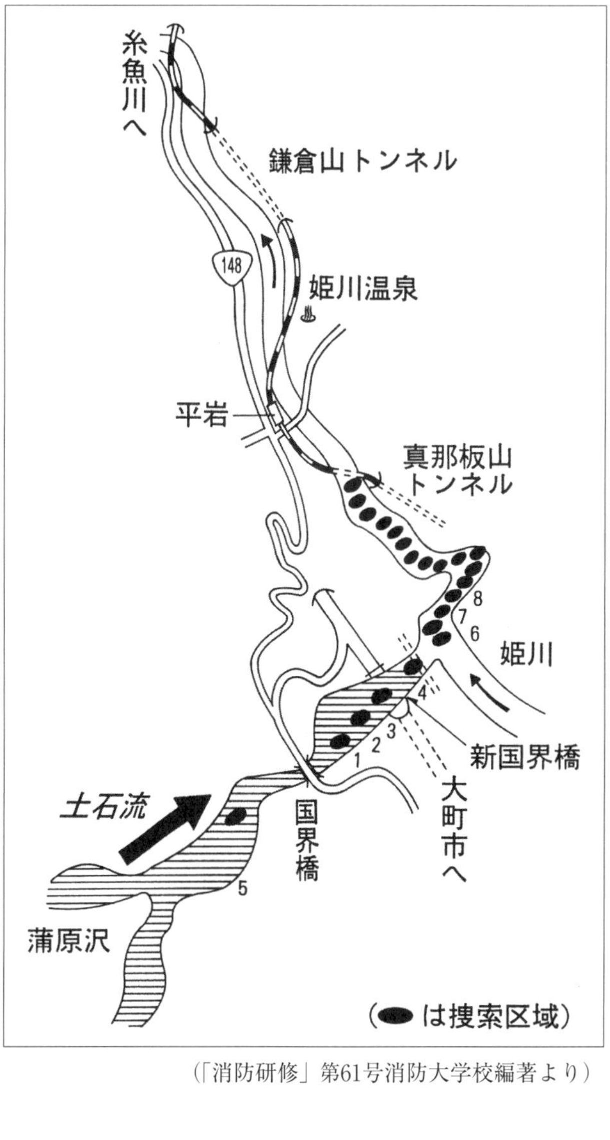

（「消防研修」第61号消防大学校編著より）

リコプター隊、地元都道府県、市町村、国土交通省、砂防事務所等及びボランティアが一体となって行われる。

また、救助、救急、捜索の中心的な役割を担う消防隊及び消防団隊は、地元県や市町村内の消防機関だけでなく「緊急消防援助隊」として近県からも応援に駆け付けて活動することとなっている。

この災害では、救出、救急活動等に従事した消防職・団員だけでも4,200人に達し、延べ15日間にわたって数kmに及ぶ泥土の中に入って捜索活動に当たっている（図２－42参照）。

既に第一章第一節第５－３（16頁）で述べたように「緊急消防援助隊」は阪神・淡路大震災の経験から平成８年（1996年）４月に創設されたもので、この「蒲原沢土石流災害」の支援が第１号の派遣となったものである。

このような活動は、現場の情報をもとに各機関が捜索区域を分担し、連携しながら進められるが、この間に泥流の急激な変化や落石等があると作業を中止し、安全を確認しながら進められる。

消防隊は、夜間の照明作業、土石流の警戒、救急隊による遺体の搬送、資器材、物資の搬送、消防ヘリによる上空からの災害動静の把握伝達等が行われた。

長野県小谷村蒲原沢土石流災害で、夜を徹して重機と連携しながら検索活動を行う消防隊員（平成８年12月６日㈮）

第５　崖崩れ現場の救助

崖崩れの原因は、集中豪雨等雨によることもあるが多くは地震動によるものである。

特に降雨後の地震や地震後に降雨があり、その後余震があると崖崩れが起こる例が多い。

我が国の都市は、過密化が進み、急傾斜地を整地したり、崖地に隣接して建物が建てられ、そこに居住しているために崖崩れによって建物が倒壊し、その下敷きになるケースが多い。

木造建物は、崖崩れによって高さ３ｍ以上の土砂を受けると倒壊する。

倒壊建物からの救出要領については、第二節第７「震災救助」（115頁）で述べたので、この項では主に岩石や土砂の除去作業に際し留意すべき点を述べる。

崖崩れ現場の救助作業は、狭く足場の悪い所で、常に二次災害の危険にさらされながら進めることとなるので、必ず監視警戒員を配置して、第四節第２、２の「土砂災害の前兆現象」の有無を確かめながら進める。

土砂災害の前兆現象が認められる場合は、一旦作業を中止して安全な場所に退避し、必ず安全性を確認しなければならない。

崖崩れ現場の救出作業は、次の点に留意して効率的に行う。

①　余震等によるその後の倒壊に備えて、倒壊を免れている近くの建物から早めに避難させて作業を開始する。

②　崩壊時の崩土流出の到達距離は地震前に降雨のない時は、崖の高さに等しく、降雨のあった時は、高さの２倍が最大である。また、崩壊危険の高い崖は「高さ５ｍ以上で傾斜角度が30度以上の崖」（「地震時の崖、擁壁の崩壊予測に関する調査」東京都）である。

このような地域での活動は、特に警戒が必要で作業中はいつでもすぐに逃げられる状態で作業をする。

③　聞き込み等によって、生き埋め者等の所在が不明の時は、現場を静粛にして、その人の名前を呼び、その返事（うめき声等）又は、土砂のわずかな動き、異音等からその方向や

所在を推定して着手する。

④　近くにいる人達に応援を呼びかけ、スコップ、ツルハシ、鉄パイプ、バケツ等を集める。土砂や岩石は、不安定な状態にある上、余震により崩れ落ちる危険がある。局部的な掘り起こしは土砂崩れを招くおそれがあるので、土砂等の除去は上方からバランスを見ながら行う。

また、掘り出し作業は、身体損傷に影響の少ない所は、バックホー、ブルドーザー等の機動力を導入して行い、身体のまわりは手掘りとし、生き埋め者に声をかけながら行う。なお、手掘り作業は近くの人達に応援を求め、掘り出した土砂等を手送りで除去する。

⑤　生き埋め者の救助作業は、最後の一人まで諦めないことが肝心である。倒壊建物のわずかな隙間で生存していることがある。

昭和61年（1986年）７月10日㈭、突如として鹿児島を襲った豪雨は、極めて局地的なもので短時間に未曾有の記録的な降雨をもたらし、崖崩れが市内224カ所に発生した。この崖崩れにより29人がその下敷きとなり、11人は付近住民の協力を得ながら消防隊により救出されたが、18人は必死の救出活動もむなしく帰らぬ人となって発掘された。

救出された11人のうちの１人、赤ちゃんは捜索活動を続けて約７時間後の22時45分にその母親をコタツ横で掘り当てたが、その遺体横のわずかな空間（約30cm）にうつ伏せになり、身体がピクピクと動き呼吸が認められた。そのためこの赤ちゃんを救出した。赤ちゃんは、救出直後に泣き出したと報告されている。（「地震等防災対策の調査報告書」日本消防協会刊より）

鹿児島市内の崖崩れ（昭和61年７月10日㈭）

第五節　テロ災害の救助

世界中が震撼した平成13年（2001年）９月11日㈫、ニューヨークの世界貿易センタービルに旅客機が突入した米国同時多発テロ事件では、2,823人もの人達が犠牲になった。

この内343人（12％）は、このビル火災の消火や救助、救急活動に従事するために出動し、懸命に防災活動に従事していた消防隊員の殉職であった。

また、平成７年（1995年）３月20日㈪に発生した地下鉄サリン事件の際も真っ先に現場で救助活動に当たった消防隊員135人が受傷している。

テロ事件ではないが平成11年（1999年）９月30日㈭に茨城県東海村で起きた臨界事故の際も転換棟で倒れていた３人の作業員を救助するために飛び込んだ消防隊員３人が被爆した。

このような緊急事態の際は、助けを求める人達の救助活動が先行するために、災害の原因が不明な状況であっても救助活動に当たらざるを得ないために消防隊員自身が受傷し、犠牲になるケースが多いのである。

特に、政治的に脅威を与える目的で非合法的な手段により無差別に実施される「テロ行為」では、冒頭の事例のような事態が起こる。

従って、消防隊員にとってテロ災害は、その対応を一歩誤ると自らが犠牲になりかねないことから、テロの手段や原因物質の危険性に関する専門的な知識や技術、判断力を身に付け、隊員の安全を確保した活動に徹することが大切である。

本節では、隊員の安全確保を重点としてテロ災害時の救助、救急活動について「平成28年救助技術の高度化等検討会報告書」（H29.　３消防庁）、「米国対テロ現場対応心得」（防災行政研究会）等を参考として述べることとする。

大規模なテロについては、「緊急対処事態」として、国民保護法の中で、国民の保護のための措置を準用する形で対処することとされている。

「緊急対処事態」とは、武力攻撃の手段に準ずる手段を用いて殺傷する行為の発生事態又は、その危険が切迫している事態で国として対処する必要のあるものとされ、原子力発電施設の破壊や航空機による自爆テロ等が想定されている。

第１　テロ災害の種別と特性

１　テロ災害ということ

テロとは、テロリズム（Terrorism）の略で一般的には「脅迫、暗殺等の暴力的手段によって敵対者を倒し、自己の主義、主張を貫徹しようとする思想や行動」と解釈されている。

米連邦捜査局（ＦＢＩ）は、この「テロ行為」を「政治的または社会的な目的を達成するため、人間あるいは財産に対して非合法な形で武力を行使すること。政府、民間人またはその一部に対して脅威を与え、または威圧すること」と定義しており、この定義には、次の３つの要素が含まれている。

①　テロ活動は、非合法的で、武力の行使を伴う。

②　行為は、脅威を与え、または威圧することを目的とする。

③　行為は、政治的または社会的な目的に裏付けられている。

通常起こる災害や事故とテロ行為との違いは、その組織や活動が犯罪であり、目的を達成するためならどのようなことでもする。例えば建物全体を破壊し、時には地域の人達を巻き添えにして、中にいる全員を殺すこともあり得るし、武力による抵抗、武器の使用、罠、二次的な攻撃等も行うというのが大きな相違点である。

２　テロ災害の種別と特性

テロ災害の種別は、原因物質の頭文字をとり、

ＣＢＲＮＥ（シーバーン）と言われ、Chemical（化学）、Biological（生物）、Radiological（放射性物質）、Nuclear（核）、Explosive（爆発物）の５つに分類されている。対応上特に重要とされる、核、生物、化学の頭文字をとって「ＮＢＣ」とも称されている。

⑴　化学兵器（Chemical）

化学兵器に使用される化学剤は、その毒性や刺激性等を利用して人間、動物、植物に害を与えるものである。

一般災害対策では、毒・劇物として扱われ、消防機関では従前から流出、漏洩時の対応を検討し装備品を配備し、研究・訓練を重ねてきており、基本的には、この毒劇物施設等の災害時の活動に準ずる対応である。

①　神経作用剤

神経の情報伝達を遮断する作用があり、より強い毒性を有し、少量で濃度が低くても毒性が強くわずか一滴でも致死量になる。

神経剤として、タブン（ＧＡ）、サリン（ＧＢ）、ソマン（ＧＤ）、Ｖ剤（ＶＸ）等がある。平成７年の地下鉄サリン事件で使用されたサリンもこの神経剤の一つである。

②　びらん剤

神経作用剤には劣るが高い毒性を持っており、皮膚、呼吸器に作用してびらんさせる。ほんの数滴を皮膚に垂らすだけで重度の障害を引き起こし、皮膚を通して３グラムが吸収されると致死量となる。

びらん剤には、マスタード（Ｈ、ＨＤ）、ルイサイト（Ｌ）等がある。

③　血液作用剤

血液の酸素を運ぶ機能を阻害し、窒息状態をもたらす。高濃度の血液作用剤は毒性を有し、短時間で死に至らしめる。

血液作用剤を浴びた者には、新鮮な空気を摂取させ酸素吸入を施さなければならない。血液作用剤には、青酸ガス（ＡＣ）、塩化シアン（ＣＫ）等がある。

④　窒息剤

気道を刺激し、呼吸器系の細胞組織に大きなダメージを与える。その強い刺激により浮腫（肺内部に液体がたまる状態）を引き起こし、水に溺れた状態と同じ窒息状態になる。窒息剤には、塩素（ＣＬ）、ホスゲン（ＣＧ）がある。

⑤　刺激剤

暴動の鎮圧剤として使われ、催涙ガスとしても知られており人間を無力化することを目的に作られているが致命的な効果はないとされている。

刺激剤には、クロロピクリン（ＣＮ）、催涙ガス（ＣＳ）、唐辛子（ＣＲ）等がある。

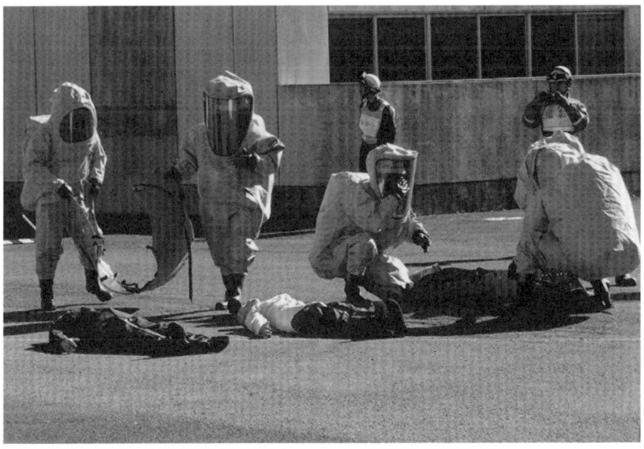

テロ災害対応総合訓練の模様

⑵　生物兵器（Biological）

生物兵器に使用される生物剤は、「貧者の核兵器」と呼ばれ、知識さえあれば安価に培養でき、人に知られることなく散布することが可能で発症するまで潜伏期間があるため生物剤の散布が判明した時は被害が拡大している可能性がある。

主な感染経路は、吸入と摂取である。したがって噴霧する方法をとることが多いとされる。

潜伏期間は、原因物質によって異なるが肺炭疽では１～６日、天然痘では12日程度である。

生物剤は、飲食物に混入されたり、米国の事例のように郵便物で送付されることもあることから使用されたことを認知することが容易ではない。

生物テロにはバクテリア（細菌）、ウイルス、毒素によるものがある。

①　バクテリア

バクテリアには炭疽菌、コレラ菌、ペスト菌等がある。

テロ目的で使用されるのは、細菌芽胞を噴霧器で意図的に撒き散らす方法をとることがある。

また、米国炭疽菌事件の例のように郵便物により炭疽菌をばら撒くという方法もある。この例では肺炭疽で６人が死亡している。

② ウイルス

ウイルスは、微生物で自らの代謝機能を有していないため、増殖するためには生きた細胞に依存する必要がある。生物兵器として使われるウイルスには、天然痘、ベネズエラウマ脳炎、エボラ菌、マルブルク病等がある。

③ 毒素

毒素は、動物、植物、微生物によって産み出された自然の毒性化学物質である。

散布されてから増殖し成長することはないが、植物、細菌、貝、海綿、サンゴ等様々な供給源があり、毒素にはボツリヌス毒素、ブトウ球菌性腸毒素B、リシン等がある。

⑶ 放射性物質、核（Radiological、Nuclear）

核そのものは、核兵器の保有国がその管理を最重要課題と位置付けていることからテロによる使用は現実的ではないとされている。

核テロのシナリオとしては、原子力発電所や輸送中の放射性物質のトラックを標的にした爆弾テロ等が考えられ、消防活動上は放射性物質からの被ばく防止が重要になる。

放射性物質の災害時の対応については、大都市の消防機関ではかねてから多角的な検討が行われ、対応資機材を整備するとともに「放射性物質災害時の消防活動要領」としてマニュアルを定め教育、訓練を実施している。

放射性物質から放出される放射線は、α線、β線、γ線及び中性子線がある。これらの放射線は人間の五感では感じないことから測定器による測定が必要である。

人体が放射線を浴びると細胞を構成する原子が電離（気体、液体の原子が帯電して、陰、陽イオンに分離すること）したり、励起されたりし、これが原因で遺伝子や染色体等様々なレベルで障害が起こる。回復しなければ臨床的障害となって現れる。したがって放射性物質や核によるテロには「時間、距離、遮蔽」の被曝防止三原則に基づく活動対策がとられる。

① α線：α線粒子に汚染された物を食べたり、飲んだりする体内の放射性物質が出す放射線によって被曝し、人体に大きな影響を与えるが、透過力は小さい。

② β線：β線粒子を体の外であびてもそれほど大きな危険要因とは考えられないが、皮膚が長時間、大量にβ線に曝されると火傷を引き起こす。

③ γ線：β線より透過力が高い放射線であり、被曝すると全身の細胞組織と器官を傷つける。人体が短時間に大量のγ線を浴びると急性放射線症を引き起こし、皮膚の炎症、吐き気、高熱、抜け毛等がある。

④ 中性子線：中性子線は、非常に大きなエネルギーを持ち、γ線よりも透過力が高い放射線であり、中性子が物質に衝突することにより、陽子やγ線を放出し、その結果細胞が破壊される被害を受ける。

⑷ 爆発物（Explosive）

世界中のテロで最も多く使われている原因物質は、爆発物である。爆弾テロ災害では、二次攻撃及び二次災害の危険があり、化学剤、放射性物質等を使用したテロと複合的に実行される可能性がある。

特に爆弾テロは著名な施設や場所、集客施設等を標的として仕掛け、連鎖的に爆発させて大災害に発展させる。

爆弾テロには「自爆テロ」がある。自爆テロは、自らの体に爆弾を巻き付け自爆したり、爆発物を積んだ車両や航空機等を自らが操縦して爆薬とともに突っ込み標的となる著名な施設を破壊し、多くの犠牲者を出す。

爆弾テロは、わが国でも1974年の三菱重工ビル爆破事件があり、海外では1995年のオクラホマ・シティー連邦政府ビル爆破事件のような大規模爆破テロも頻発している。

第2　テロ災害対応準備

1　テロの標的

既に述べたようにテロ行為は、政治的又は社会的な目的を達成するために政府、民間人等に対し、脅威を与えまたは威圧することを企図して非合法的な形で武力を行使することであり、この標的となるのは次のような著名な施設等である。

① 国及び地方公共団体の施設、議会棟等（国会議事堂、都道府県・市町村庁舎等）
② 総理官邸等政府関連施設及び公共建築物（国の省庁施設、公会堂、病院等）
③ 大量輸送機関及び経済的影響力の大きい場所（ターミナル駅、空港、鉄道・地下鉄（駅舎、車両、電力・通信施設）、銀行、証券取引所等）
④ 歴史的又は象徴的な重要施設（寺社、博物館、超高層ビル等）
⑤ 通信施設（電話局、放送局、洞道、通信・電力鉄塔）
⑥ 各国大使館及び米軍駐留施設（大使公邸、大使館職員宿舎等）
⑦ 各国政府外交使節（要人宿泊施設、要人の使用する交通機関）
⑧ 原子力発電所及び空港等重要施設（原子力研究施設、火力発電所等）
⑨ 原因物質の大量貯蔵取扱施設（化学工場、危険物製造所・貯蔵施設等）
⑩ 多数集客施設（ソフトターゲット）（コンサート会場、レストラン、ホテル、ショッピングセンター、スポーツイベント・マラソン大会、市場、映画館、結婚式場、葬儀場等）

これらの施設等については、事前の査察、調査等を通じて必要な資料を収集し、その対応について研究しておくことが必要である。

2　対応装備

テロ災害は、前第１－２で述べたように原因物質によって多くの種別がある。爆発物によるテロ災害は、日常起こる火災対応と共通の活動もあるが、Ｎ（核）Ｂ（生物兵器）Ｃ（化学兵器）による災害は、原因物質の検知方法や隊員の安全確保用個人装備品等が次頁の表２－26のように異なる。

これらの装備品のうち検知測定資器材は、日常殆ど使われない器具類であり定期的な取扱い訓練を実施しておく必要がある。

3　個人装備品（PPE：Personal Protective Equipment）

テロは、悪意のあるテロリストが手段を選ばず暴力的手段によって社会公共の安全を脅かそうとするものであり、テロ現場で活動する隊員は、最悪事態を想定した装備により自らの安全を確保した上で活動することが先決である。

テロ現場では原因物質や危険性が判明しない段階で危険領域に進入してはならないし、活動に際しては、安全な装備を完全に着装して行うことが大切である。

「テロ災害に対する消防活動テキスト」では、米国の環境保護局の装備基準を紹介している。

この基準では、化学テロの際、活動区域の危険性に応じ隊員の身体防護装備をＡ、Ｂ、Ｃ、Ｄの４段階に区分して各レベルに対応する装備により活動することとしている。

その要点は、次のようになっている。

① レベルＡ

最も重装備であり、呼吸を保護し、皮膚、目の保護を行うため、完全に密封された化学防護服と呼吸保護器具の着装を行う。未知の化学薬品や化合物の災害時もレベルＡの装備とする。

装備は、（陽圧式化学防護服（自給式呼吸器内装形気密服））、化学物質対応手袋、同ブーツ、保安帽（ヘルメット）、無線システム等

② レベルＢ

呼吸保護器具は、レベルＡと同様とし、皮膚の保護は、レベルＡほどは必要ないが密封型の防護服を着用する。

装備は、化学防護服（液体防護用密閉服）、空気呼吸器（又は酸素呼吸器）、化学物質対応手袋、同ブーツ、保安帽（ヘルメット）、無線システム等

表２－26

原因物質	消防部隊	個人装備品	検知機材	摘要
生物剤	特殊化学車隊 化学車隊 ポンプ車隊 救助隊 救急隊 資機材輸送隊 指揮隊 除染シャワー隊	陽圧式化学防護服 化学防護服 防火服 呼吸保護器具 防毒マスク 防塵メガネ 携帯無線 機除染剤散布器	生物剤検知機 生物剤検知紙 携帯型生物剤検知装置 生物剤捕集器	保健所、衛生研究所と連携
化学剤	同上	毒劇物防護衣 耐熱服 簡易型防護衣 呼吸保護器具 防火衣 密閉型化学防護服 除染剤散布器 携帯無線機	化学剤検知器 化学剤検知紙 携帯型化学剤検知装置 有毒ガス検知管 有毒ガス検知紙	日本中毒情報センターとの連携
放射性物質	同上	放射能防護服 毒劇物防護衣 耐熱服 呼吸保護器具 ゴム手袋	警報線量計 広域線量率計 ポケット線量計 フイルムバッジ	

注１　特殊化学隊には、次の検知資器材等を積載する。
①　携帯用ガスクロマトグラフ
②　レサー分光器
③　毒性ガス測定器
④　ドレーゲル式検知機
⑤　酸欠空気危険性ガス測定器
⑥　神経剤等測定器
⑦　中性子線測定器

注２　資機材輸送隊は次の資機材を積載して出動する。
①　除染シャワー装置
②　空気ボンベ
③　泡、炭酸ガス等の消火剤
④　耐熱服

③　レベルＣ

防毒マスクに着装する吸収缶の使用条件に適合する場合のみ防毒マスクが使用される。皮膚は原因物質が皮膚の露出によって吸収されない場合。

装備は、自給式空気呼吸器（又は酸素呼吸器、防毒マスク）、化学防護服（浮遊固体粉塵及びミスト防護用密閉服）、化学物質対応手袋、長靴、保安帽（ヘルメット）

④　レベルＤ

大気中に危険物質がなく、作業内容が危険な化学物質との接触が無い場合の装備である。

装備は、防火衣、活動服、手袋、編み上げ又は長靴、N95等感染防止マスク、保安帽又は防火帽、保護メガネ等

以上がテロ災害時の対応用として示している個人装備品の基準概要である。

この種の装備品は、市町村がその地域で起こる日常の災害に対応するため整備してきたもので、これをテロ災害用として転用しているものである。

テロ現場の消防活動に際しては、悲観的に準備をし、常に危険側に立った判断により対応することが基本であり、初動の段階は、原因物質が不明であることが多く、爆弾テロにNBCテロを組み合わせた複合的なテロ行為や二次攻撃を想定し、前記のレベル区分に拘らず、最悪事態を想定した装備で活動する。

第３　テロ災害の初期対応

１　消防活動の基本

現場到着した消防隊の初動活動時は、その災害

がテロ災害であるか不明な状況下で活動に着手する場合が多い。

原因不明の爆発や多数傷者が助けを求めている現場では、明らかにテロ災害の可能性を否定できる場合を除いて、テロ災害である可能性を念頭に活動し、強力な指揮統制と警察等関係機関との相互連携のもとテロリストの動静や原因物質を早期に特定し、その危険性を把握して隊員の安全を第一とした人命の救出、救護等被害の拡大を防止して地域の安全を確保することを基本とする。

2　テロ災害受信時の対応

消防活動は、常にゼロからのスタートである。したがって、最初の情報を受信した際、災害内容をどこまで掌握できるかがその後の活動に大きな影響を与える。

消防通信指令室で、同時に２人以上の傷病者の発生通報を受信し、現場の目撃状況からテロ災害が疑われる時は、その位置関係、症状、現場の臭気、混乱状況、不審者の動向等可能な限りの情報聴取に努め、次によりテロ災害を前提とした必要な措置を行う。

(1)　消防部隊の出動指令

①　指揮隊、救助隊、化学車隊、救急隊及びポンプ車隊（担架隊）等所要の部隊の出動指令

②　出動する部隊は、保有する陽圧式防護服、呼吸保護器具及び検知資器材等を積載して出動する。

③　出動指令は、通報状況から推定される現場の状況等を付加指令する。

④　通報電話の逆信又は２報以降の１１９番通報により判明した現場の被害推移及び状況等を無線により出動各隊へ伝達する。

⑤　テロが疑われる場合は、現場の活動環境、混乱状況、出場部隊数に応じて災害現場の付近（風上、高台側）に出場消防隊の一次集結場所を指定し、現場に入る前に現場指揮本部長から出場隊に対する任務付与や安全管理に関する情報の共有を徹底する。

⑥　残留部隊への災害状況の通報及び増強出動の準備を指令する。

(2)　市町村及び警察機関等に災害通報を行うとともに必要により保健所、地区医師会、病院に通報し、受傷者の受け入れ及び救護班の現地派遣を依頼をする。

(3)　現場と連携して、緊急消防援助隊及び自衛隊等の出動を要請する。

(4)　軽症者搬送用としてマイクロバスを手配する。

3　消防隊出動時の措置

出動する消防隊は、現場到着するまでの間、次の措置をとる。

①　指令内容を確認し、有効な個人装備品を着装するか車両に積載するとともに除染シャワー及び検知機材等を積載して出動する。（化学防護服は、原則として乗車前に着装（面体を除く。）する。）

②　指令室からの続報に耳を傾けるとともに統括指揮者から無線により指示される活動方針等を踏まえた活動準備をする。

③　指揮隊、化学車隊、救助隊及びその他の特殊車隊は、指令内容から任務に応じた活動内容を想定し、車内で自己隊員の役割分担を行いスムーズな活動に配慮する。

④　出動各隊は部署位置を考慮した出動順路を選定し、部署位置は風上又は高台の安全な場所を選定する。

⑤　検知資器材によって、起動から測定可能になるまで時間を要するものについては、出場前又は車内で起動操作を行う。

4　情報の収集

最先着する消防隊の情報が重要であり、現場で何がどの範囲まで拡散、滞留してどの程度の死傷者が出ているかを掌握する。

先着隊は、現場の異臭、死傷状況、避難状況について現場の警備員、勤務者、居住者及び先着の警察官等から情報を収集し出動各隊及び本部に速報する。

指揮隊は、先着隊の速報を踏まえて次の情報収集に努め対応するとともに本部に報告する。

① 発災場所（原因物質の名称、所在箇所、地形）
② 被害状況（死傷者の数と傷病程度の概要）
③ 被災範囲（漏洩流出等の範囲、気象条件）
④ 不足部隊及び必要とする資機材
⑤ 警戒区域及び危険区域の設定状況
⑥ 要救助者、救護対象者の位置と数
⑦ 被災地域関係者の避難先
⑧ 対象施設の被害状況
⑨ 被災者、消防隊及び資機材の除染状況
⑩ 発災初期の現場の状況及び関係者が実施した措置内容
⑪ テロリスト、犯人の情報（逮捕・拘束・捜索の状況、人数、特徴、所在、二次攻撃の可能性、保有していると思われる武器等、警察機関等の活動方針等）

第4　テロ災害時の消防警戒区域

1　消防警戒区域の設定

火災等の警戒区域は、罹災建物及びこれに隣接する建物等に限定されることが多いが、テロ災害時の警戒区域は、流動する気体等の原因物質の性状や拡散範囲を考慮し、消防警戒区域は街区単位で設定する等広めに設定すべきである。

実際の災害現場では、検知機材による原因物質の特定や拡散滞留範囲の特定には時間を要することが多く、筆者の経験では、都市ガス、塩素ガス、アンモニアガス等の漏洩現場で検知器材の測定結果を待って警戒区域を設定した経験はなく、測定と並行して隊員には重装備で滞留区域に立ち入って漏洩ガスの閉止や救助活動を実施させてきた。また、ガス類の拡散、滞留の範囲と危険性は比重によって異なる。

都市ガス等のように空気より比重の小さいガスは、火災時の煙や可燃性ガスのように低所から高所に、建物内では低層階から上階に上昇して高所で事故を起こす。

塩素ガスのように空気より比重の大きいガスは、高所から低所に流れる。高層階から下階に、地上から地下に、居室では下水管を通ってマンホールに流れ込み予想もしていない箇所に滞留して、これがやがて噴出して事故を起こすことがある。

したがって、比重の小さいガスは高所を、比重の大きいガスは低所の換気、給気及び中和が必要である。

ただ、このような事例はいずれも原因物質やその危険性が明らかな通常災害であり、テロ災害のように二次攻撃の危険があり、原因物質等が不明確な現場では、より慎重な対応が望まれ、検知資器材による継続的な測定をしながら安全を見込んだ広い地域を警戒区域とするべきである。

なお、テロ災害時に設定される警戒区域には、前記のように消防法第28条の消防警戒区域の他、市町村長が災害時に人の生命又は身体に対する危険を防止するために災害応急対策に従事する者以外の者の立ち入りを制限し、禁止する区域（災害対策基本法第63条の警戒区域）市町村長又は都道県知事が武力攻撃災害等による住民の生命又は身体に対する危険を防止するために設定する警戒区域（国民保護法第114条）等がある。

2　進入統制ラインの設定

進入統制ラインとは、活動初期に設定して隊員の出入りを統制することにより、隊員の不要な汚染・被ばくを避けるとともに、無用な汚染拡大を防止し、このラインの安全側で必要な体制を確保したのち、危険区域及び準危険区域等での活動を展開する。

進入統制ラインは、空間線量率の測定値が、バックグラウンドレベルと同程度であり、かつ、現場指揮者がそれ以上進入することが危険であると判断した位置に設定する。

3　活動範囲の設定（ゾーニング）

(1)　危険区域（ホットゾーン）

危険区域（ホットゾーン）は、化学剤による滞留、流動による危険性から消防警戒区域の中で特に人命危険の高い地域を危険区域として設定し、その区域へは陽圧式防護服等の身体防護措置を講じた者以外の出入りを禁止する区域を指している。区域の設定は、街区、建物、敷地等を単位としてロープ、標識、看板等で表示し、出動各隊、

関係者及び関係機関に周知する。（図２－43参照）

図２－43　警戒区域、準危険区域及び危険区域の設定イメージ図

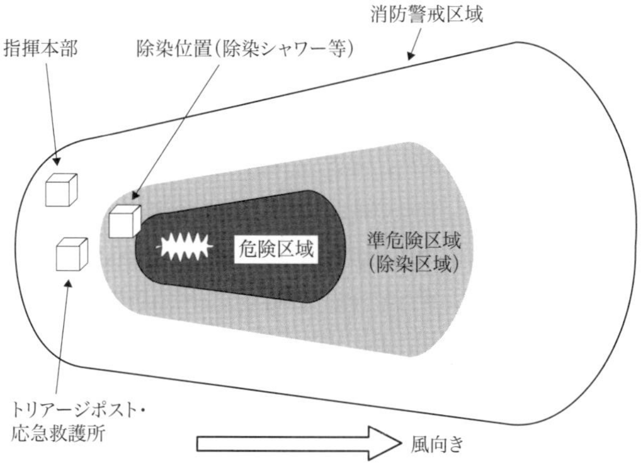

（「テロ災害に対する消防活動テキスト」より）

⑵　準危険区域（ウォームゾーン・除染区域）

危険区域内に滞在した傷病者や活動した隊員及び使用した資器材は汚染されている。これを除染して汚染範囲の拡大と二次汚染の防止を図ることが必要である。

このため、危険区域の外側（風上側）に準危険区域（ウォームゾーン）として除染エリアを設定して除染を行う。

除染対象者等は、危険区域内から救出される傷病者及び救助活動に当たった消防隊員や使用資機材、防護服等すべてである。

なお、除染は、原因物質や汚染の程度により、除染剤や水により洗い流す「水的除染」と脱衣（自力で脱衣できない場合は、鋏で衣服を切断する。）や清拭（皮膚に付着した毒物等をさわらないで吸い取る。）による「乾的除染」がある。

水的除染は、さらし粉（次亜塩素酸カルシウム）による除染剤で行うこともあるが一般的には除染シャワー等を用いた湯又は水、若しくはホースによる噴霧注水（10秒程度）により洗浄する。

また、除染により汚染された水は、中和措置又は大量の水により無害化して排水する。

放射線被爆又は核燃料物質等による汚染の可能性のある地域で活動した隊員及び使用資機材等は、その施設内にある汚染検査室で検査を行い、原則として原子力事業者に除染を依頼する。

第５　テロ災害時の救助・救急活動

テロ災害の現場に臨んで緊急に実施する活動は、被害を拡大させている原因物質の除去・密封等の応急措置、傷者の救助・救護活動及び現場にいる人達の安全な場所への避難誘導である。

このうち不審物の除去、密封と傷病者の救出、救護活動は、特に迅速に同時併行的に行わなければならない。

その際、特に留意すべきことは、テロリスト（犯人）の二次攻撃に対する警戒であり、警察のテロリストの捜索状況の情報提供を受けながら警察による安全化措置の完了を確認した上で活動することが大前提である。

１　不審物等の除去（収去）

最先端で行う活動であり、化学防護服、呼吸保護器具等により身体防護措置を行い、除去活動の前に対応手順を十分検討して必要最小限の隊員により短時間で行う。

① 屋内では、不審物のある部屋の開口部を閉鎖し、目張りをする。

② 駅構内、地下道、トンネル等では不審物を収納できる容器に格納して安全な場所に移動する。

③ 前①、②の措置が困難な場合は、原因物質の性状を踏まえて噴霧注水、中和剤、除染薬剤による無害化措置及び安全な場所への移動等を行う。

２　救助活動

災害現場の救助活動は、①閉じ込め、②挟まれ、③生き埋め、④下敷き、及び、⑤孤立状態にある者を人力又は機械力を用いて障害となるものを除去して安全な場所に救出することであり、この障害物件の除去に時間と特殊技能を要するものである。

しかし、テロ災害時の救助は、障害となる物件の除去等はほとんどなく、地面に卒倒している傷病者の介添えや介護、救命処置、担架による除染エリア又は事業所内の救急医療施設に搬送するのが一般的である。

① ウォームゾーン内で曝露者を歩行不可能者と歩行可能者に区分し、さらに水的除染又は乾的除染が必要な者を男女別に区分する一次トリアージを実施する。(この一次トリアージはSTART法では行わない。)

② 身体の防護措置を行い、短時間で救出できる方法を選択して行う。

多数の要救助者をホットゾーン内から救助する必要がある場合は、曝露者を直ちに汚染危険の高い場所から低い場所に一時的に移動（ショートピックアップ）することを考慮する。

③ 救助活動と原因物質の除去等が併せて可能な時は併行して行う。

④ 原子力施設等については、施設責任者から救助場所の状況を十分聴取し、救助方法について隊員に徹底し関係者の同行を求めて行う。

⑤ 交代要員、予備の資機材等の不測の事態にも対応できる体制を確保して行う。

⑥ 原因物質が隊員及び要救助者に接触しないよう注意する。

⑦ 除染が必要な要救助者は前記の除染区域内の除染場所で脱衣、洗浄、除染措置を行い、コールドゾーン内で二次トリアージ、救護措置を実施する。

⑧ 放射性物質等の汚染検査は、原則として施設内の汚染検査室を活用して行い、除染は施設関係者に依頼する。

3　救急活動

多数傷病者発生時の一般的な救急活動は、現場に救護所を設置して担架隊等が傷病者を救護所に搬送し、救護所でトリアージや応急措置を行い、病院搬送するというパターンで行われる。

しかし、テロ災害は、不審物の滞留、流動により傷病者が汚染され、被害を拡大させる。

そのため危険区域内の曝露者を前(2)により一次トリアージし、除染場所での除染後に二次トリアージや応急措置を行うこととされている。

このほか救急活動に際し留意すべき事項は、次のとおりである。

① 傷病者の救命を主眼として傷病者の観察及び応急措置を行い、適応医療機関に搬送する。

② 隊員は、防護衣、呼吸保護器具、ゴム手袋、防塵メガネ、マスク等を着装し、救急車内、ストレッチャーには予め汚染防止のためビニール等により養生し、二次汚染に注意する。

③ 放射線危険区域内で発生した傷病者は、原則として施設関係者が危険区域外まで搬送するので、その場で引き渡しを受ける。

④ 放射能汚染のおそれのある環境下で重傷者や相当被爆した者は、事業所の医療施設で除染を含む応急措置を受けさせた後、医療機関に搬送する。

また、搬送の際は、説明、助言のできる事業所内の医師等の同乗を求める。

⑤ 放射線物質で汚染されたおそれのある傷病者を収容する時は、予めビニールシートを敷いて床を保護する。

⑥ 爆弾テロでの直接圧迫止血では止血できない四肢の大量出血には止血帯（CAT：コンバット・アプリケーション・ターニケット等）の使用を考慮する。

⑦ 事故の発生形態や傷病者の人数・緊急度、救急車等搬送車両の終結状況に応じて、現場の医師の助言を受ける等して救護所や除染場所での二次トリアージを省略し、現場の負傷位置での一次トリアージ後、速やかな救急車内収容と病院搬送が求められる場合もあることに留意する必要がある。

4　避　　難

平成11年９月に発生した東海村ＪＣＯ臨界事故の際、避難の対象とした区域は、同工場から350ｍの範囲として住民等に避難を要請した。しかし、その後、茨城県の調査で同事業所から７km離れた地点で空間γ線量率が通常の値を超えていたことから事業所から10km圏内を「屋内退避要請」として住民指導している。

このように放射性物質から発生する放射線は、基本的には線種によって影響範囲が異なり、広範囲に及びしかも目には何も見えないものである。

しかし、化学剤は、有臭であったり視覚的に識別できることもあるため警戒範囲は広くても数百mである。したがって、原因物質により法令による規制や管理形態も異にする。

(1)　化学テロ災害時の避難

不審物の滞留、流動によって地域住民等を避難させることが必要な場合は、市町村及び警察機関に連絡し、次の事項を協議した上で実施する。

①　避難の対象とする区域及び避難先

②　地域への連絡方法及び広報手段

③　関係機関の役割分担等

避難は、退去命令等を該当地域に迅速に周知し、住民等の自主避難とする。

危険区域及びその隣接地域の住民を優先して退去させ、特に危険な地域は、避難誘導と人命検索活動を併行して行う。

また、広範囲の避難誘導を行う場合は、前進指揮所を設置して関係機関と協議の上必要な部隊、資機材を配備して行う。

(2)　核テロ災害時の避難

①　放射性物質及び放射線による影響は、五感に感じない等の原子力災害の特性を勘案し、住民の心理的動揺又は混乱を抑え異常事態による影響をできる限り軽減するため住民に的確な情報の提供及び広報を行うことが重要である。

②　避難は、放射線被爆防止の三原則（時間、遮蔽、距離）を基本として、住民等に対し、放射性物質又は放射線の放出による被爆の影響を低減するために屋内避難、コンクリート屋内避難を考慮する。

③　避難は、一時集合場所（コンクリート屋内避難施設）に集合させバス等により地区外の安全な施設（避難所）まで避難させる方法が一般的である。

④　初動の段階は、危険区域内又はその周辺地域の住民を迅速に退去させる。

東京地下鉄サリン事件（平成７年３月20日㈪）

茨城県東海村ＪＣＯ臨界事故（平成11年９月30日㈭）

第六節　多数傷病者発生時の救助・救急活動

かつて東京消防庁では多数傷病者発生時の活動は、多くの人達が同時に被災する事故に伴う救助・救急活動であることから「集団事故」と称して扱われてきたが、不明確な点があることからより具体的な表現として「多数傷病者発生時の救助・救急活動」に改められた。

多数の傷病者が発生する災害等には、次のようなものがある。

① 交通事故（列車、電車の衝突、転覆、高速道路等での玉突き事故、観光バス等の衝突事故）
② 航空機の墜落、船舶の衝突・沈没事故
③ 集合所等での爆発事故
④ 犯罪による多数傷病者の発生事故
⑤ 集団食中毒等

事故の発生形態により救助・救急活動は異なるが、ここでは、共通する事項を述べる。

第1　救助・救急活動

1　救出・救急活動の流れ

多数傷病者発生時の活動は、次のような流れで対応するのが一般的である。

(1) 覚知の際、事故の実態を推定し、所要の救助隊、救急隊及び救護、搬送、情報収集等に当たる支援隊に必要な資機材、医薬品を携行させて出動される。

(2) ＤＭＡＴ又は市区町村を通じて地区医師会、日本赤十字社、公立病院等に現場救護に当たる医師団を要請するとともに、近隣主要病院の空ベッド等の把握に努める。

(3) 現場活動に際しては、事故情報を収集して実態把握に努め、部隊の運用・統制、情報の管理、広報等を行う現場指揮本部及び傷病者の選別（トリアージ）並びに応急救命処置を行う救護所を開設する。

(4) 現場活動に際しては、活動隊の任務を次により分担して実施させる。

① 救助隊（事故現場の傷病者の救出活動）
② 担架隊（ポンプ車隊及び消防団員により編成して救助者を事故現場から現場救護所に搬送又は現場救護所から救急車への搬送を行う。）
③ 救護所担当隊（救急隊により編成してトリアージ及び応急救命処置等を医師団と連携しながら行う。）
④ 救急隊（傷病者を病院に搬送する。）
⑤ 病院調査班（消防署の職員により編成して、病院ごとにその事故による傷病者の収容実態、収容能力、傷病者の氏名、傷病名等を調査する。）

(5) 情報は、責任者や事故原因等の総括情報と傷病者情報に大別されるが傷病者情報は、病院収容までの過程で収集される情報（現場救護所、救急車内で収集した情報）と指令室及び病院調査班が収集した情報を照合して確定する。

(6) 事故現場から病院収容までの傷病者の流れを整理すると、次のようになる。

①事故現場→②担架搬送→③現場救護所（トリアージ、救急処置、搬送指示等）→④救急車内収容→⑤病院搬送

※　事故の発生形態や傷病者の人数・緊急度、現場の消防力等に応じて③の救護所への傷病者搬送（救護所でトリアージ）を省略し、現場の負傷位置でのトリアージ後、速やかな④救急車内収容と⑤病院搬送が求められる場合もあることに留意する必要がある。

2　救助活動

傷病者は、現場で挟まれたり、下敷きになったり、閉じ込められたりして脱出できない状態にあ

る。救出活動に際しては、次の点に留意して行うことが必要である。

① 健常者及び軽症者をトランジスタメガホン等を使って早期に避難又は脱出させ、活動に充分なスペースを確保して、ロープ等により一般人の立ち入りを制限して作業を開始する。

② 現場関係者の立会いと使用資機材の提供等を求め、事故物件の相互関係、重量、移動による影響等を確認する。

③ 傷病者の症状に応じ、医師による救命処置を実施しながら救出活動を実施する。

④ 救出機材は、保有機材にこだわらず、救出に適する土木建設機材等の重機を投入して行う。

⑤ 救出活動は、局所にのめり込まず、常に俯瞰的視座で対処する。

⑥ 傷病者には声をかけて、意識を確認しながら行う。

⑦ 救出した傷病者は、担架搬送隊により現場救護所に搬送する。

3　現場救護所の活動

① 現場救護所は、指揮本部と連携しやすい広場を選定し、膨張テント又はテントで外部と区画し、床にはシートを敷き、傷病者の選別及び応急救命・救護処置に充分なスペースを確保する。

② 現場救護所に搬送される傷病者は、重症者、軽症者が入り混ざっている。医師の現場到着は遅れるのが普通である。救急救命士は、速やかにトリアージを行い、トリアージタッグをつける。搬送、病院収容は最優先治療群とされる赤色の第１順位の傷病者から行う。

③ 現場救護所で行う応急処置は、傷病者数やその傷病程度等を考慮しながら原則として、必要最小限の応急処置にとどめ、より多くの傷病者に迅速に対応する。

（参考）トリアージタッグの流れ（３枚複写）

一枚目　指揮本部用（災害現場用）
　　搬送指示担当を経由して現場救護所（救急指揮所）に提出する。

二枚目　搬送救急隊用（搬送機関用）
　　搬送した救急隊が保管する。ただし、搬送救急隊が災害現場に戻る場合は、現場救護所（救急指揮所）に提出する。

三枚目　収容医療機関用
　　収容医療機関の医師に提出する。

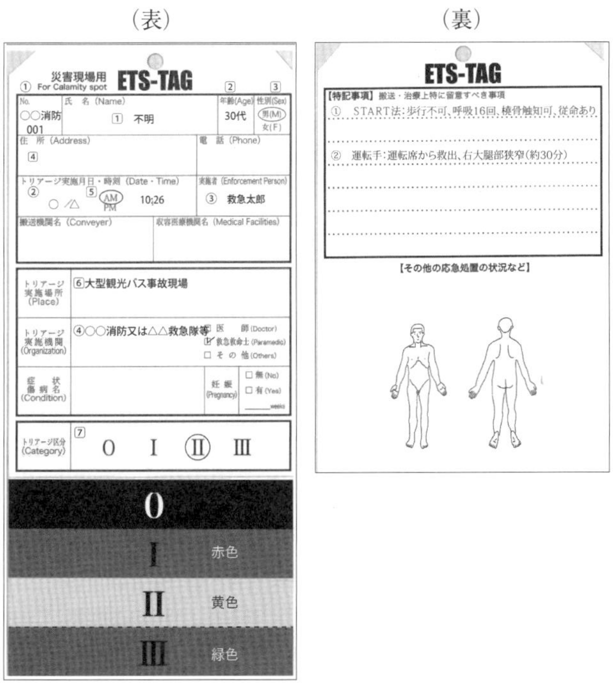

図２−43　トリアージタッグ

4　救急車による活動

① 現場警察官の協力を得て救急車に傷病者を収容する。救護所直近の道路等を基点として、多くの救急車が循環してスムーズに傷病者を収容し、搬送できるような流れを作り活動する。

② 収容医療機関の選定は、指令室が行うことを基本とする。

③ 傷病者は、事故現場の詳しい重要情報を把握していることが多い。搬送途上車内では可能な範囲で受傷位置関係、身分、受傷原因、事故原因、潜在危険性等の情報収集に努め、知り得た情報は、無線を通じて現場指揮本部に報告する。

④ 病院収容に際しては、傷病者伝票の記載事項及びその病院の受入れ可能人員並びに医療

に関する情報を提供し、引揚げ途上指令室に報告する。

⑤　高速道路上での大規模な交通事故、航空機の墜落現場及び救助隊の進入困難かつ時間を要する現場には、予めヘリコプターの出動を要請する。

⑥　傷病者が多数発生し、救急車による搬送に時間を要する場合は、緊急度区分第３順位以降（緑色）に該当する傷病者は、マイクロバス等の人員輸送車等によって搬送する。

⑦　救急車が不足する場合は、中等症以下の傷病者の複数搬送及びピストン搬送のための病院収容後の早期の再出場体制確保に努める。

５　情報収集

①　現場到着後の初期の情報は、位置関係、事故に至った経過や規模等を大まかに把握して、活動体制の確立に必要な情報を本部に報告する。

②　身なり、挙動等から現場関係者の発見に努め、発見困難な時は、拡声器等で呼び出し救急車内等で名称、事故原因等の総括的な情報を収集する。

③　傷病者情報の収集は、救急隊員が救護所及び救急車内で得た情報を救急伝票に記録し、病院収容後、傷病名、程度等を記入して、帰署途上又は帰署後、警防本部（指令室）に速報する。

④　傷病者一覧表は、救急隊の速報と現場指揮本部（又は救護所）で得た傷病者情報をもとに警防本部で作成し、これに病院調査班が収集した情報と照合して吟味し最終確定して、現場指揮本部等で公表する。

⑤　傷病者情報の整理、照合、確認等の作業は、救護所用の救急車、指揮隊車又はマイクロバス内で行い、プライバシーの保護に努める。

６　病院調査班の活動

事故現場は混乱し、傷病者等の実態を的確に把握することが困難である。また、収容病院でも同時に多くの傷病者が収容され、その処置に長時間を要することが多い。収容した傷病者の症状把握と収容能力を調査し、円滑な救護活動を行うために消防署からこれらの状況の調査に出向させる。

①　病院調査班は、病院を管轄する消防署単位に現場に出動しない職員により編成し、本部の指令により出向する。

②　調査は、病院の医療業務に支障にならないよう配慮し、傷病者伝票の確認並びに記入もれの記録、救急車に収容されずに単独で病院に出向き、医療処置を受けた傷病者について可能な範囲で調査する。

③　混乱が続いていて調査困難な場合は、受け入れ可能人員について調査し報告する。

④　調査結果は、病院から電話又はファックスにより本部に報告する。

⑤　救急隊及び指令室との連携を密にし、救急隊の早期再出動体制の確保に努める。

第２　事故事例（電車の衝突事故）

１　ＪＲ中央線東中野駅列車追突事故

⑴　事故の概要

この事故は、平日の午前９時35分に都内で発生した電車の追突事故で、当日は早朝から濃霧のため、運行が若干乱れており、JR中央線東中野駅に遅れて到着し、停車していた電車に後続の電車が追突し、双方の乗員及び乗客合わせて1,600人中運転士１人と乗客１人の計２人が死亡し、118人が負傷して都内の病院に収容された。

①　**事故発生日時**　昭和63年（1988年）12月５日㈪９時35分

②　**場所**　JR東日本中央線東中野駅構内

③　**死傷者**　死者２人　傷者118人（内、中等症20人、軽症98人）

④　**出動部隊等**

・消防隊66隊（指揮隊11隊、救急隊26隊、救助隊４隊、担架隊（ポンプ切替隊）14隊、はしご車隊４隊、化学車隊２隊、その他５隊）

・消防団員　51人（担架隊、群集整理、警戒、救護支援等）

・医療関係者　医師27人、看護師21人（地元

医師会、日本赤十字社、大学病院等）

・警察官　136人（交通整理、誘導、救護支援）

(2)　活動部隊の指揮

この事故は、事故発生駅の職員が点呼中、大きな音に気づき、その方向を見ると電車が衝突し、50歳くらいの女性が血だらけになって助けを求めていたので駅の電話で１１９番通報したもので、この通報によって多数の死傷者があるものと推定し、東京消防庁では、覚知と同時に救助隊４隊、救急隊16隊、指揮隊３隊を出動させ、その後の情報をもとに前④に記した部隊（66隊）を出動させ迅速な対応をしたものである。

①　役割分担

現場における各隊の役割分担及び指揮は、次のように行われた。

ア　指揮分担

統括指揮：所轄消防署指揮隊

救助活動指揮：応援Ｓ指揮隊

現場救護所担当：応援Ｎ指揮隊

報道対応：所轄消防署

イ　担当部隊

救出・救助：救助隊４隊、救助支援隊（ポンプ車隊）６隊

現場救護所担当隊：救急隊３隊

担架隊：消防隊８隊、消防団隊４隊

救急搬送隊：救急隊８隊

②　現場指揮

先着した救急隊の情報をもとに救助・救急対応部隊を増強し、前①の役割分担をして、次により救助・救急活動を実施した。

ア　事故電車からの乗客の誘導

事故車両には両方合わせて1,600人の乗客が乗っていたが、救助隊到着時には傷病者を除いてほとんどホームに出ていた。

これらの乗客を駅前広場に誘導するとともに、受傷者を拡声器で救護所に案内し、選別と応急処置を行い病院収容を開始した。

一方、電車内には、車両に挟まれて脱出できない者２人、電車内で倒れていた者４人で、倒れている者は担架搬送等により救護所に、挟まれている２人は救助隊による救助活動を行った。

イ　関係機関への連絡

本部では、現場からの情報をもとに区役所、警察署、地区医師会、日本赤十字社支部、大学病院等に係員及び医師等の現場派遣を要請した。

③　救出・救助活動

車両に挟まれ脱出不能になっているのは、追突した電車の運転士Ｈ（28歳）と追突した車両の３両目の乗客Ａ（31歳）の２人である。

ア　運転士Ｈの救助

運転士Ｈは、追突によって押しつぶされた運転席の中で、足部と胸部が鉄板により挟まれ骨折し、意識のない状態であった。

挟まれていた足部及び胸部の鉄板を押し拡げるととも、背後の客室との仕切板を切断して座席の背もたれを外して、作業開始から１時間21分後に救出することができた。

救出直後、立ち会っていた医師の診断の結果、まだ生存の可能性があると判断し、心臓マッサージを実施しながら大学病院に収容したが、11時50分死亡が確認された。

イ　乗客Ａの救出活動

乗客Ａは、追突した車両の３両目前部座席で押しつぶされた車体に挟まれていた。

救助隊は、レスキューツール、エンジンカッター及びエアーソー等を使って車体を切断してその救出を試みたが、挫滅してお互いに食い込んだ鉄板が厚く、消防隊の保有する機材では救出困難であった。

この間、傷病者には立会いの医師により、リンゲル注射及び点滴を施しながらの活動を継続した。

このため、架線に通電して電車を動かし、追突車両の切り離しを実施することとし、JR運行責任者と警視庁鑑識課長、東京消防庁幹部が協議の上、切り離しを試みたが、衝突の際、連結機能が破壊されており、一車両ごとの切り離し作業となり、効果が期待できないことが判明した。

このため引き続き消防隊が保有する救助機材により懸命な救出活動を継続したが、12時04分死亡が確認された。

その後、13時00分に消防からの要請によりJRのＯ工場の大型ガス溶断器が現場に到着し、この溶断器により切断作業が行われ、７時間19分を要した救出作業が完了した。

④　現場救護所の活動

東中野駅前広場を仕切って、現場救護所とし、防水シート20枚（3.4m×3.4m）及び毛布30枚を敷きつめて負傷者を集め、救急隊員及び医師の観察による負傷者の選別、搬送順位の指定及び約60人の負傷者の応急手当に当たったが、現場が狭く、負傷者で溢れ、混乱したが概ね１時間30分後にほとんどの負傷者を病院に収容した。

なお、現場救護所には多くの医師が駆け付け、選別や応急手当に積極的に協力してくれた。

ただ、負傷者伝票や傷病者一覧表の作成を救急隊以外の職員が実施することとなったため、記載や取扱いに不慣れな面がみられ、訓練の必要性が指摘された。

図２−44　追突脱線事故状況図（追突部分）

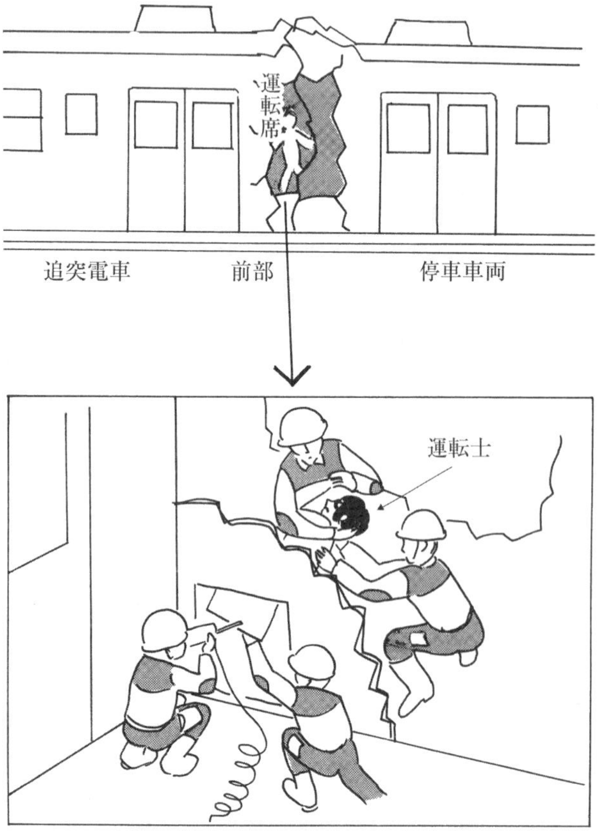

⑤　救急隊の活動

担架隊として出動したポンプ車隊により現場救護所の設置が行われ、引き続いて現場警察官に協力要請して、後着する救急隊の進入及び搬送路の確保に当たった。

傷病者の病院搬送に当たった救急隊は18隊で29回搬送している。

救急車の収容人員については、１隊（台）２～５人で、22の医療機関に79人搬送している。このほか、パトカーで１人、JR総合病院の救急車で３回13人を搬送した。

⑥　情報収集活動等

無天蓋の広場で情報の整理、照合等の作業をしたためJR関係者、報道機関、警察官等が多数つめかけ、混乱して作業が著しく阻害された。

このため、整理、照合事務等を救護所用救急車内に移したところ極めてスムーズに処理できた。報道機関等への広報は、立ち入り制限区域外で刻々変化する救出、救護活動状況について20社30人に15回にわたって発表している。

⑦　参考事項

ア　救急車等の進入路、搬送路は早めに警察官に交通規制を依頼し、指定しておくことが望ましい。

イ　要救助者の氏名確認が遅れた。救助に長時間を要する場合は、救助活動と併行して所持品等から氏名を判断して関係者に知らせておくことが望ましい。

ウ　医師によっては、現場で単独行動することがある。医師搬送隊は、現場指揮本部まで案内し、組織下での活動を要請する。

エ　携帯無線機は、指揮系統ごとに無線波を指定して活用することが有効である。

オ　報道用ヘリコプターが多数飛来し、救助活動の妨げになった。無線機はイヤホンで聴取し、ヘリには現場接近を避けるよう発表の際要請することが必要である。

２　ＪＲ福知山線列車脱線事故

⑴　事故の概要

平成17年（2005年）４月25日㈪に起こったJR

事故現場の状況（進行方向後方より）

西日本福知山線脱線事故は、近年まれに見る超大型の列車災害で、死者107人重軽傷者549人という大惨事になった。

事故の原因は、現場直前の伊丹駅に到着した際、同駅を60mほどオーバーランして停止したためバックをして同駅の乗降をすませた。

このため、この遅れを取り戻そうとしてスピードを上げ時速70km以下の制限速度のカーブを108km前後のスピードで通過しようとしたためにカーブを曲がりきれずに脱線転覆したものと推定されている。

この列車は７両編成で、乗客は約850人で１～２両目の座席はほとんど埋まっていた模様である。

図２－45　ＪＲ福知山線列車脱線状況

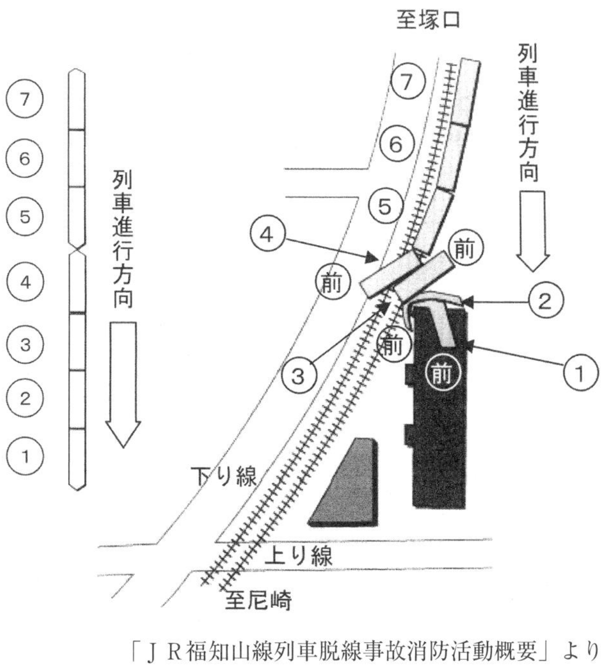

「ＪＲ福知山線列車脱線事故消防活動概要」より

この列車の脱線転覆状況は、１両目は、線路から大きく外れて線路脇のマンション１階駐車場に飛び込み、左側に横転し側壁に衝突してかなり圧縮された状態であった。

２両目は線路脇のマンションの角の柱に巻きつくように停止しており、横方向にかなり圧縮破壊された状態であった。

３両目は４両目後半部分と２両目に挟まれた形で重複して並んでおり進行方向とは反対の方向に向いて停止し、一部はマンションの敷地に飛び込んでいた。

５両目以降は連続して線路上に停止している状態であった。（図２－45参照）

⑵　消防隊の活動

月刊誌「近代消防」平成17年７月号（No.533）によると現場における消防隊の救助、救急活動は、次のような状況である。

所轄の尼崎市消防局の活動は、事故４分後に覚知して各隊が出動したが、先着の消防隊到着時には既に地元の住民や事業所の人達が現場に駆けつけて患者搬送や応急救護活動が進められており、初期には消防隊と地元ボランテイアの人達が渾然一体となって救助活動を展開した。

マンション１階の駐車場ではガソリンの漏洩事故等もあったため困難を極めたようである。マンション１階では飛び込んできた１両目の列車に追突された自動車からガソリンの漏洩事故が起こった。

この駐車場は、地下１層、地上２層の立体駐車場であったが、ガソリンが漏れていた為にポンプ

マンションに激突した車両（２両目）で懸命な救助活動を行う消防隊員ら

車から３線４口を延長し、泡放射を行い可燃性ガスの発散をおさえ、泡放射体制を維持しながらの救助活動となった。

しかし、依然としてガス臭がするため出火、爆発防止のため火花を発する救助器具の使用を控えバール、エアソー等の器具を使い細心の注意を払いながらの活動となった。

２両目の車両は、柱に巻きつくようにL字型に停止していたため救助可能なスペースがほとんどなく困難を極めた。そのため足場を作りながらの活動となり、最後には重機で側壁を除去しながらの救助活動となった。

３両目は、破損が少なく転倒もしていなかった為救助活動は、梯子を掛けて上り車両に入って活動することが容易であった。

現場では、進行方向右側路上に尼崎市消防局及びエアーテントの現場救護所が設置され、そこでトリアージが行われ、担架、戸板等により傷病者の救急車等への搬送が行われ、救急車のほかパトカー先導でトラックや乗用車により病院搬送が行われている。

なお、現地防災機関の本部位置等は図２−46のとおりである。

このように慎重な救助活動となったため85時間という長時間に及ぶ救助活動となったものである。

図２−46

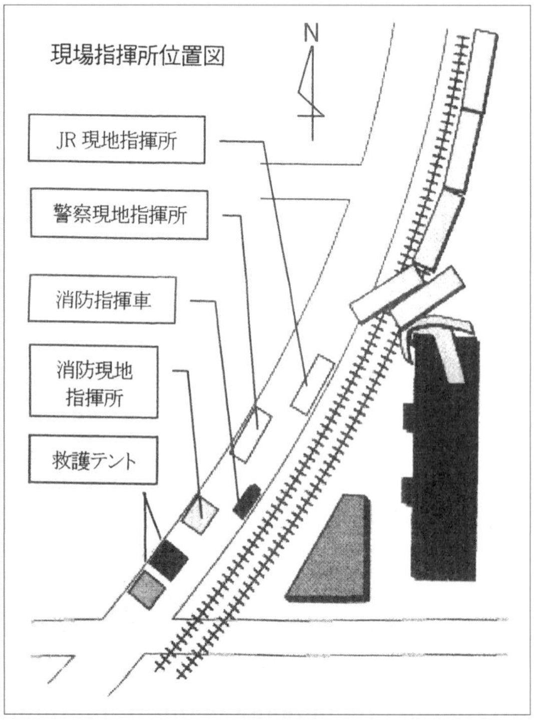

この事故に出動した消防隊は、

①　尼崎市消防局　　　119隊
②　兵庫県内消防隊　　100隊
③　緊急消防援助隊　　 74隊
　　　　　　　　　　計293隊　であった。

３　ＪＲ羽越線列車脱線事故

⑴　事故の概要

①　発生日時

平成17年（2005年）12月25日㈰19時14分頃

②　場所

山形県庄内町北余目—砂越（酒田市）間を速度100km/hで走行中、最上川橋梁から南へ約300m地点で脱線、前３両は左下約５mのところへ転落。１両目の車両は、くの字型に折れて停止した。

③　列車名

JR羽越線　秋田発新潟行き上り特急「いなほ14号」

④　乗客数　43人

⑤　脱線状況　19時10分頃、運転士から「橋を渡り終わったところで異音を感じブレーキをかけた」と連絡あり。

脱線転覆した特急列車は、６両編成の前の３両が脱線、５～６m下の土手下に落下し、１両目は土手下の小屋のところにくの字型に折れて横たわり、２両目は小屋の向こう側に線路と直角に転倒した。３両目は小屋の手前

特急「いなほ14号」が脱線転覆した現場

図２－47　ＪＲ羽越線脱線転覆現場図

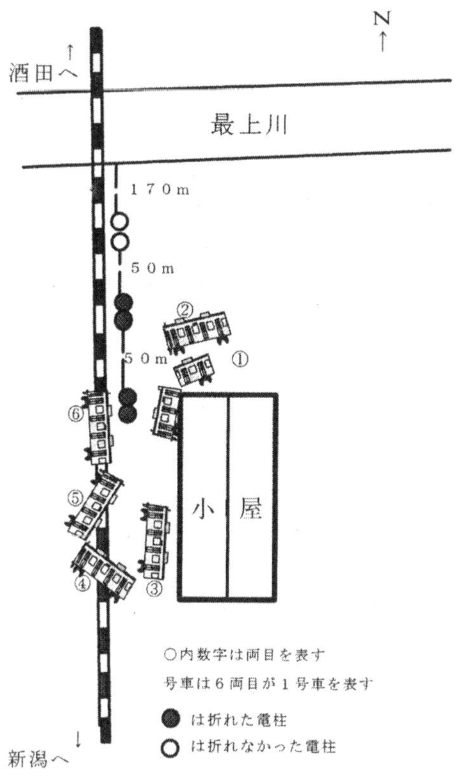

から線路側の側壁に沿って転倒し、４両目は脱線して線路から土手下へ向かって転倒、５両目は脱線して進行方向の右側の反対車線へ突き出て停止、６両目は脱線を免れ線路上に止まった。

なお、鉄橋から180m付近でコンクリート製枕木を固定するボルトが数本、数メートルにわたって損傷していた。また、鉄橋橋から230m地点の電柱２本が折れ、そこから50m地点の電柱も折れた。（図２－47参照）

⑥　死傷者

死傷者　37人

死者　　５人（51歳女性、42歳男性、34歳男性、22歳女性、28歳女性、27日15時45分発見）。死因は、５人とも頭部・胸部・腰部などの圧迫による圧死又は脳挫傷（推定）

負傷者　32人死者の状況

死者は、１両目のくの字型に折れ曲がった車両の部分に集中していた。

１両目には、自由席車両で運転士を除いて14人程度乗っていたが、前方と後方に乗っていた人は助かっている。

⑦　原因

鉄橋通過時に受けた強風により脱線転覆（推定）

⑧　天候

午後７時には酒田市は、雨で積雪28cmであった。酒田市では、最大瞬間風速20m/sec以上吹いていたとみられる。

⑵　消防機関の活動

①　酒田地区消防組合

78隊405人（12月25日～31日）

②　県内応援隊

62隊247人（12月25日～31日）

酒田地区消防組合消防本部の救助隊は、事故から28分後（19時42分）に現場到着し救助活動を実施した。

１両目の車両以外の乗客は、自力脱出していたため、１両目の車両を重点的に救助活動を開始し、１両目車両前方のガラスの割れた窓から車内に入り、呼びかけに応じた乗客７人を救助した。

後方の連結部から進入した隊員は、転倒した車内を這うように前進し女性乗客２人を発見し、シートと天井に左足を挟まれていた１人を油圧式カッターでシートを切断して４時間後に救出した。

なお、車両中央部へ進入した隊員は、右手首と右足首だけしか見えない乗客を確認したが、既に脈拍はなかった。中央部から４人の遺体を発見し搬出した。

第３　群衆雪崩の警戒と救護活動

昭和31年の元旦に新潟県の彌彦神社で初詣の群衆が境内で行われた「餅まき」の餅拾いに殺到して押し合いになり124人もの死者を出すという大事故が発生した。

社会が安定化するにつれて各種のイベントも活況を呈し、大きな群衆事故の発生が危惧される。最近では、平成13年７月21日㈯に兵庫県明石市の花火大会会場で同会場とJR朝霧駅をつなぐ歩道橋で群衆の転倒が起こり、これが引き金となって多くの群衆が転倒し、子供や高齢者、女性等11人が死亡し、247人もの重軽症者を出すという大事故になった。

イベント会場では、主催者はもとより、その警戒、警備に当たる関係者も細心の注意を払い会場の適正な管理と群衆雪崩の防止に注意し、災害発生時には適切な対応に努めなければならない。

ここでは、「群集の流れのメカニズムと群集事故対策」（室﨑益輝氏）及び「災害心理学序説」（安部北夫氏）の要点を引用しつつこの種の災害の警戒と救護活動の基本について述べることとする。

1　群衆雪崩ということ

群衆雪崩とは、イベント等の会場で群衆が超過密状態になって、人と人とがぶつかり合ってお互いに支え合い、バランスを維持している状態が、前の人等の転倒によりバランスが崩れ前後左右の人が引き込まれる形で塊状に拡大して多数の死傷者が発生する事象をいう。

類似の事象に将棋倒しがある。

将棋倒しは前の人を突き倒す形で後から前へ線状に転倒が拡大するが、群衆雪崩は前の人の転倒に後や左右の人が引きこまれる形で前から後方に塊状に拡大する。

転倒の形状をみると、将棋倒しは線状をなして一方向であるが、群衆雪崩は塊状をなして多方向であり、転倒を引き起こす力の作用をみると、将棋倒しは転倒時に作用するが、群衆雪崩は転倒前から作用している。

2　群衆の密度と流速

群衆の密度と流速の間には図２－48のような関係があるとされている（「群集流の観測に基づく避難施設の研究」戸川喜久二氏）。戸川喜久二氏は、一人ひとりの歩行速度は、背の高さや歩くくせ、歩行目的によって違うが、共に一定方向に向かって歩くと相互の歩みがならされて密度が１m^2当たり１人程度では概ね秒速１m、２人/m^2になると歩みも半減して0.5m程度に落ちる。さらに５人／m^2になると流速（歩行速度）はズリ足に近くなって秒速10cm程度に落ちる。しかし、我々は通常ズリ足で歩くものではなく２人/１m^2位になる余裕を見計らって動き出すもので、秒速50cm位の速度で歩き始め、やがて１人/m^2程度に歩みを押さえ後方の流れをセーブするという形をとる。

図２－48　人集密度と流速

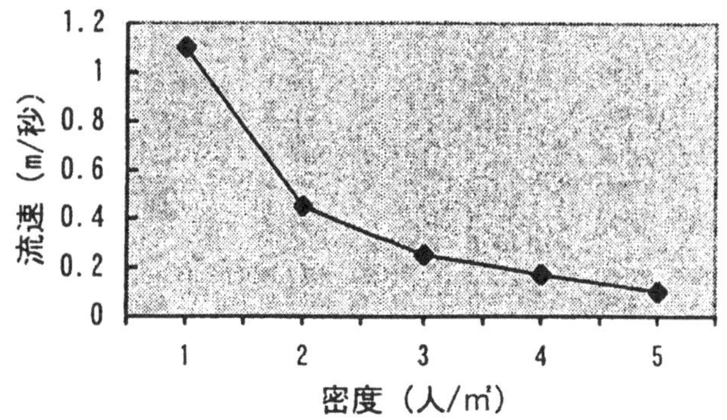

一方、群衆密度は、５～８人／m^2の中密度で「将棋倒し」が起こることが多いが、群衆雪崩は10人／m^2以上の高密度にならないと起こらない。この状態は、電車では声を出し、悲鳴をあげたり「押すな、押すな」という状態である。

この時重要なのは側方圧で、側方からの突っかけや割り込みに対処するため、一時的に網を張ったり、入場規制を行うことが必要である。

3　群衆雪崩発生の要件

群衆雪崩が発生するためには、

①　会場が自立できないほどの超過密状態の成立

②　超過密のなかで押し合い状態の成立

③　押し合いの中での均衡を崩す空隙の成立

の３つの要件が必要であり、このうち最も重要な要件は①の超過密状態の成立である。

超過密状態になれば必然的に「押し合い状態」あるいは「突発性均衡崩壊現象」が起きる。

また、雪崩が発生するのは、不安定な力の均衡状態をつくる「きっかけ」とそれを破壊する「きっかけ」が必要であり、このきっかけとなるのは群衆の中での「押し合い」と「すき間」である。群衆雪崩は、過密群衆となる要件のほかに異質群衆であったり、競合群衆である時に発生しやすい。

○「異質群衆」とは、年齢や体格、性格等に異なった人々の集団である。（子供や老人が含まれた集団では、強い者が弱い者老人、子供を押し倒す状態が生まれる。）

○「競合群衆」とは、群衆の中で先を争う関係にある利害を異にする関係が成立する群集をいう。整列していた群衆に割り込みが入ると事故につながる。（満員電車で事故が起きないのはこの競合関係が発生しないからである。）

4　押し合いと群衆雪崩のきっかけ

ここで群衆雪崩の原因となる超過密状態での押し合いと群衆雪崩のきっかけとなる崩壊現象について代表的な２つの事例を紹介することとする。

⑴　彌彦神社初詣の群衆雪崩

彌彦神社の群衆雪崩は、恒例になっていた同神社の元旦にまかれる福餅の餅まき行事の直後に起こった。

彌彦神社の斉庭は、拝殿を前に回廊をめぐらせ図２－49のように参道から石段を登り切った所にある神門をくぐって入るようになっている。餅まきは、随神門の両翼にやぐらを組んでその上からまかれる。

餅まきをする時点の群衆密度は10人／m^{2}程度で、餅まき中は局部的に12人／m^{2}程度になっていたものと推定されている。

餅まきも終わり、善男善女が足を止め、また神社では餅まきの終わりを告げる花火が打ち上げられ斉庭の大群衆は、わずか幅３ｍの隋神門の出口に向けて押しかけた。

図２－49　随神門・群衆見取図（「災害心理学序説」より）

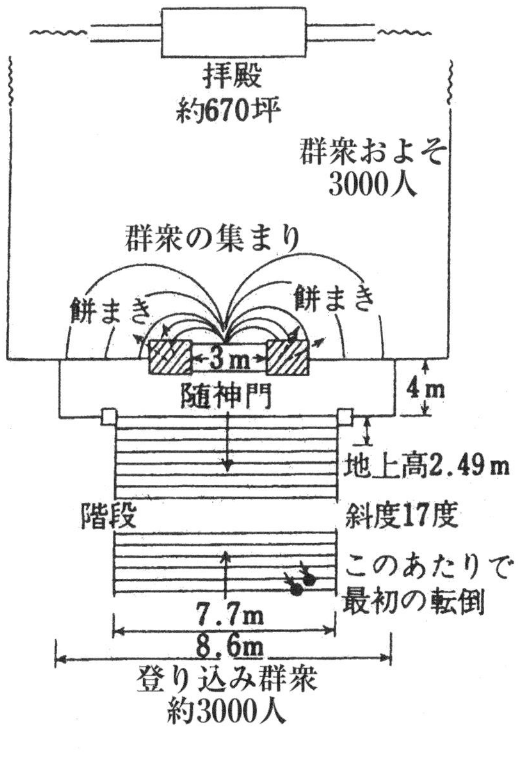

その人々は、出口にせかれて膨れ上がり、悲鳴と怒号が飛び交い、胸苦しくなったり、失神しかける人も出てきた。

また、押し合う群衆の中には足を奪われ地上に浮き上がって運ばれる者もおり、このような状態は13人/m^{2}以上にならないと生じないといわれている。

こうして随神門を押し出された人々は、門前のわずか４ｍの踊り場に吐き出され、そこから勾配約17度、15段の石段を下りて参道に出ようとした。しかし、そこには遅れて到着した列車の参拝客約3,600人がこの階段を上り始め、随神門にかけて密集し斉庭に入ろうとしており、この２つの集団が階段の途中で押し合いが始まり、やがてその群衆は12～13人／m^{2}の密度となり、これが上方から押し下る結果となり、失神して倒れるものが続出し、その空隙に次の者が落ち込み、次々と倒れ込んであっという間に阿鼻叫喚の地獄と化したものである。

裁判記録によれば、この時の押し合い接触面の圧力は約30トンと推定されている。

⑵　明石市民夏まつり

この事故は、明石市が主催する「第32回明石市民夏まつり花火大会」で起こった。

群衆の転倒は、夏まつり会場とその最寄の駅であるＪＲ朝霧駅をつなぐ歩道橋の南端部で発生した。

歩道橋には、左右にフードが付けられた長さ100ｍの橋梁で、その南端部では西に90度曲がり、そこから幅３ｍと狭くなって階段になっていた。歩道橋では、花火開始１時間前から混雑し始め10ｍ進むのに数分もかかるという状況で、時間の経過とともに次第に混雑の度を増し、７時45分の花火大会開始時刻には、歩道橋の南半分では１歩も進めない状況になっていた。

事故は、花火が終了した８時40分前後に発生している。

花火が終了して帰ろうと会場から階段を上って朝霧駅に向かおうとする人達と歩道橋上で詰まっ

て動けなかった人達が会場方向に向かおうとして移動する人達が歩道橋の南端付近でぶつかり合い、小さな群衆の転倒が起こり、さらにそれが引き金となって最も多くの死傷者をもたらした大群衆の転倒が発生し、さらにそれが連鎖して別の大きな群衆の転倒が発生したものと推定している。結果的にこれらの群衆の転倒に200～300人の人達が巻き込まれ多数の死傷者が発生したものである。

この事故による死者の内訳をみると、２人が70歳以上の高齢者で、９人が小学生以下の子供である。また、負傷者の７割は女性で体力的に劣る弱者が犠牲になった事故であった。

５　現場警戒

イベント等が開催される際は、予め主催機関と十分な打合せを行い、来場者数等を予測して、危急の事態に対応し得る体制を整え、警戒を行うことが必要である。

現場警戒は、次のように行う。

① 現場に、救護所を兼ねた警戒本部を設置し、群衆の監視を行うとともに救護活動に当たる。

兵庫県明石市が主催した花火大会の会場（ＪＲ朝霧駅付近）この会場で見物客が次々と倒れて11人が死亡した。
（平成13年７月21日(土)）

② 警戒本部の位置は、主催機関及び関係行政機関との連携が容易で、会場全般の動静を掌握できる位置を選定し、所定の医療資機材及び担架隊を配置する。

③ 監視警戒は、定点監視及び巡回監視に区分し、定点監視は群衆の動静を監視し得る高台に設置し、巡回監視は会場の内外のボトルネックとなりやすい場所を随時巡回監視する。

６　現場管理

イベント会場の管理に際し、留意すべき事項は、次のとおりである。

① 会場は定員を定めて管理を行うこととし、定員以上の観客を入場させない。定員を超えるおそれがある時は、主催者に申し入れ制限を行う。（群衆密度が10人/m^2以上になると危険である。）

② 群衆の流れは、５人/m^2以上の密度になると人と人との間隔の確保が困難になる。一方通行にする等の措置が必要である。

③ 流動の制御をはかり、交錯流や衝突流及び割り込み等を防止するため努めて一方通行とし、群衆の動線をゾーン別に整理して流れを停滞させないようにする。

④ 会場への出入口周辺での露店の出店を制限するとともに障害物の除去及び立ち止まりによる通路の滞留を排除する。

⑤ 不満がつもり、それを群衆が共有している時や群衆競合の押し合い等による不快感や苦痛が限界を超えると破壊的行動を誘発しやすい。これらの危険性を的確にとらえて群集の不安やイライラの解消に努めることが大切である。

７　救護活動

群衆雪崩は、後の人が前の人をつき倒す形で転倒が拡大していく将棋倒しとは違って、人の波（ショックウェーブ）が何度か繰り返されたり、小規模な転倒事故が引き金となって大きな転倒事故を引き起こすという特徴がある。したがって、警戒員等がその兆候を早期に発見して前兆を見抜き、群衆を規制し、強力な統制をすれば被害は軽減できる。

被害の軽減方策として次のような対応をすることが必要である。

⑴　現場警戒本部の対応

①　事故の内容を会場内の観客に早く知らせ、直ちに催し等を中止させると同時に場内に流れ込む群衆を出入口で遮断して方向変換を行う。

②　現場関係者に通報すると同時に本部に報告して所要の応援隊及び医療関係者を要請する。

③　事故現場周辺の群衆を退却させ現場救護所を開設する。

⑵　救助活動

この種の事故は、救助に関する技術性は少なく、一般的には転倒によって下積みになっている人か重傷の場合が多い。

折り重なって倒れている傷者を除去して重傷者の救出に努め現場救護所に搬送する。

⑶　救急、救護活動

現場救護所における活動及び救急活動は、本節第１、３及び４）に準じて行う。

第七節　各種事故現場の救助

火災や自然災害及び多数の傷病者が発生する事故等、大規模な災害や事故に伴う救助活動については、前各節で述べてきた。

しかし、日常行われている救助活動は、社会生活や産業活動の中で単発的に起こる小規模な事故に対する救出活動である。

令和４年中に発生した我が国の救助対象となる事故は、６万8,123件で、救助された人達は６万2,679人にも達している。（「令和５年版救急・救助の現況」より）これらの事故に出動して救助活動に従事した消防職・団員は、延べ160万4,495人に達し、救助活動１件当たり約9.1人の隊員が従事している。（表２－27参照）

この節では、前各節で述べた災害及び大規模な事故以外の事故について述べることとする。

第１　交通事故の救助

広義の交通事故には、自動車、列車事故をはじめ船舶、航空機等の事故も含まれるが救助活動の対象となる事故は、主として前節で述べた列車、電車の事故と自動車による事故である。

１　自動車による事故の特性

日常起こる事故で最も多いのがこの自動車による交通事故の救助活動であり、この特性は、次のように要約できる。

(1)　交通幅そうする道路上で起こることがほとんどであり、交通規制が行われない状況の中で活動を開始することが多く、隊員の安全確保を図りながら活動することが多い。

(2)　事故の形態は、衝突や横転、転落等により、

①　車両に閉じ込められている者

②　車両や路上の交通施設等に挟まっている者

③　車両の下敷きになっている者に大別できる。

(3)　前(2)の事故の形態により、次のような特性がある。

①　車両の閉じ込め事故は、ドアの変形により、開放できずに閉じ込められている者及び事故により車内で受傷し、自力では開放できずにいる者が大部分である。

②　車内や路上の交通施設等に挟まれた事故は、車両の変形により車内のハンドル等に身体の一部が挟まれたり、塀、電柱、建物の外壁等と車両の間に挟まれて身動きができずにいる者が大部分である。

③　車両の下敷き事故は、歩行者や自転車で走行していて車両と衝突又は接触して車両に巻き込まれ、車両の下敷きになっている場合が多い。

(4)　自動車事故は、車両のスピードに比例して被害は大きくなり、高速道路や高速道路の出口で出会い頭の事故、見通しのきく直線道路での事故は大きな被害となることが多い。

表２－27　事故別救助活動状況　（令和４年中）

区分＼事故種別	火災	交通事故	水難事故	風水害事故	機械事故	建物事故	ガス・酸欠事故	破裂事故	その他	計
救助活動件数	3,638	12,318	2,877	275	976	34,264	471	6	13,298	68,123件
比率（％）	(5.3)	(18.1)	(4.2)	(0.4)	(1.4)	(50.3)	(0.7)	(0.0)	(19.5)	(100.0％)
救助人員	1,411	15,200	3,146	867	1,054	28,988	358	5	11,650	62,679人
比率（％）	(2.3)	(24.3)	(5.0)	(1.4)	(1.7)	(46.2)	(0.6)	(0.0)	(18.6)	(100.0％)
１件当たりの救助活動人員	16.0	9.6	14.4	9.5	10.1	7.7	11.2	10.7	8.9	平均9.1人

2　自動車事故の救助活動

救助活動に際しては、まず、現場の活動危険を的確に把握して、危険要因の排除及び危険防止上必要な措置を講じて活動を開始する。

また、活動中は危険要因の変化に注目し、認知した情報は迅速に全活動隊員に知らせ、隊員相互の安全を確保しながら、次の手順で作業を進める。

① 出動途上、事故内容等及びその後の情報を無線で確認するとともに、事故現場、周辺の道路状況（高低、傾斜、幅員、交通量等）を自ら確認し、安全な活動エリアを確保する。

② 現場の要救助者の状況（車内や車両周辺がどのような状態か）及び事故車両の状況（変形、破損、積載物の危険性、安定性等）を確認し、必要な措置を講ずる。特に事故車両のサイドブレーキの確認と車輪止めを使って車両の固定を確実に行う。

③ 後続通過車両との接触危険、流出燃料等による出火危険、荷崩れ等による事故等の防止を図るため必要な警戒を行うとともに、二次災害に備えて資機材を準備する。

※　ハイブリッド自動車について

ハイブリッド自動車は、高電圧のシステムを使用していることから、災害対応に際してハイブリッドシステムを停止させないとエアバッグの突然の展開、高電圧による重度の火傷及び感電危険がある。ハイブリッドシステムの停止要領は、メーカーや車種により異なるのでメーカー資料等により確認する必要がある。

④ 救出する方法を決定し、自己車両積載の救助用資機材及び現場で調達可能な機材を用意して開始する。

⑤ 救助資機材は、自動車の牽引、持ち上げ、切断、拡張、引っ張り等の現場に対応する機材を選定し、効率的な活動を行う。

⑥ 事故車両等の牽引、持ち上げ、引っ張り等で人手が不足する時は、現場にいる人達に声をかけ安全な位置での協力を依頼する。

⑦ 要救助者は、何の異常も認められなくても、胸部や腹部、頭部等の打撲等によって容態が急変することがある。救急隊と連携し、要救助者の容態を確認し声をかけながら慎重に作業を進める。

3　救助活動のポイント

自動車事故の救助活動は、最終的に、閉じ込め、挟まれ、下敷きのいずれかの状態にある要救助者をいかに安全に早く救出するかにあり、そのポイントは有効な機材の選択と手順の決定にある。

前２の事項を手順の基本としながら事故の状態ごとに次の事項を参考に作業を進める。

(1)　閉じ込め

① ドアの開放

・ドアロックを解除する。

・金てこ、バール、万能斧、油圧式救助器具等を使ってドアをこじ開け、開放する。

・エアーソー、エンジンカッター等で切断しドアを取り外す。

・ドアキャッチや蝶番を切る。

② 窓の開放

・ナイフ、ドライバー等で枠ゴムを切り、窓ガラスを取り外す。

・ガムテープを張り、ハンマー、万能斧等で破壊する。

③ 屋根の破壊

エアーソー、エンジンカッター、レスキューツール等を使って窓ピラーを切るか天井を切り抜く。困難な場合は、一方を切断して屋根を持ち上げる。

(2)　車内の挟まれ

① 隙間を拡げる。

・玉がけワイヤを使って、ウインチ類、油圧式救助器具、レスキューツール等で引っ張って隙間を広げる。

・エアージャッキ、油圧スプレッダー、当て木を使って押し広げる。

② 挟んでいる物を切断する。

鉄線鋏、エアーソー、アークエアー等を使って要救助者を挟んでいるハンドルや各種ペダル類を切断する。

(3)　車体と工作物等との挟まれ

① 次のいずれかの方法で隙間を広げる。

・挟んでいる車両の反対側のタイヤの空気を抜く。

・挟まれている側の荷物を降ろす。

・座席シートを切り開きスプリングをカッターで切る。

②　車両を使って事故車両を牽引するか、可搬式ウインチ、レスキューツールを使って牽引する。

③　金てこ、万能斧、ジャッキ等を使って押し広げる。

⑷　車体の下敷き

①　クレーン車、バックホー、チェーンブロック等による押し上げ

②　ワイヤーロープで牽引、可搬ウインチ、レスキューツール、油圧式救助器具による吊り上げ

４　事故事例

⑴　事故の概要

真夏の23時頃、都内の国道で発生した交通事故で、事故車両は普通乗用車で６人が乗車し、緑地帯に衝突して、反対車線に進入し、対向車線を走行中の普通乗用車に衝突して横転、対向車の運転手を含め７人が重軽傷を負った。

搭乗者の内３人は、車外に投げ出され、３人が車内に閉じ込められていた。

また、対向車線を走行していて衝突した車の運転手も負傷していた。

⑵　要救助者の状態

横転した普通乗用車内の３人は、逆さまの状態で閉じ込められ、いずれも顔面等から出血して救助を求めていた。また、その周辺には、３人が倒れていた。

⑶　二次災害の発生危険と防止措置

事故車両の周辺には、燃料が流出し、出火危険があり、その上後続車両による交通事故の危険があった。

このため、流出している燃料に処理剤を散布し、消防隊による泡消火の準備をし、電源の断（バッテリーの取り外し等）及び現場の警察官に交通規制を依頼した。

⑷　救助活動

車内の負傷程度を確認するとともに横転車両の固定、車両の切断開放による要救助者の救出を行う方針とし、現場に医師を要請するとともに救急隊の協力を得て、次の救護措置を行いながら作業を開始した。

①　重傷者に対する酸素吸入、止血処置、ショック防止

②　仮死状態の女性に対する心肺蘇生

③　車外に飛び出し、倒れている負傷者の保護と応急措置

④　後着した医師による医療措置

負傷者の具体的な救出活動は、

図２－50　交通事故現場の救助活動状況図

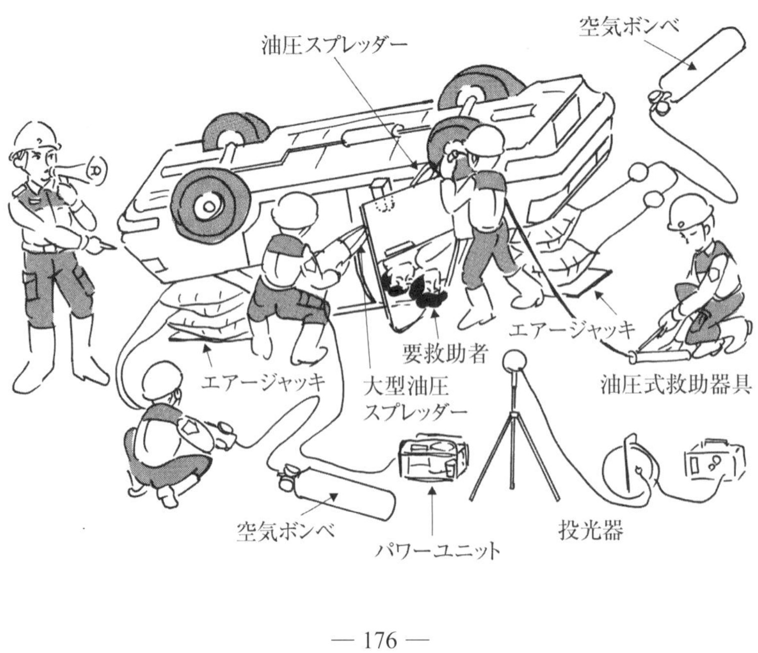

①　マット型エアージャッキを使用しての車両の固定

②　油圧式切断機による助手席側のドアーフレームの切断、大型油圧スプレッダーによる助手席ドアの拡張と開放箇所への角材の挿入

③　ドアの開放後、下肢の状態を確認して、車外に引き出す等により救出し、待機していた救急隊及び医師により応急処置をしながら病院に搬送であった。（図２－50参照）

⑸　使用機材

大型油圧スプレッダー、マット型エアージャッキ、大型油圧切断機、毛布、当て木（角材）、万能斧、投光器等

第２　労働災害事故の救助

１　救助事象の概要

工場等の事業所では、日常の労働災害を防止するために５Ｓ（整理、整頓、清潔、清掃、躾）を中心に定期的に巡回点検を行い、不安全箇所の指摘を行い、職場環境の改善を通じて労働災害の防止に努めている企業が多い。

しかし、巨大技術システムが急速な発展をとげでいる反動として、信じられないような大きな労働災害も後を断たない。

また、一方では、従業員の過労や多忙から、従来にも増して、初歩的ミスによる救助対象事故が発生している。

労働災害に関連する傷病事故は、毎年５万件前後発生し、増加の傾向を示している。

これら産業経済活動に伴う救助活動は、多種多様であり、そのすべての事故内容を承知して救助活動に当たることは困難であるが、特に多く発生する機械、設備等の事故については、予備知識や救助手順等の研究に努めることが必要である。

この種の事故現場の救助活動に際しては、まず関係者から事故に至った経過を手短に聴取し、事故内容によっては技術者に専門的なアドバイスを得ながら事故の状況を詳細に観察して行うことが大切である。

また、救助機材は、現場にある機械を活用することが有効な場合が多く関係者の協力を得ながら実施する。

２　動力機械事故

この種の事故は、印刷機、製麺機、ゴム圧延機、肉切り機等機械の回転により人体の一部が挟まれている事故が大部分である。

①　事故内容（要救助者の数、受傷部位、範囲、要救助者の意識等）を確認し、関係者に事故に至った経過及び救助方法の参考意見を聞いて着手する。

②　機械の電源を確実に切り、機械の構造と事故内容及び受傷位置等を確認し、分解、局部破壊、隙間の拡張、機械の逆回転等による救出の方法を決定する。

③　要救助者の容態により、救命処置及び医師の要否を判断する。

④　現場における警戒区域（立入制限）の設定監視、安全管理、救助活動等の役割分担を行う。

⑤　救助手順は、

電源の遮断→二次災害の防止措置→傷者の救護措置→救出方法の決定→役割分担→救助活動→現場統制→救出である。

特に活動中、要救助者に声をかけながら衝撃を与えないように配慮する。

３　工事現場の転落事故

この種事故は、建築工事現場の基礎工事、建物解体作業、壁面塗装や看板の取り付け等の高所や落差のある場所で作業中に足を滑らせ又は鉄骨梁を踏み外し、下階に転落・受傷するという形態である。

⑴　事故の特徴

この種事故現場は、工事中で未完成の建物や取り壊しによる足場の不安定な場所で発生するため、救助活動に使用する通路・階段等が不備であり、また、工事用機械や部材が多く置かれてあり、作業スペースが確保できにくい等活動障害が多い。

⑵　救出要領

①　進入路の設定

工事用の仮設階段又は梯子を使用し、これ

らがない場合や使用できないときは、鉤つき梯子又はロープを活用して進入する。

② 搬送方法

要救助者は、落下衝撃により全身打撲、腰椎損傷等が伴うため、背負いやロープに よる吊り上げは避けなければならない。必ず平担架に静かに乗せ、徒手搬送かロープによる水平状態で吊り上げる救助方法をとる。

③ 現場機器の活用

現場に簡易昇降機、クレーン等があり救助活動に使用できると判断される時は、現場関係者と協議し、有効活用について配慮する。

(3) 容体観察

現場の状況から、比較的安全な進入路が確保できる場合は、救急隊員も進入して要救助者の容体を観察し、救出前又は救出作業に並行して応急処置を行う。

(4) 活動上の留意事項

作業環境が悪いため、事故の転落、つまずき転倒、落下物による損傷及び突起物との衝突等、二次災害防止に十分配慮する。

4 超高層建物のゴンドラ

大都市の市街地中心部には、はしご車の届かない超高層建物が多く建築されている。

これらの建物の窓拭き等清掃用ゴンドラが強風等の異常気象や操作ミス等によって軌道から外れ宙吊りになって救助を求めてくる事例が多くなりつつある。

ゴンドラ事故は、搭乗者の切迫した生命危険は少ないが、大衆の注目する高所で宙吊り状態にあることから救助活動の対象として節度をもってスムーズに対応しなければならない。

救助活動に際しては、次の点に留意して行うことが大切である。

(1) 救助手順と要領

① 事故の状況を確認し、ゴンドラの宙吊り位置によりゴンドラ搭乗者（要救助者）の救出場所を屋上、地上あるいは直近階又ははしご車、いずれにするかを判断する。

② 要救助者には、宙吊りになった際の受傷の有無を確認し、救助方法等の安心情報を提供して、ゴンドラを揺らさないように静かに待つよう呼びかける。

③ 宙吊りゴンドラの下（地上）は、現場警察官に依頼して交通規制を行うとともに警戒区域を設定して立ち入りを制限する。

④ 宙吊りゴンドラの停止位置によってはしご車による救出が可能な場合は、現場の風向、風速等のタイミングをみて、より安全、確実なはしご車による救出を行う。

⑤ 屋上から降下して救助する場合は、部隊を屋上、宙吊り直近階及び地上に配置し、屋上を救出拠点とし、地上を無線中継点として宙吊り直近階と連携しながら活動し、宙吊り直近階の窓等が開放できる場合は、その階に救出する。

⑥ 屋上へ救出する場合は、屋上にあるゴンドラアームを支点として、壁付きリングを活用し、サバイバースリング（救助用縛帯）で縛着し救助ロープにより引き上げる。

⑦ 隣接してゴンドラ施設が設置されている場合で、これが使用できるときは関係技術者に運転させ、宙吊りゴンドラの位置まで降下し、このゴンドラに移して救助する。

⑧ はしご車が使用できず、また、宙吊りゴンドラの周辺に障害物があり、屋上から降下しての救助活動が困難な時はヘリコプターを要請し、ヘリコプターとの連携による救出方法をとる。

(2) 活動上の留意事項

① 上空では、強い風や特異な気流のあることを念頭において活動する。

② 屋上から座席懸垂により降下する隊員は、高所において特異な環境下で行動しなければならないことから、努めて経験豊富な者を選定する。

③ 救助に際して宙吊りゴンドラの確保処置をとるとともに、ゴンドラに乗り移る必要がある場合は、ゴンドラの許容加重を考慮して最小限度の人員に止める。

④ 救助ロープを使用する場合は、保護のために当て布（緩衝材）を使用する。

⑶　**救助事例**

次頁の図２－51は、都心のある超高層ホテル（地下３階、地上27階）で、午後２時頃に起こった事故で、直近の消防署から次の部隊が出動し、屋上から降下して、通報を受けてから50分後にゴンドラに乗っていた作業員３人を無事救出したものである。

出動した消防隊

救助隊	２隊
はしご車隊	１隊
救急隊	１隊
ヘリコプター	１機
指揮隊	２隊

図２－51　ゴンドラ宙づり事故の救助活動

第３　ガス事故に伴う救助

１　ガス事故の概要

かつて都市ガスは、石炭を原料として精製されていたために、毒性の極めて強い一酸化炭素ガスが多く含まれていたことから自殺の吸引気体として使われ、多くの事故が発生していたが、今は天然ガスを原料とし毒性の少ないメタンが主成分となっているため、都市ガスによる自殺は姿を消した。都市ガスによる事故は、過失による漏洩、爆発が主である。

ガスによる事故は、都市ガスの他、プロパンガス、水素ガス、ブタンガス等の可燃性ガスと塩素ガス、シアン化水素ガス、弗化水素ガス、一酸化炭素ガス等の毒性ガスがあり、製造、貯蔵、取扱いの過程で引火、爆発、中毒、酸欠等によって多くの死傷事故が発生している。

２　救出活動

ガス事故現場では、多くの犠牲者が発生することが多いので、迅速に救出して選別し、医療措置を講ずることが必要で、隊員の安全を確保しながら次の点に留意して活動する。

①　関係者と協力してガスの元栓やタンク、ボンベ等のバルブの閉止を他に優先して行い、ガスの性状に応じて希薄、中和及び冷却等を行い、二次災害の防止を図る。

②　車両は、風上側から接近し、ガス漏れ区域内には乗り入れない。また、漏洩領域内では、スパークするおそれのある器具は使用しない。

③　隊員には呼吸保護器具を着装させ、可燃性ガス測定器、酸素濃度測定器等、ガス測定用の器具を用いてガスの種類、濃度、漏洩範囲等を早急に把握する。

④　漏洩ガスが燃焼していて元栓等の閉止が困難な時は、燃焼中のガスを消火せずに周辺の可燃物を除去し、注水による援護を得ながら救助活動を行う。

⑤　要救助者は、抱え救出するか、担架による風上の安全地帯に搬送し応急処置を行う。

⑥　地下室等風通しの悪い場所で発生した時は、酸素や空気ボンベの空気を放出して要救助者に供給するとともに換気処置を行う。

⑦　ガス会社の従業員及び現場関係者と協議して警戒区域を設定して火気使用の制限及び避難勧告等を行う。

第4　感電事故の救助

感電事故の救助に際しては、救助に当たる隊員が感電することのないよう次の点に留意して行動する。

① 要救助者への通電状況を確認し、完全に遮断されていることを確認して要救助者に接触する。

② 通電状況の確認は、活線接近警報器を着装して絶縁手袋をし、検電器により行う。

③ 電源の遮断は、現場に電気主任技術者又は電力会社係員がいる時は依頼し、いない時は、絶縁棒等絶縁器材を使用して行う。

④ 電源遮断の確認後は、要救助者を高所又は安全な場所に移す。

⑤ 状況によって救急隊による要救助者への酸素吸入又は医師の現場出動を要請する。

第5　エレベーター等の事故の救助

昇降設備の事故には、エレベーター、エスカレーター、ダムウエーター、リフト等主に屋内に設置された搬送設備での挟まれ、閉じ込め、ピット内への転落等の事故があるが、この内で最も多いのがエレベーター内への閉じ込め事故である。ここでは火災や地震等の災害時を除き平常時におけるエレベーター内への閉じ込め事故の救助について、その要点を述べる。

1　事故の概要

閉じ込め事故は、停電、操作ミスや子供のいたずら等により発生し、エレベーターのかごが昇降路の階と階の途中に停止し、扉が開かずいわゆる缶詰状態になる場合である。

一般的な事故と異なり、要救助者（閉じ込められた者）には身体的な負傷はないが、宙吊りの狭い箱の中に閉じ込められ、精神的に不安な状態となっている。

2　救出要領

閉じ込め事故は、保守会社等の専門技術者により処理するか、又は彼らと共同で作業をするのが原則である。

しかし、保守会社等の到着が困難か、到着に著しく長時間を要し、又は要救助者に病人がいる場合等で早期に救出する必要があることもあるので、その要領を示すこととする。

(1)　救出手順

① ビル管理人等と接触し、事故の概要、要救助者の状況、保守会社等への連絡の有無とその結果について確認する。

② エレベーターかごの停止位置を確認し、かご内の者に必要な指示を与える。

③ 作業開始前に電源を遮断する。かご内に非常停止ボタンがある場合は押させる。

(2)　かごを動かさずに救出する方法

① 口頭指示により救出

(ア) かごの停止位置の乗場側からかご内に指示し、かご戸を開けさせる。かごの床が乗場床のごく近くであれば、乗場戸も同時に開く。

(イ) かごの床と乗場床の段差が小さいが、乗場戸が開かない時は、かご内から乗場戸の施錠装置を外させる。

(ウ) 乗場戸を静かに開き、かごの床と乗場の床の段差に注意して乗降口から救出する。

② キーを使用して救出

(ア) かご床と乗場床との段差が大きい場合は、かごの停止位置の直近上階で乗場戸を非常解錠キーを使用して乗場戸を開放し、踏み台や脚立等をかご内に入れ、これを足場にして上の階に救出する。

(イ) 床の段差が甚だしい時は、縄梯子又はロープによりかごの天井に降下し、かごの救出口を開放する。かご内に脚立等を入れ、脚立を使用して救出口からかごの天井に登らせ、乗場戸から上階へ救出する。

(3)　活動上の留意事項

① エレベーター事故の救助活動には、努めて保守会社等の専門の技術者に依頼又は支援、協力を得て行う。

② 停電中であっても、作業開始前にエレベーター主電源を遮断すること。

救助活動中に誤って電源が投入されること

のないように電源盤に監視員を配置すること。かご内に非常停止ボタンがある場合は、これを押下する。

③　救出は、原則としてかご移動、切断破壊をせず、乗場戸から行う。

④　かご内から階床に救出するときは、ピットへの転落防止に十分注意する。

⑤　救出口からの救出は、最終手段とし、実施に際しては専門技術者と連携し、熟達者を選定し慎重に行う。

なお、従前実施されていたブレーキ解放と手巻きによるかご移動による救助は非常に危険なため行わない。

（※平成12年の建設省告示により、かご上救出口を設けなくてもよいことになり、近年のエレベーターにはほとんど設けられていない。非常用エレベーターには必ず設けてある。）

⑥　救助活動に関係のない昇降路扉は、転落防止のために開放禁止とする。

⑦　停電による閉じ込めでも、乗客はかごが落下する、窒息する等の不安に陥っているので説明し安心感を与える。

３　挟まれ事故の救助

挟まれ事故は、荷物用リフトやダムウエーターで多く発生しており、エレベーターでは極めて少ない。

①　引き上げ、引き下げ、拡げ、曲げ及び切断による救助方法について判断し決定する。

②　逆回転の可否を確認し、隙間が拡張できる時は、この方法による。

③　扉や出入口等での挟まれ事故は、金てこ、油圧式救助器具、マット式エアージャッキを使用して隙間を拡張する。

④　器具を使用して救出する時は、要救助者に衝撃を与えないように注意して行う。

⑤　現場にない特殊工具及び特殊技能を要する作業は早めに手配をしておく。

〈参 考 文 献〉

各種災害別救助活動実施要領
　検討委員会報告書　総務省消防庁
救助法　消防大学校
新 消防関係判例解説　〃
消防研修　第56号、第61号　〃
今日の気象業務　気象庁
災害対策基本法解説　総務省消防庁
逐条消防組織法　〃
逐条消防法　〃
テロ災害に対する消防活動テキスト　総務省消防庁
米国対テロ現場対応心得　防災行政研究会
地震ものしりブック　静岡県防災情報研究所
新消防戦術　第５編　東京消防庁
防火管理の知識　〃
火災便覧　㈳日本火災学会
地震等防災対策の調査報告書
　（昭和57、59、60、61の各年度）　㈶日本消防協会
災害心理学序説　安倍北夫
パニックの人間科学　〃
イザというときどう逃げるか　〃
「群集の流れのメカニズムと群集事故対策」（室﨑益輝氏）
「群集流の観測に基づく避難施設の研究」戸川喜久二氏
阪神・淡路大震災に学ぶ　池田謙一　他
行政作用法　川西　誠
心の健康トゥデイ　佐藤　誠　他
ヒューマンファクターを探る　黒田　勲
自然災害を知る・防ぐ　大矢雅彦　他
斜面防災100のポイント　奥田誠之
三陸海岸大津波　吉村　昭
土石流災害　池谷　浩
火山災害　〃
消防団事故防止対策の手引　消防団員等の公務災害防止調査研究委員会
自然災害を知る。防ぐ　石井弓夫　他
雲仙普賢岳噴火災害を体験して　島原普賢会
消防戦術のルーツ（明治時代編）　竹内吉平
中小隊長のための消防活動実務　〃
企業の震災危機対応（上）　〃
JR福知山線列車脱線事故　尼崎市消防局
近代消防（月刊誌）　㈱近代消防社
「平成28年救助技術の高度化等検討会報告書」（H29.　３消防庁）、
「米国対テロ現場対応心得」（防災行政研究会）

索　引

数字／英語

２×４（ツーバイフォー工法）　78
５Ｍ　63
５Ｓ　177
ＣＢＲＮＥ　153
ＩＣＡＯ基準　89
ＩＮＳＡＲＡＧ　120
ＩＲＴ－ＪＦ　22
ＪＤＲ　23
ＪＩＣＡ　24
ＫＹＴによる訓練　67
ＮＢＣ　22，153
ＯＳＯＣＣ　120
ＶＴ法　68，69

あ

アクションプランによる出動　19
安全管理の基本　62
安全配慮義務　61
生き埋め事故　13，34，46，52
異質群集　170
異常な自然現象　11
一時集合場所　114，161
一次避難地　110
一酸化炭素　76，77，179
一時（いっとき）集合場所　111
一般救助用器具　48
引火　74，95，179
ウイルス　154
液体の希釈による消火　75
エネルギー・産業基盤災害即応部隊　18
エレベーター等の事故　180
遠距離大量送水小隊　18
遠距離大量送水装備（スーパーポンパー）　15
援護注水　54，80，81，82，87
延焼速度　74，75，78，114
炎流　109
応援要請等　19
応急活動業務　105
応急救護活動　98，143，167
応急消火義務者　30
応急梯子救出　87
応急復旧期　106，107
大型化学車　15，18
大津波警報　136
屋外への避難誘導　42

か

外因的な要素　64
外局　28
街区火災　109，110
海溝（洋）型地震　99
海溝型地震の発生メカニズム　101
階段室の確保　85
かかえ救出　87，88
化学兵器　153，155
各室防火　78
核兵器　153，154
崖崩れ現場の救出作業　150
崖崩れの原因　140，150
火災警戒区域　25，30，31
火災旋風　106，110
火災の定義　73
火災の原因　73，109
火災の出火時間　106
火災の性状　78
火砕流　143
火山泥流　142，144
過失責任　34
ガス事故　179
滑走路への泡消火剤の被覆　94
活動環境の異常性　46
カットコーナー　95
可燃物の発煙量　76
火流　109，111
ガレキの除去　119
寛解　44
感電事故　28，180
「関東地震69年±13年」の周期説　99
関連性の原則　60
危険回避性　41
聞き込み　50，52，81，150
危機対処業務　104
希釈消火法　75
警報（気象警報）　124，130
帰巣性　38，41
規則ベース　64
気体の希釈による消火　75
基本的な情報処理モデル　50
救援期　107
救急中隊　17
究極の行動　39，66
急傾斜地崩壊危険箇所　141
急傾斜地崩壊危険区域　141
救助中隊　17

救出空間の確保　119
救出順位等の選択　53
救出の優先順位　119
救助活動の基本　14，52，53，57，58，90
救助活動の正当性　34
救助活動パターン　52
救助業務　32，33，57
救助三種の神器　48，122
救助　13
救助部隊　14，46，56，120
救助用重機　15
救助要領　82，87，115
急性ストレス障害（ＡＳＤ）　44
競合群集　170
行政強制　25
行政作用法　25
行政罰　25
巨大な断層運動　100，102
拠点避難所　112
規律　47，56，57，58，66
記録的短時間大雨情報　129
緊急地震速報　136
緊急時の救出　83
緊急時の行動特性　37
緊急時の情報処理能力　38，43
緊急消防援助隊　16，17，18，19，20，21，107，121，142，150，157，168
緊急対応体制の整備　145
緊急避難　34，110，111
クラッシュ症候群　46
クリアゾーン　85，86
クリア領域　82
クリティカル・エリア　89，90
群衆雪崩　169，170，171，172
群衆の密度と流速　170
群衆流動　78
訓練計画　58，60
訓練指導の諸原則　60
訓練指導の手順　59
原因飛び火　109
警戒出動　93
警戒線　42
警戒宣言　100
経験の原則　60
血液作用剤　153
決断　51
煙の人体に与える影響　76
煙の毒性　76，78
煙の流動　77，78
検索済み表示方法　120
検索用器具　48
現実性の原則　60
現状把握　68
減衰期　85
検知・測定用器具　48
現場警戒　172，173
広域性　103
広域的同時多発水害　132
広域避難場所　110，113
航空機火災の救助　73，89，94
航空機火災の特性　90
航空機燃料の投棄等　94
航空機の構造　91
航空中隊　17
工事現場の転落事故　177
構造線　141，149
交通事故　11，13，28，32，46，47，54，55，162，164，174，176
高度救助隊　14，21，22，48，49
後方支援中隊　17
後方支援本部　20，21
効用限界説　43
呼吸保護用器具　17，18，48，49
国際緊急援助隊　22，23，24，120
国民保護法　152，158
個人装備品　54，55，130，155，156，157
小屋裏の延焼　79
孤立　53，55，132，133，149
孤立状態　13，121，159
混乱期　107

さ

災害応急対策　12，26，158
災害救助法　11，12，32，33，34，105
災害緊急事態　26
災害症候群　44
災害想定区域図　144
災害対策基本法　11，26，28，110，111，128，158
災害等の覚知　46
災害　11，12
災害の拡大危険性　46
災害復旧対策　12，26
災害防止対策　12，112，129，141
災害予防対策　12，26
山岳救助用器具　48
酸欠　13，54，77，121，156，174，179
惨事ストレス（ＣＩＳ）　44，45
シアン化水素　76，77，179
指揮支援部隊　16，18，20，21
指揮者の資質　57
軸組工法　115
刺激剤　153
繁藤災害　146，148

繁藤裁判　35
自己完結的　23
事故情報の収集　90
地震火災出火原因　107
地震活動の空白域　99
地震の周期性　99
地震の予知　99，101
地震防災対策強化地域　100
地すべり　11，32，36，46，50，130，132，134，140，141，142，145，146，148
地すべり防止区域　141
下敷き事故　13，174
失火の心得　13
実習の原則　60
室内延焼順序　79
自動車による事故の特性　174
自爆テロ　152，154
車体と工作物等との挟まれ　175
車体の下敷き　176
車内の挟まれ　175
集結場所　20，21，157
集団避難方式　114
重量物排除用器具　48，49
状況判断　49，50，51，64，145
熟練ベース　64，65
出火から最盛期まで　78，79
出火　78
出動準備都道府県大隊　19
準危険区域　158，159
ショアリング　118，119
消火中隊　17
消火理論　75
乗客の姓名等の確認　98
衝動的援助　44
ショートピックアップ　160
消防応援活動調整本部　20
消防活動二輪小隊　18
消防活動の基本　80，156
消防警戒区域の設定　31，158
消防車の優先通行等　30，31
情報処理範囲が狭小化　38
消防隊出動時の措置　157
消防対象物等に対する使用権　31，32
消防隊の緊急通行権　25，30，31
消防の任務　28，32，35，36
消防法の目的　29
消防吏員等への情報の提供　30
業務上特別の義務がある者　34
除去消火法　75
神経作用剤　153
震災救助　71，115，150
震災継続時間　104，108
震災対応特殊車両隊　18
震災対処業務　104
震災による人的被害の特色　104
震災の突発性　103
心的外傷後ストレス障害（ＰＴＳＤ）　44
人命救助活動　11，13，77，80
人命の検索救助　80
水災　30，32，125，129，130，132，133
水災救助　71，130，132
水害の種類　125
水上中隊　17
水難救助小隊　18
水難救助用器具　48
水防　27，32，129，130
水防活動　129，130
水防計画　129
水防工法　130
生活導線の志向　41
成長期　84，85
生物兵器　154，155
政令で定める原因　11
世界震災都市会議　47
切断する　34，48，54，55，116，117，119，159，175
切断用器具　48，49
潜在的有傷災害　63
線状降水帯　129
前兆滑り　102
捜索活動　145，146，148，149，150，151
即時強制　25
即発的エラー　63
組織エラー　64
走光性　41
ソフトターゲット　155
孫子　56，57
損失補償　30，31，32
孫子の五徳　57

た

ターニケット　160
第一次出動都道府県大隊　18
隊員保護用器具　48，49
大火飛び火　109
大規模危険物火災等対応小隊　18
大規模地震対策特別措置法　100
台風による災害　127
台風の一生　126
台風の襲来　11，124，125，126
台風の上陸　126
台風の発生メカニズム　126
高潮による災害　127，128

脱出用斧　92，93
脱出用滑り台　92
脱出用ロープ　92
地域防災計画　26，27，139
知識ベース　64
窒息剤　153
窒息消火法　75
着陸後の活動　94
注意報（気象注意報）　124，135，136，137，139
長官の出動の求め又は指示　19
超高層建物のゴンドラ　178
調整本部　19，20，21
直下地震　19，99，103
沈黙のパニック　42
追指導　59
追従性　41
通信支援中隊　17
ツーバイフォー　115
ツールボックス・ミーティング　68
津波てんでんこ　138
津波到達予想時刻　136
津波に対する心得　138
津波の規模階級　137
津波の伝わる速さ　134
津波発生の仕組み　134
津波防災　12，136，137，138
津波予報区　135
津波予報の内容　135
吊り上げる　54，55，178
デマ　43，106
テロ災害受信時の対応　157
テロ災害の種別　152
テロ　152
テロの標的　155
電車の衝突事故　164
東海地震説　100
倒壊防止措置　54，118
動機の原則　59
東京湾内の津波の危険　139
統御　57
統合機動部隊　18
当事者エラー　63
同時多発性　103，110
統率とは　57
動力機械事故　177
道路啓開用重機　15
毒劇物等対応小隊　17
特殊災害　16，17，18，19，20，21，22
特殊災害中隊　17
特殊装備中隊　18
毒素　154
特別救助隊　14，48，49，61，97
特別区の消防責任　29
特別警報　124，136
特別高度救助隊　14，21，22，48，49
閉じ込め事故　13，174，180
土砂災害警戒区域　141
土砂災害危険箇所　141
土砂災害の前兆　145，150
土石災害警戒情報　148
土石流危険渓流　141
土石流災害　140，141，145，146，148，149
土石流災害現場の捜索　148
土石流災害の要因　149
土壌雨量指数　124
突発地震の様相　103
突発性均衡崩壊現象　170
都道府県大隊　17，19，21
都道府県大隊指揮隊　17
都道府県の消防事務　29
飛び火　79，109
ドラフト効果　85
トリアージ　51，96，97，98，160，162，163，168
トリアージタッグ　163

な

内因的な要素　64
内陸型地震　99
南海トラフ地震説　100
ニアミス　62
二次災害の兆候　147
二次避難所　112
熱帯低気圧　126
燃焼と発煙　76
燃焼の三要素　74，75
濃煙、熱気内での活動　82

は

排煙、高発泡車　15
排煙、排熱する　54
ハイパーレスキュー隊　14，15，22，121
ハイブリッド自動車　175
ハインリッヒの法則　63
破壊用器具　48，49
バクテリア　154
爆発物　91，153，154，155
派遣手続　24
挟まれ事故　13，181
挟まれた人の救出　119
はしご車による救助　88
柱、梁の切断　119
発火　15，46，74，75

バックドラフト　84
パニック　12，42，43，46，114
パニックの防止方策　43
ひきずり救出　83
被災期　105，107
被災者の心のケア　44
避難習性　40，42，52，81
避難所　32，33，106，111，112，121，132，161
避難上の留意事項　138
避難準備・高齢者等避難開始　130
避難道路　101，113，114
避難の勧告　54，114，130
避難の時機　40，42，78，113，114
避難の指示　42，113，114，146
避難誘導　15，38，114，123，133，134，145，159，161
ヒヤリハット　62，63
ヒューマン・エラー　58，64
ヒューマン・ファクター　63
びらん剤　153
ビル火災の検索順序　86
ビル火災の性状　84
不安全行動　63，65
不安全状態　46，63，65
フール・プルーフ　40
フェイル・セーフ　40
負触媒消火法　75
不審物等の除去　159
部隊の登録　21
不定性　47
不燃性気体による消火　75
不燃性泡による消火　75
フラッシュオーバー　77，78，82，84-86
噴火警報　136
噴霧（スプレー）注水　81
ペントハウス　85
放火　11，73，74
防災活動期　106，107
防災気象情報　124
防災基本計画　26，27
防災業務計画　26，27
ホスゲン　77，153
墓標安全　62
ほふく救出　83

ま

マーキング　120
マグマ水蒸気爆発　143
窓ガラスの破壊　119
密閉空間火災等対応小隊　18
南関東「69年周期説」　99
無人走行放水車　15
迷走台風　126
命令　51
木造プレハブ工法　115
目的の原則　60
揉まれた地質　141

や

屋根　79，109，110，114-116，118，121，128，175
屋根の破壊　116，175
溶岩ドーム　142，143
溶岩流　142
要救助者の検索　17，117
予知対応　99
予防安全　62

ら

ライフジャケット　121
ライフライン復旧状況　109
リアス式海岸　7，134
流言　42，43
臨界事故　152，160
隣棟への延焼　75，79，80
冷却消火法　75
レスポンスタイム　90
労役の要求　31，32

災　害　索　引

	災　害　名	西暦	発生年月日	ページ
あ	明石市花火大会事故（群衆雪崩事故）	2001	平成13年７月21日	169，171
	安政東海地震	1854	12月23日（嘉永７年11月４日）	100
	伊豆大島噴火災害	1986	昭和61年11月15日	143
	伊勢湾台風	1959	昭和34年９月26日	127，128，139
	魚津大火	1956	昭和31年９月10日	107
	雲仙普賢岳噴火災害	1991	平成３年６月３日	143
	大館大火	1956	昭和31年８月18日	107
	大富アパート火災	1932	昭和７年12月23日	13
	オクラホマシティ連邦政府ビル爆破事件	1995	平成７年４月19日	154
	御嶽山噴火災害	2014	平成26年９月27日	16，142
か	鹿児島豪雨災害	1993	平成５年８月１日	151
	蒲原沢土石流災害	1996	平成８年12月６日	16，145，149
	川治プリンスホテル火災	1980	昭和55年11月20日	41
	関東大震災	1923	大正12年９月１日	99，103，106，107，109，112
	関東・東北豪雨災害（常総市水害）	2015	平成25年９月10日	16，129
	釧路オリエンタルホテル火災	1973	昭和48年６月18日	40
	釧路沖地震	1993	平成５年１月15日	107
	熊本地震	2016	平成28年４月14日・16日	８，16
	国鉄総武線船橋駅電車事故	1972	昭和47年３月28日	37
	コロンビア・ネバド・デル・ルイス火山噴火災害	1985	昭和60年11月13日	22，107，144
さ	酒田大火	1976	昭和51年10月29日	107
	ＪＲ中央線東中野駅列車追突事故	1988	昭和63年12月５日	164
	ＪＲ福知山線列車脱線事故	2005	平成17年４月25日	16，22，166
	ＪＲ羽越線列車脱線事故	2005	平成17年12月25日	168
	繁藤土砂災害（繁藤裁判）	1972	昭和47年７月５日	35，146
	静岡県熱海市土石流災害	2021	令和３年７月３日	17
	静岡大火	1940	昭和15年１月15日	107
	島根県豪雨災害	1983	昭和58年７月30日～23日	133
	昭和東南海地震	1944	昭和19年12月７日	100
	昭和南海地震	1946	昭和21年12月21日	100
	昭和三陸地震	1933	昭和８年３月３日	137，138
	白木屋百貨店火災	1932	昭和７年12月16日	13
	新興海陸運輸倉庫爆燃火災	1977	昭和52年５月13日	84
	新宿明星56ビル火災	2001	平成13年９月１日	40，86
	スマトラ島沖大地震・・インド洋津波災害	2004	平成16年12月26日	23
	千日デパート火災	1972	昭和47年５月13日	39，41，86
た	地下鉄サリン事件	1995	昭和７年３月20日	152，161
	チリ地震津波	1960	昭和35年５月23日・24日	137，138
	東海村ＪＣＯ臨界事故	1999	平成11年９月30日	152，160，161
	十勝沖地震	2003	平成15年９月26日	16，22，107，138
	十勝岳噴火災害	1926	大正15年５月24日	144
	特別養護老人ホーム松寿園火災	1987	昭和62年６月６日	87
	栃木県北部豪雨災害	1998	平成10年８月26日～31日	129
	鳥取大火	1952	昭和27年４月17日	107

	災　害　名	西暦	発生年月日	ページ
な	長崎大水害	1982	昭和57年７月23日	148
	長野市地附山地滑り災害	1985	昭和60年７月26日	141
	長野県北部地震	2014	平成26年11月23日	16
	名古屋市日産生命ビル火災	1997	平成９年３月８日	89
	新潟県中越地震	2004	平成16年10月23日	14，16，21，121
	新潟地震（新潟大火）	1964	昭和39年６月16日	38，42，107
	日航機羽田沖墜落事故	1982	昭和57年２月９日	97
	日本海中部地震	1983	昭和58年５月26日	137，139
	能代大火	1949	昭和24年２月20日	107
	能登半島地震	2007	平成19年３月25日	16
	能登半島地震	2024	令和６年１月１日	17
は	パキスタン地震	2005	平成17年10月８日	23
	函館大火	1934	昭和９年３月21日	107
	阪神・淡路大震災	1995	平成７年１月17日	６，103，106，107，108，140
	東日本台風	2019	令和元年10月13日	17
	東日本大震災	2011	平成23年３月11日	７，22，101，103，122，137，139
	東村山特別養護老人ホーム（松寿園）火災	1987	昭和62年６月６日	87
	広島市豪雨（土砂）災害	2014	平成26年８月20日	129，140
	福井地震（福井大火）	1948	昭和23年６月28日	47，107
	米国同時多発テロ事件	2001	平成13年９月11日	152
	米国炭疽菌事件	2001	平成13年９月18日・10月９日	154
	平成28年台風10号災害(岩手県岩泉町グループホーム)	2016	平成28年８月30日	130
	宝永地震	1707	10月28日(宝永４年10月４日)	100
	北海道胆振東部地震	2018	平成30年９月６日	17
	北海道南西沖地震	1993	平成５年７月12日	135，139
	ホテル・ニュージャパン火災	1982	昭和57年２月８日	86，97
ま	枕崎台風	1945	昭和20年９月17日	127
	三菱重工ビル爆破事件	1974	昭和49年８月30日	154
	宮城県沖地震	1978	昭和53年６月12日	101，107
	室戸台風	1934	昭和９年９月21日	127
	明治三陸地震（明治三陸津波）	1896	明治29年６月15日	137
	モロッコ王国地震	2004	平成16年１月15日	23
や	彌彦神社事故（群衆雪崩事故）	1956	平成31年１月１日	169，171
ろ	６.29豪雨災害（広島・福岡）	1999	平成11年６月29日	129

四訂 災害救助

定価 2,530 円
（本体 2,300 円＋税10%）

著　者　竹内吉平
監　修　警防実務研究会

発　行　平成14年 8 月 8 日（初　　版）
　　　　平成18年 4 月15日（新訂版1刷）
　　　　平成30年 9 月 8 日（三訂版1刷）
　　　　令和 6 年 3 月25日（四訂版1刷）

発行者　近代消防社
　　　　三井栄志

発行所

近代消防社

〒105-0021　東京都港区東新橋1丁目1番19号
（ヤクルト本社ビル内）
TEL　東京（03）5962－8831㈹
FAX　東京（03）5962－8835
URL = https://www.ff-inc.co.jp

〈振替　00180－6－461　　00180－5－1185〉

ISBN978-4-421-00985-9 C2030〈乱丁・落丁の場合はお取替え致します。〉2024©